Josef A. Standl

... gib uns heute
unser
täglich Brot

... gib uns heute unser täglich Brot

Josef A. Standl

Innviertler Bauern
im Wandel der Zeit

Die Herausgabe dieses Buches wurde durch die
freundliche Unterstützung der Oberösterreichischen Landesregierung
ermöglicht.

Die Interviews im Kapitel „Zeitzeugenberichte" wurden geführt von:
Ing. Johann Dick
Ing. Raphael Wührer
Clemens Standl
Josef A. Standl

Beiträge:
„Entwicklung der Landwirtschaft in Österreich nach 1945"
von Prof. Dipl.-Ing. Dr. Gerhard Poschacher

„Die Lebensschule Bauernhof prägt die Menschen im Innviertel"
von Hofrat Ing. Dr. Karl Mayr

„Der Weg aus der Leibeigenschaft zum freien Bauernstand"
von Clemens Standl

„100 Jahre Fleckviehzucht im Innviertel"
von Ing. Raphael Wührer

Cover-Design: Michael Standl
Bilder: Josef A. Standl, Clemens Standl („Innviertler Roas")
historische Fotos aus Privatbesitz

ISBN: 3-901881-04-2

Herausgegeben von Josef A. Standl

Druck: Salzburger Druckerei, A-5020 Salzburg

LANDESHAUPTMANN
DR. JOSEF PÜHRINGER

Bauer – ein Beruf mit Vergangenheit und Zukunft

„Bauernstand ist Ehrenstand, erhält die Stadt, erhält das Land. Er ist der Pionier der Zeit und bleibt es bis in Ewigkeit!" lautet ein bekannter Spruch aus dem Volksmund, der nach wie vor seine Gültigkeit hat. Die Geschichte unserer Heimat wird seit Jahrhunderten durch die Bauern und die Landbewirtschaftung gestaltet. Gepflegte Äcker, Wiesen, Gärten und Wälder, Gehöfte und Dörfer sind Zeugen des wirtschaftlichen, kulturellen und religiösen Lebensgefühls der Landbevölkerung.

Trotz des großen technologischen, wirtschaftlichen, strukturellen und gesellschaftlichen Wandels, der für Oberösterreichs Bauern vor allem nach dem Zweiten Weltkrieg und dem EU-Beitritt Österreichs spürbar wurde, ist unsere Kulturlandschaft unversehrt erhalten geblieben. Eine großartige Leistung aller Beteiligten, die vor allem auf die hohe Bereitschaft, den neuen Gegebenheiten mit Innovationsgeist und Ideenreichtum zu begegnen, zurückzuführen ist.

Im Mittelpunkt der Landwirtschaft stehen heute wie auch schon vor Jahrzehnten die bäuerlichen Familienbetriebe, die mit ihren vielfältigen Leistungen für Wirtschaft, Kultur und Gesellschaft für unser Land unverzichtbar sind. Es ist daher seit Jahren ein wichtiges Anliegen der Landespolitik, die Bauern beim laufenden Umstellungs- und Anpassungsprozess tatkräftig zu unterstützen und die Rahmenbedingungen des bäuerlichen Wirtschaftens und Lebens in den ländlichen Regionen so zu gestalten, dass eine nachhaltige und flächendeckende Bewirtschaftung des Landes weiterhin garantiert ist.

Im nun vorliegenden Buch „... gib uns heute unser täglich Brot – Bauern im Innviertel" wird der Weg der Bauern anhand von Menschenbildern aufgezeichnet. Zeitzeugen berichten authentisch von der technischen Revolution, dem gesellschaftlichen Wandel und dem wirtschaftlichen Druck, die den Weg der Landwirtschaft in diesem Jahrhundert geprägt haben. Die Erzählungen der Menschen machen dieses Buch zu einem wertvollen Dokument und gewähren einen interessanten Einblick in die Geschichte des Bauernstandes, der wie kaum eine andere Berufsgruppe unser Oberösterreich gestaltet hat.

Aus dem Inhalt

Der Weg aus der Leibeigenschaft zum freien Bauernstand

Über Jahrhunderte waren die Bauern der Willkür ihrer weltlichen und geistlichen Grundherrn ausgesetzt. Sie dienten als Werkzeug zur Vermehrung deren Eigentums. Erst mit der Eingliederung des Innviertels in Österreich 1779 kam die Innviertler in den Genuss der Reformen Joseph II. Die Anerkennung als gleichberechtigte Staatsbürger ebnete 1848 den Bauern den Weg zur modernen Landwirtschaft.

Feudale Gesellschaftsordnung im Mittelalter

Bauern bei der Getreidearbeit.

Die Bauern und die in der Landwirtschaft Tätigen bildeten mit mindestens 90 Prozent den bei weitem größten Teil der mittelalterlichen Bevölkerung des Innviertels. In der bildhaften Sprache des Mittelalters bezeichnete man die Bauern als die Füße, welche den gesamten Volkskörper zu tragen hatten. Sie schufen nämlich die wirtschaftliche Grundlage für Adel und Klerus und versorgten die Bevölkerung mit Lebensmitteln.

Der größte Grundherr im Innviertel des frühen Mittelalters war der Herzog von Bayern. Nach der Christianisierung wurden auch das Hochstift und das Domstift Passau sowie die Klöster Suben, Reichersberg und Ranshofen zu Grundherren, indem ihnen reiche Landschenkungen von Fürsten und Grafen zuteil wurden. Auch die Ministeralen (Dienstmannen) von hochadeligen Geschlechtern, kamen durch Belehnung zu Besitz von Grund und Boden: Gegen

Lehen taten Ritter und Knappen Dienste für den Lehensherrn.

Die Versorgung der wachsenden Bevölkerung des Mittelalters war nicht leicht. Es wurde vor allem Getreide angebaut. Zwei Voraussetzungen bildeten die Grundlage für die erhöhte Nahrungsmittelproduktion:

Erstens wurden bisher unberührter Urwald gerodet und Sümpfe trockengelegt. Zweitens konnten die Erträge durch die Einführung der Dreifelderwirtschaft um bis zu 50 Prozent gesteigert werden. Für eine intensivere Bodennutzung war auch die Verbesse-

Christus teilt den drei Ständen ihre Aufgaben zu. Links der geistliche Stand: Tu supplex ora (Du sollst demütig beten). Rechts der Fürstenstand: Tu protege (Du sollst Schutz gewähren). Unten die Bauern mit der zweizinkigen Haue: Tuque labora (Und du sollst arbeiten).

10

rung des Arbeitsgerätes maßgeblich. So setzte sich gegenüber dem Hakenpflug der Beetpflug, zum Teil schon auf Rädern, durch. Er riss die Erde nicht bloß auf, sondern wendete die Scholle ab. Die Dreifelderwirtschaft und der Beetpflug waren in unseren Breiten noch bis in die Mitte des vorigen 20. Jahrhunderts gebräuchlich. Nicht jeder Bauer konnte sich seine eigenen Arbeitsgeräte und Zugtiere leisten. Aus diesem Grund waren die Bauern auf Zusammenarbeit angewiesen. Zunächst schlossen sich einzelne Höfe oder Weiler zu lockeren Nachbarschaftsverbänden zusammen. In den neu gegründeten Bauerndörfern ergaben sich Aufgaben und Bedürfnisse, die genossenschaftlich bewältigt werden mussten. Zum Beispiel die Anlage von Wegen, von Zäunen, von Brunnen und Backöfen.

Doch die größte Zahl der ländlichen Bevölkerung dürfte im Mittelalter unfrei gewesen sein, davon zeugt noch eine relativ verbreitete Leibeigenschaft in Bayern bis ins 18. Jahrhundert, wo sie noch bestand, als das Innviertel

Der Festkalender dokumentiert die Abgaben und Dienste der Bauern für ihre Grundherren: Dammschutzbauten; Abgabe von Ernteerträgen, Lämmerabgabe am 1. Mai (grüner Baum), Pflege von Obst- und Weingärten am 25. Mai (Urbanstag – der Hackblock deutet den Märtyrertod des Heiligen an). Am 24. Juni ist der Viehzehent fällig, am 13. Juli (Margaretentag – die Heilige besiegt den Teufel). Am 15. August (Maria Himmelfahrt – zugleich Tag der Kräuterweihe) ist der Gänsezehent zu leisten. Die Geldzinsabgabe ist am 24. August (Bartholomäustag – Bartholomäus trägt sein Merkmal, die abgezogene Haut).

zu Österreich kam.

Die Bauern waren an ihren Grundherrn gebunden. Grundherrschaft bedeutete im Mittelalter allgemein Herrschaft über Land und die dort lebenden Menschen. Im Hochmittelalter herrschte zunächst die Naturalwirtschaft vor. Daher konnte der Lehensherr die Dienste seiner Gefolgschaft und Lehensmänner nur durch Belehnung mit Landgütern entlohnen. Die politische und militärische Führungsschicht bekam für ihre Dienste als Entgeld, aber auch als Mittel zur Durchführung ihrer Aufgaben, Verfügungsgewalt über Grund und Boden und über die den Boden bebauenden und bewohnenden Menschen.

Wirtschaftlich bedeutete Grundherrschaft, dass der Grundherr das ihm zur Verfügung stehende Land nicht selbst bewirtschaftete. Nur sein eigenes Wirtschaftsgut ließ er von seinem Gesinde bewirtschaften. Das waren meist unfreie Leibeigene. Die Bauern waren über die Grundpacht (Abgaben, Dienstleistungen) an den Herrn gebunden. Allderdings waren die Formen der Abhängigkeit von Grundherrschaft zu Grundherrschaft verschieden.

Das Feudalsystem des Mittelalters war darauf aufgebaut, dass die Grundherrn auch für das Militär und das Eintreiben der Steuern verantworlich waren, da der Landesfürst, also der Kaiser, über nur sehr wenige Beamten verfügte, die nur die Kanzleigeschäfte in der Hofburg verrichteten. Obwohl sie dem Kaiser zu „Treu, Rat und Hilfe" verpflichtet waren, lebten die Grundherrn ziemlich unabhängig auf ihren Gütern. In der feudalen Gesellschaftsordnung unterstanden die Bauern den Grundherrn. Die Grundherrn selbst, die in den Landständen als politisch handelnde Korporation auftraten, unterstanden der Landesherrschaft, dem Herzog und dem Kaiser, der die oberste Spitze dieser Gesellschaftspyramide bildete.

Die Obrigkeit eines Grundherrn über Bauern war meist mit verschiedenen, gleichsam öffentlichen Funktionen gekoppelt. Der Grundherr war gleichzeitig Gerichtsherr, war unter Umständen Zehentherr, forderte Robot und Naturalgaben. Auch für seine militärischen Verpflichtungen dem Kaiser gegenüber konnte der Grundherr die Dienste der Bauern beanspruchen. Wenn Grund und Gerichtsherrschaft getrennt waren, das war vor allem bei geistlichen Grundherrschaften der Fall, gab es neben dem Grundherrn für die Gerichtsbarkeit und überhaupt als Schutzherrn für das Kloster und seine Untertanen den Vogt.

In der mittelalterlichen Gesellschaftsordnung, die nur ein sehr mangelhaftes öffentliches Sicherheitswesen kannte, war, so wie jeder Hausvater zum Schutz gegenüber seinen Hausinsassen verpflichtet ist, der Grundherr zum Schutz gegenüber seinen untertänigen Bauern verpflichtet. Die Bauern mussten als Dank für diesen „Schutz und Schirm", dem Grundherrn mit „Rat und Hilfe" zur Seite stehen. Praktisch hieß das, dass sie, auswärtige Feinde, herumstreichende landschädliche Leute und Fedegegner des Herrn bekämpfen undwieder Abgaben (Hafer und Pferde), Dienste und Leistungen (Burgbrot) erbringen mussten. Für die Gerichtbarkeit, die der Herr ausübte, waren die Bauern zu Gerichts- und Vogtabgaben verpflichtet, für die militärische Funktion zu Steuern, zu Robot und „Reise", also militärisches Aufgebot. Für die Überlassung von Grund und Boden leisteten die Bauern verschiedene Geld und Getreideabgaben. Getrennt vom Grundherrn war oft der Zehentherr. Der Zehent, der zehnte Teil der Ernte, war eine rein kirchliche Abgabe zur Bewältigung der kirchlichen Aufgaben und Ausgaben, der Versorgung der Klöster und des Klerus.

Die Bauern hatten keine Möglichkeit, das politische Leben mitzugestalten und blieben davon bis in die Mitte des 19. Jahrhunderts ausgeschlossen. Die wirtschaftliche Leistung der Bauern ermöglichte es aber erst den Adeligen und Geistlichen ihren Lebensstandart zu entwickeln.

Die Grundherrschaft war somit eine Einrichtung , die das gesamte Leben vom Hochmittelalter bis ins 19. Jahrhundert bestimmte.

Grundherrschaft – 16. bis 18. Jahrhundert

Im 15. und noch stärker im 16. Jahrhundert begann eine folgenschwere Entwicklung. Die Grundherrn begannen in zunehmendem Maße die Arbeitskraft ihrer Untertanen auszunutzen, um auf den eigenen Gütern in großem Maßstab für den Export zu produzieren. Damit wurden die Freiheit der Bauern noch mehr eingeschränkt und sie wurden durch die dadurch bedingte Vernachlässigung der eigenen Güter noch mehr in die Abhängigkeit dem Grundherrn gegenüber getrieben. Die Grundherrschaft wurde als ertragbringendes Unternehmen gesehen. Die Bestrebungen gingen so weit, dass manche Grundherrn versuchten Tabak im Lande heimisch zu machen und hier Plantagenwirtschaft zu betreiben. Solche Pläne scheiterten aber nach kurzer Zeit. Der aufwändige Lebensstil von Adel und Klerus, der Bau von neuen Schlössern und Stiften förderte diese Entwicklung noch mehr. Den

Armselige Bauernstube – an den Folgen der Niederschlagung ihrer Erhebung in der ersten Hälfte des 16. Jahrhunderts litten die Bauern bis zur Aufhebung der Grunduntertänigkeit im Jahre 1848.

Bauern kam es im zunehmenden Maße unsinnig vor zur bloßen Vermehrung des Profites ihres Grundherrn zu arbeiten. Die Folge waren die Bauernkriege.

Mit Sensen, Sicheln, Keulen, Äxten, Spießen und Morgensterne zogen Haufen von Bauern durch die Lande und machten ihrem Unmut freien Lauf. Doch die Aufstände wurden brutal niedergeworfen. Die Folgen waren, dass die Bauern ihr Ansehen verloren und sich auch ihre soziale Lage verschlechterte.

Das Innviertel kommt zu Österreich

Mit dem Frieden von Teschen, der den Bayerischen Erbfolgekrieg zwischen Österreich einerseits und Preußen andererseits beendete, trat Bayern seine Gebiete östlich des Inns an Kaiser Joseph II. ab: Diese Gebieter erhielten im Mai 1779 die Bezeichnung „Innviertel". 1782 gelang es dem Herrscher, auch die beiden passauischen Besitzungen Obernberg am Inn und Vichtenstein zu erwerben. Nach der militärischen Niederlage Österreichs im Kampf gegen Napoleon gingen das Innviertel und weite Teile des Hausruckviertels im Jahre 1809 wieder an Bayern verloren. Nach dem Zusammenbruch des napoleonischen Herrschaftssystems sah sich Bayern genötigt, seine durch die Protektion Napoleons gemachten Erwerbungen wieder herauszugeben. Durch den Münchner Vertrag am 14. April 1816 wurde das Innviertel wie-

der österreichisch.

Kaiser Joseph II. war es in erster Linie zu verdanken, dass das Innviertel an Österreich kam und dabei auch verblieb, denn seine Reformen erfassten auch das Innviertel und den Innviertlern gefielen sie. Joseph II. wollte in kurzer Zeit einen zentralen Wohlfahrts- und Einheitsstaat errichten und nahm dabei keine Rücksicht auf historische Traditionen oder religiöse Gefühle. Der Herrscher fühlte sich nicht mehr als Besitzer des Staates und leitete seine Berufung nicht mehr von Gott ab. Er setzte viele wirkungsvolle Reformen. Doch ging alles von dem Grundsatz aus „Alles für das Volk und nichts durch das Volk.".

Friedensvertrag zwischen Preußen und Österreich (13. Mai 1779).

14

Kaiser Joseph II., Ölbild, Franz Streicher, Pfarrhof Perwang.

Neben der Aufhebung zahlreicher Klostergemeinschaften, die keinen praktischen Nutzen für die Gesellschaft erbrachten, veranlasste Joseph II. eine neue Diözesan- und Pfarreinteilung. Er sorgte dafür, dass durch die Teilung großer Pfarren die Seelsorge verbessert werden konnte. Auch führte er die von seiner Mutter Maria Theresia begonnene Schulreform fort und sorgte für eine flächendeckende Versorgung mit Bildungsstätten und Krankenhäusern.
Die größte Auswirkung auf die breite Landbevölkerung hatte aber ohne Zweifel die Aufhebung der Leibeigen-

schaft unter Joseph II. Die Bauern erhielten das Recht der Freizügigkeit und der freien Berufswahl, die Zwangsdienste wurden abgeschafft. 1782 wurde in Österreich die Leibeigenschaft aufgehoben.
Die Maßnahmen Joseph II. zu Gunsten der bäuerlichen Untertanen wurden ergänzt durch die umfassendste Reform auf wirtschaftlichem Gebiet, durch die Steuer und Urbarregulierung. Ziel war es eine einheitliche und gerechte Besteuerung auszuarbeiten. Dazu wurde das Land neu vermessen, der Durchschnittsbruttoertrag der Grundstücke erhoben und Steuer und Kastralgemeinden gebildet. Dem Bauern blieb daher für sich und seine Familie die Hälfte des Ertrages. Nachtragsbestimmungen enthielten allerdings gewisse Zugeständnisse an die Grundherrschaften, die jedoch insgesamt beträchtliche Verluste durch diese Reform des Kaisers erlitten.

„Das Innviertel in dem Erzherzogthum Oesterreich ob der Enns".

15

Aufbruchstimmung im Revolutionsjahr

Die Ereignisse des Revolutionjahres 1848 brachten den Bauern die endgültige persönliche und wirtschaftliche Freiheit, sowie die Anerkennung als gleichberechtigte Staatsbürger. In der Folge wendete sich die Wirtschaftsweise von mittelalterlichen Methoden zur modernen Landwirtschaft. Mit dem Antrag des jungen Abgeordneten zum Wiener Reichstag, Hans Kudlich, die Reichsversammlung möge die Bauern für unabhängig erklären, traten die Bauern erstmals politsch stark in Erscheinung. Mit dem neuen Gesetz, das noch zeitgerecht vor der Revolution eingebracht werden konnte, wurden den Bauern in Österreich zum ersten Mal in der politischen Geschichte die Menschenrechte gewährt. Das weitreichende Gesetz stellte dem Inhalt nach die größtmögliche Freiheit für die früheren Untertanen sicher. Damit war ein Wendepunkt für einen wirtschaftlichen und sozialen Umschwung eingeleitet.

Aufgehoben wurden ferner auch Pflichten und Giebigkeiten, die von Alter her auf die von Bauern bewirtschafteten Gründen geleistet werden mussten. Der Bauer war nun Eigentümer. Für das Obereigentum, das den Herrschaften zustand, wurde diesen nur eine billige Entschädigung zugesprochen.

Für die Bauern selbst bedeutete die Befreiung auch zunehmendes Selbstbewusstsein. In einem Zitat eines freisinnigen Bauernvertreters heißt es:

Hans Kudlich, Revolutionär von 1848 erkannte die Chance, die politischen Verhältnisse der Bauern zu ändern. Der redegewandte Student stellte den Antrag, der mit dem Satz „Von nun an ist das Unterthänigkeitsverhältnis samt allen daraus entspringenden Rechten und Pflichten aufgehoben." in die Geschichte der österreichischen Bauern ein.

„Heute kann jeder Landwirth auf seinen Beruf stolz sein, er kann sich überall melden und braucht sich desselben nicht wie ehedem schämen. Welcher Unterschied zwischen dem Bauern von ehemals und jetzt! Sonst fast ein Skalve, ist er heute ein selbständiger Staatsbürger, der im Parlamente sich bemüht, seine Interessen zu vertreten." Diese zeitgenössische Aussage dokumentiert die Entwicklung des Bauern vom unterjochten Untertanen zum freien Bürger.

Agrarpolitik im Wandel der Zeit
Von der Handarbeit zum Computer

Das Bundesministerium für Land- und Forstwirtschaft, Umwelt und Wasserwirtschaft wurde 1868 als „Ackerbauministerium" für das damalige Kaiserreich geschaffen. Zum ersten Minister wurde Alfred Graf Potocki, ein Pole, ernannt. Im Übrigen: Das „Ackerbauministerium" lebte lange fort, sein Name wurde immer wieder auch noch in der Zweiten Republik verwendet.   *Von Prof. Dipl.-Ing. Dr. Gerhard Poschacher*

Die Arbeit dieses traditionsreichen Ministeriums sowie die Tätigkeit des jubilierenden Clubs der Land- und Forstwirte ist untrennbar mit einer beeindruckenden Aufwärtsentwicklung der Agrarproduktion verbunden.

Pionierleistungen von Naturwissenschaften und Technik

Von der Handarbeit zur Computerlandwirtschaft könnte das Motto lauten, wenn die vergangenen 125 Jahre in der Entwicklung der österreichischen und europäischen Agrarwirtschaft beurteilt werden. Herausragende Erkenntnisse, die Naturwissenschaften und Technik hervorbrachten, haben die „Grüne Revolution" eingeleitet. Die Erträge in der Bodenwirtschaft haben sich seit 1875 um das Fünffache erhöht, in der Tierproduktion führten züchterische und fütterungstechnische Errungenschaften zu ungeahnten wirtschaftlichen Erfolgen. Justus von Liebig, Vater der modernen Düngerlehre, Erich von Tschermak-Seysenegg, Wiederentdecker der Mendelschen Erbgesetze, Max Eyth, der den Dampfpflug in die bäuerliche Praxis einführte, und die Agrarökonomen Friedrich Aereboe bzw. Ernst Laur schufen jene wissenschaftlichen Grundlagen, denen unter anderem die imponierende Entwicklung der Land- und Forstwirtschaft zu verdanken ist. Als diese Männer in Deutschland, in der Schweiz und Österreich um die Jahrhundertwende wirkten, ernährte ein Bauer zwei Menschen, heute sind es durchschnittlich 70. Im Jahre 1900 wurden z. B. 12,8 dt Weizen je Hektar geerntet, 1950 18,2 dt und 1998 50,7 dt. Die Milchleistung je Kuh und Jahr stieg von 1.600 l (1900) auf 1.895 l (1950) und 4.550 l im Jahre 1998.

Der Bogen spannt sich von der Agrar- zur Dienstleistungs- und Informationsgesellschaft des neuen Jahrzehnts, von der Handarbeit auf dem Feld und im Stall, vom Pflug zum Mähdrescher, bis zu computergesteuerten Melkanlagen oder Traktoren.

Zum Verständnis der Agrarentwicklung in den vergangenen 125 Jahren ist es aber notwendig, einen Blick in die Vergangenheit zu werfen. Das Auftreten Hans Kudlichs im Reichstag brachte das kaiserliche Patent vom 7. September 1848 mit der Befreiung der Bauern vom System des Untertänigkeitsverbandes. Mit der Beseitigung der drückenden materiellen Lasten und persönlichen Dienstleistungen der Bauernschaft wurde es aber notwendig, Hilfestellung für jene zu geben, die sich mit der neuen Freiheit schwer taten. Es begann die Blütezeit der Landwirtschaftsgesellschaften sowie des Genossenschaftswesens. Der große Sozialreformer Friedrich Wilhelm Raiffeisen (1818 bis 1888), ein Zeitgenosse von Karl Marx, hat wesentlich dazu beigetragen, dass die aus dem Untertänigkeitsverband entlassenen Bauern ihre Herausforderungen bewältigen konnten. Die Fortschritte in Agrartechnik und Agrarwissenschaften führten dazu, die Hungersnöte in Europa schrittweise zu beseitigen.

Zwischen Kaiserreich und Republik

Zu Beginn des 19. Jahrhunderts dominierte die Agrargesellschaft. Die Agrarentwicklung aus dem Blickwinkel der Weltwirtschaft betrachtet, ergibt, dass im letzten Jahrfünft des 19. Jahrhunderts die globalen Agrarkrisen ihr Ende erreichten.

Die militärische Niederlage der Mittelmächte, die den ersten Weltkrieg 1918 beendete, führte in Österreich zu einem beispiellosen politischen und wirtschaftlichen Zusammenbruch.

In der unmittelbaren Nachkriegszeit, in der die Regierung auf allen Seiten mit Widerständen und unlösbaren Problemen zu kämpfen hatte, kann kaum von einer gestaltenden und zielbewussten Agrarpolitik gespro-

Bauern demonstrieren in Wien gegen soziale Ungerechtigkeit.

chen werden. Im Vordergrund stand, die Versorgung der Bevölkerung mit Nahrungsmitteln sicherzustellen, was durch die schwer zu erlangenden und die Staatskasse stark belastenden Einfuhren von Grundnahrungsmitteln und durch Anstrengungen zur Hebung der inländischen Produktion erreicht werden sollte.

Der bescheidene Aufschwung, der sich in der österreichischen Volkswirtschaft und damit auch im Agrarsektor in den Jahren nach 1925 angebahnt hatte, erlitt eine jähe Unterbrechung durch den explosiven Ausbruch der Weltwirtschaftskrise in New York am 24. Oktober 1929 („Schwarzer Freitag").

Von den an unglückseligen Ereignissen und Zwischenfällen reichen innerpolitischen Geschicken Österreichs im Anschluss an die Weltwirtschaftskrise interessiert in diesem agrargeschichtlichen Überblick vor allem der Versuch einer Verwirklichung der berufsständischen Ord-

nung, der eng mit dem Namen Engelbert Dollfuß verbunden ist. In Niederösterreich wurde 1922 die erste Landwirtschaftskammer errichtet, das Genossenschaftswesen nahm einen raschen Aufschwung.

Durch die Eingliederung Österreich in das nationalsozialistische Deutschland im Frühjahr 1938 vollzog sich in raschem Tempo der Einbau in das geschlossene System einer totalitären Agrarwirtschaft.

Ein schwieriger Beginn im Jahre 1945

Die Zeit nach dem Zweiten Weltkrieg wies bei den unmittelbaren Kriegsauswirkungen gewisse Parallelen mit den Jahren nach 1918 auf. Wieder gab es einen wirtschaftlichen Zusammenbruch, wieder hatte ein völliger Neuaufbau einzusetzen, wieder drohte eine Hungerkatastrophe. Das Land war zur Abwehr der dringends-

Der Beginn nach dem Kriege war steinig.

ten Not auf ausländische Hilfe angewiesen. Österreich wurde aus einem
sehr viel größeren Wirtschaftsgebiet
ausgegliedert und musste sich auf die
Bedürfnisse und die Probleme eines
selbstständigen Kleinstaates mit stark
eingeschränkten Erzeugungspotenti-
al umstellen. Es war eine neue Zäsur
in der historischen, politischen und
wirtschaftlichen Entwicklung des
Landes, wobei der notwendige Wie-
deraufbau durch eine Reihe von besonderen Umständen erschwert wurde. Weite Teile des Landes waren in
der letzten Phase des Krieges der
Schauplatz schwerer Kämpfe gewesen, worunter vor allem die landwirtschaftlichen Betriebe zu leiden hatten. Dazu kam das Problem der
zurückgebliebenen Fremdarbeiter
und der das Land durchziehenden
Flüchtlingsströme. Die Aufteilung
des Landes nach 1945 in vier Besat-
zungszonen und die Tätigkeit der Mi-
litärregierungen der Siegermächte
schwächte die Staatsautorität und die
Verwaltungspraxis der Zweiten Republik. Es waren aber auch positive Unterschiede zu verzeichnen. Man
konnte sich in vielen Dingen die Erfahrungen der Ersten Republik zu-
nutze machen und speziell die Landwirtschaft war in der Lage, auf den
gut eingespielten Organisationsappa-
rat ihrer Interessensvertretungen zu-
rückzugreifen.

Wirtschaftliches Wachstum verändert
auf längere Sicht die ökonomischen,
sozialen und gesellschaftlichen Verhältnisse. In den gut entwickelten
Ländern, darunter auch Österreich,
ist der weitere Umbau von der post-
industriellen Dienstleistungswirt-
schaft zur Informationsgesellschaft
voll im Gange.

Die Zusammenhänge zwischen dem
Entwicklungsgrad eines Landes, gemessen am Sozialprodukt je Kopf,
und seiner Wirtschaftsstruktur, cha-
rakterisiert durch die Verteilung der
Erwerbstätigen oder der Wertschöpfung nach Sektoren, sind eng und
auch für die Qualität des Wirtschafts-
standortes maßgeblich.

Der „Hauptverlierer", das ist der Anteil an den Erwerbstätigen oder auch
am Beitrag zum Sozialprodukt im
Zuge der ökonomischen Entwicklung war der Agrarsektor. Eine gerin-
ge Einkommenselastizität der Nach-
frage nach landwirtschaftlichen Erzeugnissen und die bestehende Sätti-
gungsgrenze für Nahrungsmittel einerseits und ein rascher, das Angebot
stimulierender technisch-wissen-
schaftlicher Fortschritt andererseits,
führten zu Ungleichgewichten auf
den Agrarmärkten und erzwangen
längerfristig den Umbau der Wirtschaftsstruktur zu Lasten der Landwirtschaft. Statistiken über den agrarischen Arbeitskräftebestand spiegeln
diese Entwicklung und ihre Folgen
für den Agrarsektor in besonders
markanter Weise.

Nach der Beseitigung kriegsbedingter
Schäden und dem zunehmenden
Einfluss des biologisch-technischen
und mechanisch-organischen Fort-
schrittes setzte im Zuge der wirtschaftlichen Dynamik der Strukturwandel ein. Zwischen 1955 und
1998 sind 1,1 Millionen Menschen
aus der Land- und Forstwirtschaft ab-

gewandert. Die Zahl der Betriebe ging von 433.000 auf 250.000 zurück, die Erwerbskombination nahm stark zu, heute beträgt der Anteil der Nebenerwerbsbetriebe 66 Prozent und erreichte damit einen Spitzenwert in Europa.

Zwischen Unterversorgung und Agrarschutz

Der erfreulichen Produktionssteigerung in den Fünfzigerjahren entsprach keineswegs eine entsprechende Entwicklung der Einkommen. Eine globale Gegenüberstellung der landwirtschaftlichen Preisindexzahlen zeigt zwar für das Jahrzehnt 1950/51 bis 1958/59 ein beträchtliches Ansteigen der Betriebseinkommen, aber eine wesentlich stärkere Erhöhung der Gesamtausgaben. Forderungen nach einer wirksamen Agrarschutzpolitik wurden von den bäuerlichen Interessenvertretungen wie Bauernbund und Landwirtschaftskammern mit großer Vehemenz vertreten. Die SPÖ-dominierten Organisationen wie Arbeiterkammer und Gewerkschaftsbund forderten Preisabsprachen und Versorgungssicherheit.

Die Neuordnung der landwirtschaftlichen Marktverhältnisse erfolgte zunächst über die so genannten Wirtschaftsgesetze. Der Milch-, Getreideausgleichsfonds und der Viehverkehrsfonds wurden errichtet. 1958 wurden dann die in diesen Teilgesetzen enthaltenen Marktlenkungsmaßnahmen in einem einheitlichen Marktordnungsgesetz zusammengefasst, das, vielfach novelliert, bis zum EU-Beitritt 1995 in Kraft war.

Dabei ging es für alle drei Zweige der Agrarwirtschaft um die Sicherung, Vereinheitlichung und Stabilisierung der Erzeuger- und Verbraucherpreise, um ausreichende Marktbelieferung und Versorgung der Verbraucher und um Qualitätsfragen. In einer Zeit, die im Zeichen weiträumiger Wirtschaftsintegrationen und von Liberalisierungstendenzen des internationalen Handelsverkehrs stand, kam der klassischen Schutzzollkontingentierung in der agrarischen Außenhandelspolitik eine entscheidende Rolle zu. Es gelang durch die auf Grund des Marktordnungsgesetzes erfolgten Stützungsmaßnahmen und Abschöpfungen, die österreichische Landwirtschaft vor den Schwankungen der Weltmarktkrise für Getreide, Fleisch und Molkereierzeugnisse abzuschirmen, während bei den übrigen Zweigen der Landwirtschaft die Zolltarife und in bestimmten Fällen Mengenregulative die Schutzfunktion der Wirtschaftsgesetze zu übernehmen hatten.

Bei anderen landwirtschaftlichen Erzeugnissen gelang es, durch die so genannte Kontraktlandwirtschaft eine Sicherung des Absatzes und damit stabile Produktions- und Preisverhältnisse herbeizuführen.

Das Marktordnungsgesetz und das nach acht Jahren Verhandlungen im Jahre 1960 beschlossene Landwirtschaftsgesetz mit dem „Grünen Plan" bildeten fortan mit Regelungen für den Außenhandel, die Strukturpolitik und Förderungen (Richtlinien) die Grundlagen für die österreichische Agrar- und Förderungspolitik. Von 1961 bis 1994 wurden aus Mitteln des „Grünen Planes" für wichtige Maßnahmen (u. a. pflanzliche und tierische Produktion, ländliche Infrastruktur, Bergbauernförderung, Bildung und Beratung) insgesamt 60,7 Milliarden Schilling bereitgestellt.

Die „Grüne Revolution" übertraf die kühnsten Prognosen. Bei allen Produkten (ausgenommen pflanzliche Öle und Fette) wurde schon Ende der Fünfzigerjahre die Selbstversorgung fast erreicht oder überschritten (1958/59: Butter: 124%; Rindfleisch: 110%; Schweinefleisch: 93%; Brotgetreide: 78%). Überschussprobleme und die Finanzierung der Agrarexporte waren immer öfter Anlass für heftige politische Debatten. Im Dezember 1978 erschien die Studie „Das österreichische Agrarsystem" in der es unter anderem hieß: „Das

herrschende agrarische Steuerungssystem ist, kurz gefasst, ökologisch unangepasst, seine Steuerungskapazität auch in ökologischer Hinsicht mangelhaft, wobei der in Gang befindliche Prozess der Intensivierung das Steuerungsdefizit der mangelhaft angepassten Instrumente ständig vergrößert."

Nationale Entwicklungsstufen

Eine kritische und systematische Wertung der Nachkriegsagrarpolitik sowie des Markt- und Förderungssystems lässt folgende Entwicklungsstufen ab 1945 erkennen, wenngleich der Übergang fließend ist:

❏ die produktorientierte Phase (1945 bis 1951);
❏ die produktionslenkende und absatzsichernde Phase (1952 bis 1961);
❏ die marktwirtschaftlich-qualitätsorientierte Phase (1962 bis 1967);

Viele Bauern setzten schon bald nach dem Krieg ihre Produkte auf Grünmärkten ab, manche fuhren sogar bis Salzburg.

❑ die strukturpolitische Frage (1968 bis 1970);

❑ die Phase der förderungspolitischen Neuorientierung (1971 bis 1978) und

❑ die integral-ökologisch ausgerichtete Entwicklungsphase der österreichischen Agrar- und Förderungspolitik ab 1978, die unter Berücksichtigung der allgemeinen Rahmenbedingungen für die Gesamtwirtschaft schon Mitte der Achtzigerjahre in

❑ die arbeitsplatzerhaltende und strukturbewahrende Phase in der Landwirtschaft mündete und die Reform der Agrarpolitik ab 2000 (Europäisches Agrarmodell) angesichts des immer enger verflochtenen Weltmarktes prägt.

Netzwerk Agrar- und Ernährungswirtschaft

Die Abwanderung von Arbeitskräften aus der Landwirtschaft in expandierende Bereiche (Industrie, Dienstleistungssektor) trug bis Ende der Siebzigerjahre entscheidend zum wirtschaftlichen Wachstum bei und schuf zugleich die Voraussetzungen für eine akzeptable Einkommensentwicklung der Bauern. Der heutige Wohlstand, das Maß an sozialer Sicherheit und nicht zuletzt der Lebensstandard der Bauern sind mit einer Agrarquote von z. B. einem Drittel, wie sie um 1950 bestand, kaum vorstellbar. Für die landwirtschaftliche Bevölkerung brachte der Agrarstrukturwandel allerdings auch Anpassungsprobleme und Härten.

Die Land- und Forstwirtschaft war in der gesamten Nachkriegszeit von einer hohen Dynamik mit raschen und zum Teil tiefgreifenden Veränderungen geprägt. Diese Dynamik spiegelt sich u. a. in überdurchschnittlichen Zuwächsen der Arbeitsproduktivität wider, gemessen an der realen Wertschöpfung je Beschäftigten. Die Bauern haben bis Anfang der Achtzigerjahre ihre Leistung je Kopf in jedem Jahrzehnt knapp verdoppelt und damit andere Wirtschaftsbereiche, auch die oft als viel dynamischer eingeschätzte Industrie, weit übertroffen. Besonders deutlich zeigt sich die gestiegene Leistungsfähigkeit der Landwirtschaft an folgendem Beispiel: Um 1950 erzeugte ein Beschäftigter in der Landwirtschaft den Nahrungsmittelbedarf von etwa fünf Personen; 1970 ernährte jeder Bauer etwa 16, 1987 bereits 37 Personen und 1998 schon 60.

Ein wesentliches Merkmal der Entwicklung der vergangenen Jahrzehnte ist die zunehmende Verflechtung des Agrarsektors mit anderen Wirtschaftsbereichen und damit seine Integration in das gesamte ökonomische Netzwerk. Die traditionelle Agrarwirtschaft wandelte sich allmählich zu einem Glied der modernen Nahrungswirtschaft. Agrarprodukte werden heute in enger Zusammenarbeit zwischen Landwirtschaft und einer großen Zahl von Zuliefer- und Abnehmerbetrieben erzeugt, be- und verarbeitet und vermarktet.

Die wachsende Liefer- und Bezugsverflechtung der Landwirtschaft mit anderen Bereichen hat u. a. gravierende Folgen für die Kosten- und Absatzstruktur. Der Anteil der Urproduktion an den Ernährungsausgaben der Verbraucher nimmt ab, und die landwirtschaftlichen Betriebe verwenden einen steigenden Teil ihrer Verkaufserlöse für den Zukauf von Betriebsmitteln.

1996 waren nach einer Analyse des Wirtschaftsforschungsinstitutes (WIFO) im österreichischen Agrarkomplex insgesamt rund 653.000 Personen beschäftigt, das sind rund 20 Prozent aller Erwerbstätigen. Sie erwirtschafteten dort eine Bruttowertschöpfung von rund 319 Milliarden Schilling, 14 Prozent des BIP. Davon arbeiteten nur mehr rund 158.000, das sind 4,8 Prozent aller Beschäftigten, in der Land- und Forstwirtschaft, dem Kernbereich des Agribusiness. Rund 20.000 Personen (0,6 Prozent) waren in den dem Agrarsektor vorgelagerten Wirtschaftszweigen mit der Erzeugung, Verteilung und Reparatur von agrarischen Betriebsmitteln und mit Bereitstellung von Dienstleistungen beschäftigt, wie Landmaschinen, Handelsdünger, Mischfutterproduktion, Veterinärwesen usw.. Der Schwerpunkt des Agrarkomplexes liegt heute klar bei den Be- und Verarbeitern und Vermarktern von land- und forstwirtschaftlichen Produkten. In diesen der Agrarwirtschaft nachgelagerten Wirtschaftszweigen verdienten 1996 insgesamt rund 475.000 Personen (14,3 Prozent) ihren Lebensunterhalt.

Diese Daten zeigen, dass die Agrarwirtschaft über ihre Zukäufe und den Absatz ihrer Produkte wirtschaftlich weit in andere Bereiche ausstrahlt. Einem Arbeitsplatz in der Land- und Forstwirtschaft stehen derzeit etwa drei weitere Arbeitsplätze in Bereichen gegenüber, die mit dem Agrarsektor über direkte und indirekte Liefer- und Absatzbeziehungen im Rahmen des Agrarkomplexes mehr oder weniger eng verbunden sind. Einer Milliarde Schilling Wertschöpfung in

Am Beginn stand besonders für die kleineren Bauern viel Handarbeit.

der Land- und Forstwirtschaft stehen weitere rund acht Milliarden Schilling Wertschöpfung in den ihr vor- und nachgelagerten Sparten gegenüber.

Auf dem Weg in die EU

Ökologische Probleme traten in den Achtzigerjahren zunehmend in den Vordergrund politischer Diskussionen, die „Grün-Bewegungen" haben nicht zuletzt ihren Ausgangspunkt bei Fehlentwicklungen der Agrarpolitik genommen. Prof. Dr. Hermann Priebe, Frankfurt, hat darauf in seinem Buch „Die subventionierte Unvernunft" mit eindrucksvollen Fakten verwiesen.

Das gesellschaftliche Bewusstsein für Gefährdungen der Umwelt und die laufende Verarmung der Artenvielfalt hat in den vergangenen 20 Jahren stark zugenommen. Die ökologische Bilanz der EU-Agrarpolitik ist aber ernüchternd: Monotone Landschaften, Verzicht auf artgerechte Tierhaltung bis hin zur Tierquälerei, Verschmutzung des Trinkwassers, Belastung der Böden, Verschlechterung des Bodenzustandes, Humusschwund, Bodenerosion, Belastung der Lebensmittel bzw. Verlust an innerer Qualität derselben. Damit kam die Landwirtschaft in den Neunzigerjahren immer mehr auf die ökologische Anklagebank. Jene, die zunächst Nutznießer einer billigen Lebensmittelproduktion waren und sein wollten, wurden zum ökologischen Kritiker der Landwirtschaft. Eine Kurskorrektur war unumgänglich.

Die Fakten auf Grund jener nationalen agrarpolitischen Rahmenbedingungen, die jahrzehntelang bestanden wie Marktordnung und Förderungssystem, verdeutlichen, wie notwendig politisch konsensfähige Kurskorrekturen in der Agrarpolitik waren und noch sind.

Im Zeitraum des Staatsvertrages

Die Pioniere der biologischen Welle hatten bei ihren konventionell wirtschaftenden Kollegen anfangs eine Außenseiterrolle.

(1955 bis 1998) und nach einer beeindruckenden Produktivitätssteigerung hat sich ein umfassender ökonomischer und sozialer Strukturwandel vollzogen, wie nachstehende Fakten dokumentieren:

❏ Die Agrarquote (agrarische Erwerbstätige im Verhältnis zu allen Erwerbstätigen) sank von 32,3 Prozent auf 6,6 Prozent, also von etwa 1.050.000 auf 254.400 Beschäftigte.

❏ Die Zahl der Betriebe ging von 1950 bis 1997 um 38,2 Prozent auf 252.100 zurück, wobei eine starke Zunahme der Erwerbskombination feststellbar ist.

❏ Die landwirtschaftliche Nutzfläche nahm in den vergangenen 40 Jahren um 14,6 Prozent auf 3.413.100 ha ab, das Ackerland ging um 17,2 Prozent auf 1.386.000 ha zurück.

❏ Obwohl sich der Kuhbestand um 23,8 Prozent reduzierte, stieg die Milchlieferleistung um fast 87 Prozent auf 2.195.000 t, weil sich gleichzeitig die Milchleistung je Kuh verdoppelte.

❏ Die Getreideernte stieg um 85 Prozent auf 4.771.000 t, was das Exporterfordernis Ende der Achtzigerjahre explodieren ließ, das Flächenäquivalent machte 1990 fast 180.000 ha aus und erforderte Alternativen, nämlich den verstärkten Ölsaaten- und Eiweißpflanzenanbau.

❏ Die Anzahl der Traktoren wuchs von etwa 30.000 auf 350.000, die Arbeitskräfte je Zugmaschine gingen in den vergangenen vier Dezennien von etwa 30 auf 0,5 zurück.

❏ Der Pferdebestand von mehr als 280.000 sank auf 75.000 Stück.

❏ Österreich ist bei agrarischen Produkten von einem Land mit beträchtlichen Importen zu einem Agrarexportland geworden. Seit Mitte der Achtzigerjahre mussten ein Viertel der Milcherzeugung, ein Drittel der Rinderproduktion und mehr als ein Viertel der Getreideproduktion auf den überfüllten Weltmärkten untergebracht werden.

Die Agrarpolitik, von 1945 bis 1970 überwiegend von der ÖVP und ihrem Bauernbund bestimmt, hat sehr spät und nur zögernd begonnen, der Überproduktion entgegenzuwirken.

Politische Konsequenzen 1986

„Der Weg der zukunftsweisenden Agrarpolitik von der Versorgung hin zur Vermarktung muß in Zusammenarbeit mit den bäuerlichen Produzenten, den Konsumenten und Verarbeitungsbetrieben verstärkt fortgesetzt werden."

Mit dieser Feststellung über die offensive Agrarpolitik der SPÖ/ÖVP-Koalition in der Regierungserklärung von Bundeskanzler Dr. Franz Vranitzky vom 28. Jänner 1987 im Parlament fand vorerst die von den Sozialdemokraten stark beeinflusste Land- und Forstwirtschaftspolitik von 1970 bis 1986 ihr Ende. In der Regierungserklärung von Bundeskanzler Dr. Fred Sinowatz vom 31. Mai 1983, mit der die kleine Koalition SPÖ/FPÖ begründet wurde, finden sich kaum agrarpolitische Akzente der Freiheitlichen Partei, obwohl dem damaligen Bundesminister für Land- und Forstwirtschaft, Dipl.-Ing. Günter Haiden, der FPÖ-Bauer Ing. Gerulf Murer als Staatssekretär beigegeben wurde.

Dipl.-Ing. Josef Riegler, erster ÖVP-Agrarminister nach 16 Jahren der Absenz auf dem traditionsreichen Wiener Stubenring, setzte mit seinem Amtsantritt 1987 neue Schwerpunkte und formulierte mit seinem am 9. Mai 1988 in Wien vorgelegten „Manifest für eine ökosoziale Agrarpolitik in Österreich" ein neues Programm für die bäuerlichen Familien und den ländlichen Raum, das von der Volkspartei zur ökosozialen Marktwirtschaft ausgebaut wurde und mittlerweile internationale Vorbildwirkung erreichte.

Nach dem Zweiten Weltkrieg trug die SPÖ im Wesentlichen alle Konzepte (Krammer, 1988) mit, die der Produktionssteigerung in der Landwirtschaft und der Versorgungssicherung für die Bevölkerung diente.

Die Ausgangslage 1970 war klar:

❏ Die Enttäuschung vieler Bauern über die Agrarpolitik der ÖVP-Regierung zwischen 1966 und 1970 hat sicherlich auch zur Wahlniederlage der Volkspartei beigetragen.

❏ Der Agrarmarkt war unter fast totaler Ausschaltung des Wettbewerbes mit Preis- und Absatzgarantien geregelt, die Abwicklung der land- und forstwirtschaftlichen Förderungsmaßnahmen entsprach einem eingespielten Ritual zwischen Bundesministerium für Land- und Forstwirtschaft und den Landwirtschaftskammern im Rahmen der Privatwirtschaftsveraltung des Bundes und auf Grundlage einschlägiger, meist im Konsens ausgehandelter Sonderrichtlinien.

❏ Reformen waren nur im Wege sozialpartnerschaftlicher Verhandlungsergebnisse auf der Grundlage eines Interessensabtausches zu erzielen, nicht selten war der Landwirtschaftsminister nur Durchführungsorgan dieses lange erprobten politischen Szenarios.

❏ Bewegung in die österreichische Agrarlandschaft kam, als Bundeskanzler Dr. Kreisky, der ein eigenartiges, originell-ambivalentes Verhältnis zu Bauern und zur Agrarpolitik hatte, immer deutlicher versuchte, den ÖVP-Bauernbund als möglichen Koalitionspartner zu gewinnen und dadurch Zwiespalt in die Volkspartei, aber auch zwischen Bauernbund und Landwirtschaftskammern, trug. Mit seiner Vision von einer politischen Partnerschaft zwischen Arbeitern und Bauern stiftete der politisch rührige und nie um neue Ideen verlegene Regierungschef daher einige Verwirrung in den Reihen der ohnehin frustrierten Volkspartei, was von den Zeitungen auch dementsprechend kommentiert wurde.

❏ Mit dem neuen Vorsitzenden der Präsidentenkonferenz der Landwirtschaftskammern Österreichs ab 1970, Dr. Hans Lehner, erhielt der harte Konfrontationskurs des Bauernbundes schließlich eine Korrektur, weil der studierte Arzt und praktizierende Bauer aus Hörsching bei Linz (unerwartet 1984 gestorben) sehr bald eine gute Gesprächsbasis mit Landwirtschaftsminister Oskar Weihs aufbaute und dabei auch Unterstützung von vielen Experten in den Landwirtschaftskammern, bei den Sozialpartnern und im Genossenschaftswesen erhielt.

Bundeskanzler Dr. Kreisky schätzte den soliden, niveauvoll argumentierenden und stets auf politischen Ausgleich bedachten oberösterreichischen Landwirtschaftskammerpräsidenten, obwohl er es trotzdem nie unterließ, den großen Bauernbund mit kleinen Gruppierungen – vor allem mit dem damals sehr aktiven Allgemeinen Bauernbund – zu ärgern.

Der agrarpolitischen Stagnation der Jahre 1983 bis 1986 folgte mit der Bildung der SPÖ/ÖVP-Koalition ein Reformschub in der Land- und Forstwirtschaft sowie die beginnende Internationalisierung der Agrarpolitik.

Erfolgreicher Kurswechsel

Das am 16. Jänner 1987 verabschiedete Arbeitsübereinkommen zwischen der SPÖ und ÖVP bildete die Grundlage für einen substantiellen agrarpolitischen Kurswechsel in Österreich.

Agrarpolitische Meilensteine auf dem Weg in den EU-Binnenmarkt, der ab 1. Jänner 1995 nach der erfolgreichen Volksabstimmung vom 12. Juni 1994 Realität ist, waren unter anderem:

❏ Grundlegende Reformen der Marktordnungsgesetze sowie Neufassung des Zielkataloges im Landwirtschaftsgesetz mit starken ökologischen Signalen.

❏ Gründung der Österreichischen Weinmarketinggesellschaft im Jahre 1987.

❏ Neukonzeption der agrarischen Forschung im Bereich des Bundesmi-

Die oberösterreichischen Milchbauern waren besonderen Belastungen ausgesetzt. Demonstration im Jahre 1986.

28

nisteriums für Land- und Forstwirtschaft sowie des Förderungswesens ab 1989.

❑ Verstärkte Förderung des Biologischen Landbaues und gesetzliche Initiativen zu Weiterentwicklung des Wasser- und Umweltrechtes.

❑ Einführung der Bäuerinnenpension ab 1. Jänner 1992.

❑ Umgestaltung der Mineralölsteuerrückvergütung auf die Fruchtfolgeförderung ab 1992.

❑ Schaffung der EU-Marktordnungsstelle Agrarmarkt Austria, die 1992 ihre Arbeit aufnahm.

❑ Marktordnungsgesetznovelle, 1992 mit substantiellen Liberalisierungen und Deregulierungsbestimmungen, vor allem im Bereiche der Milchwirtschaft, durch den Entfall der Einzugs- und Versorgungsgebietsregelung ab 1994.

❑ Europaabkommen der Bundesregierung vom 22. April 1994 zur Vorbereitung der österreichischen Landwirtschaft auf den EU-Beitritt.

❑ Beitritt Österreichs zur Europäischen Union ab 1. Jänner 1995 mit der lückenlosen Übernahme der Gemeinsamen Agrarpolitik (GAP), was zu einer grundsätzlichen Änderung des bis dahin geltenden Förderungs- und Marktordnungssystems führte.

❑ Mit dem Versuch, Erzeugerpreise und Exportstützungen für Agrarprodukte hoch zu halten, kam die österreichische Agrarpolitik zunehmend in Konflikt mit Verhandlungspartnern in der 1986 begonnen Uruguay-Runde des GATT, die darin einen Verstoß gegen die Regeln des fairen Wettbewerbs erblickten. Die schließlich getroffene GATT-Vereinbarung sah tatsächlich Preis- und Produktionssenkungen bis zum Jahr 2000 vor, die die österreichische Landwirtschaft empfindlich getroffen hätten: Der Wert ihrer Produktion hätte bis dahin – im Vergleich zu 1993 – um mindestens 12 Prozent, das sind 6,5 Milliarden Schilling, sinken müssen, und knapp über 80 Prozent dieser

Österreichs Meinung in der Europäischen Union hat im Bereich der Landwirtschaft Gewicht. Im Bild Minister Mag. Wilhelm Molterer, ein Oberösterreicher.

Senkung hätte in den Sektoren Milch und Rindfleisch stattfinden müssen.

❏ Während Landwirtschaftsminister Franz Fischler (1989 bis 1994) den EU-Beitritt professionell vorbereitete – Schaffung der Agrarmarkt Austria (AMA|) Vorbereitung der Gebietsabgrenzung, Umbau des Förderungssystems, Internationalisierung der Verwaltung), oblag es seinem Nachfolger Mag. Wilhelm Molterer, die innerösterreichische Umsetzung der GAP ab 1995 zusammen mit den Landesregierungen, Landwirtschaftskammern und anderen Interessenvertretungen zu bewerkstelligen und die Vorschläge der EU-Kommission („Agenda 2000") kritisch zu durchleuchten. Höhepunkt war die EU-Ratspräsidentschaft im zweiten Halbjahr 1998.

❏ Direktzahlungen haben – insbesondere seit dem EU-Beitritt – für die Einkommenssicherung an Bedeutung gewonnen. 1994 waren es rund 9,8 Milliarden Schilling, 1995 24,8 Milliarden Schilling und 1998 18,7 Milliarden Schilling. Fast zwei Drittel der land- und forstwirtschaftlichen Einkünfte entfielen auf diese Leistungsentgelte.

❏ Der Zeitraum ab 1995 steht ganz im Zeichen der Anpassungserfordernisse der österreichischen Agrar- und Ernährungswirtschaft nach dem EU-Beitritt, der besser als allgemein erwartet, bewältigt werden konnte. Seit dem Beitritt zur EU haben vor allem die EU-Marktordnungen und das Umweltprogramm sowie die Ausgleichszulage für Bergbauern und Benachteiligte Gebiete besondere Be-

deutung für die österreichischen Bauern erlangt, im Beitrittsvertrag wurden außerdem Übergangszahlungen vereinbart, die im Jahre 1998 ausliefen, was auf die Einkommensentwicklung angesichts der Reformbeschlüsse im Rahmen der Agenda 2000 nicht ohne Auswirkungen bleiben wird.

❏ Von 1995 bis 1998 gingen die landwirtschaftlichen Einkünfte je Betrieb von 316.500 Schilling auf 265.000 Schilling zurück, das ist ein Minus von 16 Prozent.

❏ Im Zeitraum der Koalition zwischen SPÖ und ÖVP (1987 bis 2000) hat sich das agrarpolitische Klima entspannt, die Bilanz für die Bauern und den ländlichen Raum zu Beginn des neuen Jahrzehnts kann sich trotz mancher politischer Reibereien sehen lassen.

Innenpolitische Zäsur 1999/2000

Das Wahlergebnis vom 3. Oktober 1999 machte mehrere Regierungsvarianten möglich. Am 4. Feber 2000 wurde nach dem Scheitern der Koalitionsverhandlungen zwischen SPÖ und ÖVP die sodann im In- und Ausland heftig kritisierte Regierung ÖVP/FPÖ angelobt, die über 104 von 183 Sitzen im Parlament verfügt. Zum ersten Mal nach 1970 gibt es wieder einen Bundeskanzler der Volkspartei; Wolfgang Schüssel führt das Land in das neue Jahrtausend. Wilhelm Molterer blieb Landwirtschaftsminister mit zusätzlichen Umweltaufgaben sowie der verantwortungsvollen Herausforderung, die Umsetzung der „Agenda 2000" als agrarpolitische Leitlinie der nächsten Jahre zum Wohle der heimischen Agrarwirtschaft zu bewältigen.

Die Vorlage des österreichischen „Planes zur Entwicklung des ländlichen Raumes" gemäß EG-VO 1257/99 am 1. 9. 1999 war agrarpolitisch ein Meilenstein in das neue Jahrtausend, seine konsequente Realisierung bis 2006 bietet den bäuerlichen Familien viele Chancen in einer ökonomischen Ära der Globalisierung. Das neue agrarpolitische Leit-

bild ist der multifunktionale „Lebenswirt" (Ernährung, Rohstoffe, Kulturlandschaft und Dienstleistungen), von dessen Zukunft auch entscheidend jene der gesamten Gesellschaft abhängt.

Quellen:
1 BMLF: 100 Jahre Landwirtschaftsministerium, Wien 1968
Grüne Berichte, verschiedene Jahrgänge
1 Handbuch der österreichischen Wirtschaft, herausgegeben von Anton Täutscher, Wien 1961
2 Leopold, R.: Agrarförderung im Wandel der Zeit, Wien 1978, „Förderungsdienst"-Sonderausgabe
1 Poschacher, G.: Bauern und Agrarpolitik in der Zweiten Republik, „Förderungsdienst",
Heft 12/1999

Der frühere Landwirtschaftsminister Dr. Franz Fischler „dirigiert" die europäische Landwirtschaft.

Eine historische Roas durch die drei Bezirke des Innviertels

Das nun vorgelegte Buch „... gib uns heute unser täglich Brot" soll demjenigen, dem dieses schöne Land an Inn und Salzach noch nicht vertraut ist, einen kleinen Einblick geben in die Art, wie die Bauern mit der Natur leben. Er soll nachvollziehen können, unter welch schwierigen Umständen sie noch vor der „technischen Revolution" der Landwirtschaft produzierten. Demjenigen, der diese Epoche miterlebt hat, mögen die Erinnerungen Besinnung geben. Der folgende Farbteil beschäftigt sich mit den Erinnerungsstücken, die für die Nachwelt gepflegt werden.

Innviertler Roas

Egglsberi, Dilliberi, Handenberi, Geretsberi, Oberding, und Unterding, Sankt Diring, Ostermidding, Tarsdorf und Radigond, Wildshuat und Pontigon, Hoagamoos und Lauterbach, mir bleim gen moring a nu da. Altham drunt und a Stern, da hams uns a recht gern. Überall sand mir bekannt. Ds Neukircha, ada Schwand ins kennan, weit und broat, z'Pischdorf und an Hoat.

Hohburg kehrt ja a dazua, vo Ranshofen sand mir Buam ds Brauna und d z'Mining drunt wann is nimma kunnt, Geinberg steht ja auf da Heh, d z'Neuhaus des wiss ma eh, z'Polling und d z'Kirchham da kemman hibsch oa z'om, vo da gema an Kraxenberg, vo den habts gwis a scho g'heat, d z'Mehrnbach und d z'Riad an Gricht, da hamas ausdicht.

Iatzt gema nu auf Waldzell, auf Lohnsburi a recht schnell, umi auf Weiffendorf, weil i halt heiftig woas. Mettmach liegt ja drunt im Tal, Aspach gfreit mi allemal, Höhnhart, Schmoin, Schiagaham, wo da alt Teifischwanz, d z'Gersberg, wo si d'Straßn reibt, is auf Frauschereck net weit, vo da gemas übern Wald, an Schneegattan is a saukalt, von Hart. D z'Friedburg und d z'Lengau draußt, da herma do gent auf, iaz gema nu auf Mattighofen ein, kreizlustig muaß sei!

Original Text der „Oberen Innviertler Roas"

Innviertler Roas in die Geschichte

Rundreise durch das Innviertel:

Ried i. I.: Innviertler Volkskundehaus

Hohenzell: Kaplanstöckl

Lohnsburg: Heimathaus

St. Johann a. W.

Heimatmuseuem „Beandhaus"

Maria Schmolln: „Solinger Bauer"

Schalchen: Heimathaus

Perwang: Zoll- und Heimatmuseum

Jeging: Heimathaus

Haigermoos: Bauernmuseum

Hochburg: Gedächtnishaus

Braunau am Inn: Bezirksmuseum

Weng: Heimathaus

St. Georgen b. O.

Obernberg

Ort i. I.

St. Marienkirchen

Schardenberg

Freinberg

St. Roman

Andorf

Dorf a. d. Pram

Pram

Innviertler Volkskundehaus

Das Innviertler Volkskundehaus, im Weichbild der Stadtpfarrkirche gelegen, gilt mit Recht als Juwel unter den Museen. Die Reichhaltigkeit der Sammlung und ihre übersichtliche Präsentation ermöglichen dem Betrachter ein Bild über die historische Entwicklung des Innviertels zu erhalten.

Die Gliederung versteht sich aus der Geschichte des Hauses: Lokalgeschichte, traditionelle Sammlung und Volkskunst sowie Kunstgeschichte.

Ins Leben gerufen wurde die Sammlung bereits Ende des 19. Jahrhunderts von beherzten Rieder Bürgern, die eine „Gesellschaft zur Pflege der Rieder Heimatkunde" gründeten. Wichtigste Zielsetzung war die vom Abverkauf bedrohten Arbeiten der in Ried ansässigen Bildhauerfamilie Schwanthaler zu retten. Im Jahre 1907 wurde von den Historikern Dr.

Wetterkreuz: Symbol der Volksfrömmigkeit. Der Bauer mit seiner „Werkstatt unter freiem Himmel" betet um günstiges Wetter.

Innviertler Volkskundehaus
4910 Ried i. I., Kirchenplatz 13
Geöffnet: Dienstag bis Freitag von 9 bis 12 und von 14 bis 17 Uhr, Samstag 14 bis 17 Uhr
Auskunft: Museum Telefon 07752-901-244 oder 246
Träger: Stadtgemeinde Ried. i. I. Kustos: Dr. Sieglinde Baumgartner

Franz Berger und Dr. Wilhelm Gärtner der Musealverein gegründet.

Als Stifter des „Innviertler Volkskundehauses" gilt jedoch Pfarrer Johann Veichtlbauer (1867 bis 1939).

Ab 1909 war Veichtlbauer Pfarrer in seiner Oberinnviertler Heimatgemeinde St. Pantaleon. Er sammelte vor allem religiöse Volkskunst aus dieser Region; so gelangte auch die bekannte Oberndorfer Stille-Nacht-Krippe nach der Abtragung der Kirche St. Nikolaus in seinen Besitz. 1932 trat er in den Ruhestand und übersiedelte mit seinen Exponaten nach Ried. i. I. Um beide Sammlungen zu vereinen und aufzustellen, wurde das Volkskundehaus gegründet, das im ehemaligen Pfarrhof-Wirtschaftsgebäude untergebracht wurde.

Religiöse Volkskunst

Der empfohlene Rundgang beginnt im Erdgeschoß. Dort befinden sich der Figurensaal mit gotischen Plastiken, Werken der Innviertler Bildhauerfamilien Schwanthaler und Zürn sowie ein Kruzifix von Meinrad Guggenbichler.

Im Sonderausstellungsraum sind Ausstellungen zu aktuellen kulturellen und kulturhistorischen Themen zu sehen.

Im Treppenhaus befinden sich alte Ansichten von Orten aus dem Innviertel sowie Alt-Rieder Motive.

Der erste Stock ist der volkskundlichen Sammlung und der religiösen Volkskunst gewidmet.

Die reichliche Sammlung gliedert sich in einen Raum mit Hinterglasbildern, Eisenschnittkreuzen, Votiv-

Wetter- und Standkreuze.

Der religiösen Volkskunst sind drei Räume gewidmet.

35

Religiöse Volkskunst

bildern, Andachtsbildern, Spinnweb-
bildern, Pergamentminiaturen, Kup-
ferstichen und mit Applikationsarbei-
ten. In einem weiteren Raum ist die
Oberndorfer Stille-Nacht-Krippe re-
präsentativ aufgestellt, es finden sich
auch andere Krippendarstellungen,
das „Fatschenkindl", Weihnachtseier,
Wallfahrtsandenken, Votivgaben,
Wachsstöcke, handgeschriebene Ge-
betsbücher und frühe Druck von Ge-
betsbüchern und Heiligen.

Kreuze und religiöse Schutzmittel,
Klosterarbeiten, Sturzgläser, Reiseal-
tärchen, Reliquienkapseln und vieles
mehr füllen einen weiteren Raum.

Im Bürgerzimmer mit Möbeln aus
dem Spätbarock und der Biedermei-
erzeit sticht das Bild „Der erste
Christbaum in Ried" hervor.

Die Heiligen Isidor und Notburga.

Eisenschnittkreuze.

Volkskundliche Sammlung

Die volkskundliche Sammlung beherbergt Gegenstände zum Thema Handwerk und Zünfte: Zunftmonstranzen und Zunfttruhen, Werkzeuge, Beleuchtungsgeräte, Blaudruckmodel, Waffeleisen, Druckstöcke und Originalspielkarten von den Rieder Spielkartenmalern, wissenschaftliche Geräte, Wachsmodel und Wachsabgüsse.

Ein anderer Raum ist den Trachten und Textilien gewidmet. Handwebstuhl, Getreidesäcke, die verschiedenen Innviertler Trachten, Kopfbedeckungen, Männergürtel, Strickstrümpfe, Kinderspielzeug, Taufgarnituren, Tauftaler, Viechtauer Holzwaren, Spitzen und Stickereien, Glasperlenarbeiten sowie Knöpfe komplettieren die Ausstellung.

Pfeifensammlung.

Trachten und Textilien in reichlicher Sammlung.

37

Volkskundliche Sammlung

Dem Schmuck und dem Tabakgenuss ist eine weitere Sammlung gewidmet. In diesem Raum finden sich Florschnallen, Kropfketten, Ringe, Haarpfeile, Gürtelschnallen, Doubléschmuck, Fächer, Riechfläschchen, Döschen, Liebesbriefe, Hochzeitsschmuck, Taschenuhren, schmucke Uhrketten, Uhrschlüssel, Rauchutensilien.

Breiter Raum widmet das Volkskundehaus dem Hausrat und den Gefäßen: Zinn- und Kupfergefäße, Obernzeller Schwarzhafnerware, Kröninger Hafnerware, Riedenburger und Gmundner Fayencen, Krapfenschüsseln, Kupfergefäße, Steinzeug, Freudenthaler Glaswaren, Böhmische Überfanggläser, Viechtauer Holzlöffel, Essbestecke.

Aus dem Bauernkrieg 1626.

Webstuhl der letzten Rieder Weberei.

38

Max-Kislinger-Stube

Einen reizvollen Aspekt zwischen volkstümlicher Sammlung und der den heimischen Künstlern gewidmeten Galerie der Stadt Ried bildet die Sammlung Max Kislinger. Der Beamte des Amtes der Landesregierung stellt sich als vielseitiger Künstler vor. Besonders hat sich Kislinger um die präzise Dokumentation der oberösterreichischen Volkskultur und des bäuerlichen Lebens, und hier insbesondere auch im Innviertel, verdient gemacht. Somit sind die Werke des treuen Bildchronisten in zahllosen Zeugnissen für die Nachwelt erhalten. Er bediente sich der Kunstformen Skizzen, Aquarelle, Holzschnitte und Fotografien. Sie bildeten auch die Druckvorlagen für mehrere Bücher.

Kislinger: Liebe zum Detail.

Darstellung einer Bauernstube. Alfred Kubin ist einer der bekanntesten Künstler.

39

Galerie der Stadt Ried

Kaum eine Region kann so wie das Innviertel auf eine solche Vielfalt an Künstlern verweisen, die hier geboren wurden oder hier wirkten. Es mag der Reiz der Landschaft und vielleicht auch die „Innviertler Künstlergilde" sein, die zu dem reichen Schaffen inspirierte, das in vielen Strömungen ausgeprägt ist.

Die „Galerie der Stadt Ried" bietet einen repräsentativen Querschnitt durch das breite Schaffen.

In diesem Rahmen kann nur in einem schmalen Segment auf jene Werke eingegangen werden, die sich ausführlicher mit dem bäuerlichen Kulturkreis oder der Innviertler Landschaft beschäftigen. Im Innviertel wirkten bedeutende Persönlichkeiten bekannter internationaler Schulen.

Johann Baptist Wengler, im Jahre 1816 in St. Radegund geboren, erhielt seine Ausbildung an der Wiener Akademie der Bildenden Künste. Er wurde als Maler der Historienmalerei, des Altar- und Andachtsbildes bekannt.

Hans Plank: St. Georgen an der Mattig (Holzschnitt).

Galerie der Stadt Ried

Neben Künstlern mit internationaler Anerkennung, wie Alfred Kubin (gest. 1959 in Wernstein), Karl Schmoll von Eisenwerth (gest. 1948 in Braunau), Aloys Wach (gest. 1940 in Braunau) an der Spitze, finden sich im Bestand der Galerie der Stadt Ried nicht weniger wichtige Arbeiten vertreten.

Von Johann Baptist Wengler (geb. 1816 in St. Radegund), Anton Lutz (geb. 1894 in Prambachkirchen), Louis Hofbauer (gest. 1932 in Salzburg, gewirkt in Munderfing), Margret Bilger (gest. 1971 in Schärding), Emmy Woitsch d. Ä. (geb. 1894 in Ried), Josef Furthner (geb. 1890 in Zell a.d. P.), Hans Plank (geb. 1925 in Weng i. I.), Franz Xaver Weidinger (geb. 1890 in Ried) Wilhelm Dachauer (geb. 1881 in Ried).

Bäuerin (Ausschnitt).

Bauernstube, Aquarell.

Ein Bild der Idylle, das die Natur malt.

Kaplanstöckl Hohenzell

Geruhsamer Pfarrhofgarten: Kaplanstöckl mit Holzhäuschen und Kapelle.

Hohenzell, ein Gassengruppendorf, zeigt deutlich die Übergangsformen der Innviertler und Hausruckviertler Vierseithöfe. Im Kaplanstöckl ist das Heimatmuseum untergebracht.

Kaplanstöckl Hohenzell

Pfarramt Hohenzell
4921 Hohenzell 23

Geöffnet:
am letzten Sonntag im Monat
von 8 bis 11 Uhr

Auskunft:
Pfarrhof, Tel. 07752-85706

Träger:
Pfarrkirchenrat Hohenzell

Kustos:
August Fisecker, Tel. 07750-514

Getreideputzmaschine

Kaplanstöckl Hohenzell

Das Haus im Anschluss an den Pfarrhof war bereits dem Verfall preisgege-
ben. 1994 wurde das Kaplanstöckl
adaptiert und zu einem sehenswer-
ten Heimatmuseum ausgebaut, das
für den Liebhaber bäuerlicher Arbeitsgeräte ein wertvolles Schatzkäst-
chen bildet.

Im Holzhäuschen befinden sich verschiedene Arbeitswerkzeuge speziell
für die Getreidebearbeitung und die
Bienenzucht.

Das Kaplanstöckl selbst beherbergt
ebenfalls landwirtschaftliche Geräte,
wie etwa Teile einer Obstpresse.

In den Obergeschoßen sind Bilder,
Wallfahrtsandenken und Zeugnisse
der Volksfrömmigkeit ausgestellt.

Zu sehen sind auch seltsame Funde
aus dieser Gegend.

Teile einer Obstpresse

In der Imkereiabteilung des Kaplanstöckls.

Heimathaus Lohnsburg

Das frühere Gemeindeamthaus beherbergt heute das Heimathaus Lohnsburg.

Bemerkenswert für den Betrachter: Er trifft inmitten des Innviertels auf ein Jugendstilhaus, das schon um die Jahrhundertwende den Trend von Lohnsburg zur Marktgemeinde markierte.

Heimathaus Lohnsburg

Ehemaliges Gemeindehaus
4923 Lohnsburg 28

Geöffnet:
Juni bis Oktober, Mittwoch,
Samstag, 14 bis 16 Uhr, u. n. V.

Auskunft:
Marktgemeindeamt Tel. 07754-2251

Träger:
Marktgemeindeamt Lohnsburg

Kustos:
Rudolf Treiblmayr, Tel. 07754-2140

Planetarium aus Holz gefertigt.

45

Heimathaus Lohnsburg

In diesem Haus ist das Museum untergebracht, das mit dem Schwerpunkt Heimatliches aus der Gemeinde, Bäuerliches und Holzwirtschaft
ausgeprägt ist. Eine reichhaltige Not-
geldsammlung ergänzt die Schau.
Die Ablösung der Holznutzungsrech-
te (Einforstungsrecht) sind in Schau-
tafeln dargestellt, bemerkenswertes
Holz aus dem Kobernaußerwald ver-
anschaulicht das Thema Forstwirtschaft. Näher eingegangen wird auch
der Holztrift im Forst, die eine Länge
von 71 km mit fünf Klausen, Stau-
werken, Wehren und Überbrückun-
gen aufweist.
Ein Kuriosum ist das aus Holzrädern
gefertigte Planetarium. Es wurde in
dreijähriger Arbeit von einem Land-
arbeiter angefertigt.

Der Wald lebt im Museum.

Den Innviertler Zechen in Lohnsburg ist eine eigene Abteilung gewidmet.

46

Heimathaus „Beandhaus"

Das „Beandhaus" in St. Johann wird durch volkskulturelle Kurse belebt.

Die Gemeinde erwarb 1987 die Liegenschaft. Das Haus stellt die kleinstmögliche Einheit einer Selbstversorger-Landwirtschaft aus alten Tagen dar.

Heimathaus „Beandhaus" St. Johann a. W.

Geierseck 1
5242 St. Johann a. W.

Geöffnet:
Mai bis Oktober, Sonntag 13 bis 17 Uhr und nach Vereinbarung

Auskunft:
Gemeindeamt, Tel. 07743-8255, Kustos Roswitha Zadina, Tel. 07743-8295

Träger:
Verein zur Erhaltung des Beandhauses.

Schlafzimmer einer bäuerlichen Familie.

47

Heimathaus „Beandhaus"

Bäuerlicher „Wurzgarten". Mustergarten im „Beandhaus". Die Sölde ist mit Küche, Stube, Stall und Stadl original eingerichtet und stellt ein besonders schönes Beispiel dar.

48

Bauernmuseum „Sollinger Bauer"

Das neue Wirtschaftsgebäude wurde im „Bundwerk"-Stil errichtet.

Das private Museum beherbergt die Arbeitswelt, Handwerkswelt und Wohnkultur der ländlichen, insbesondere der bäuerlichen Bevölkerung.

Bauernmuseum „Sollinger Bauer"

Sollach 1
5241 Maria Schmolln

Geöffnet:
nach Vereinbarung

Auskunft, Träger:
Georg Reitmaier, Tel. 07743-2430

Sonstiges:
Der Bauer betreibt außerdem eine Mostschenke. Bauernkrapfen, Erdäpfelkäse und Speckbrote gibt es gegen Voranmeldung.

Georg Reitmaier mit seiner Sammlung.

49

Heimathaus Schalchen

Heimathaus Schalchen.

Wohnliche Stube.

In der ehemaligen Lukas-Lederer-Sölde wird die Geschichte Schalchens, die bäuerliche Geschichte und die einer Sensen-Schmiede abgehandelt.

Heimathaus Schalchen

Hauptstraße 23
5231 Schalchen

Geöffnet:
Samstag 9 bis 12 Uhr, Sonntag 14 bis 16 Uhr und nach Vereinbarung

Auskunft, Träger:
Fritz Reinthaller, Tel. 07742-4130
Johann Zwischelsberger, Tel. 07742-4430

Träger:
Heimatverein Schalchen

Kommode mit Wiege.

Blumenfenster am Zoll- und Heimatmuseum in Perwang a. G.

Bauernmuseum Haigermoos

Das Museum füllt den alten, gut erhaltenen Bundwerkstadel.

Das Bauernmuseum ist das Lebenswerk von Georg Felber. Es stellt die umfangreichste Sammlung bäuerlicher Utensilien im Innviertel dar.

Privates Bauernmuseum „Anthalerhof" Haigermoos

Haigermoos 5
5120 St. Pantaleon

Geöffnet:
Dienstag 18 bis 20 Uhr, Samstag 13 bis 17 Uhr, und nach Vereinbarung

Auskunft:
Familie Otto Felber, Tel. 06277-8129 oder 8548

Träger:
Georg Felber

Blick in das Innere des Bundwerkstadels.

Bauernmuseum Haigermoos

Wohnstube, eingerichtet in einem Troadkasten.

Mitten im Dorf steht der prächtige Anthalerhof. In dem für das Obere Innviertel nahe von Inn und Salzach gele-
gene Gebiet typischen Bundwerkstadel
aus dem Jahre 1872 mit einem Ausmaß
von 30 mal 16 Meter befindet sich das
Museum. Nur größere Bauern konnten
sich solche kunstvoll gefertigte Bundwerkstadel leisten. Zentrum der Bundwerkstadel ist das Gebiet vom Chiem-
see bis ins Innviertel. Die Bauern in
Bayern – das Innviertel gehörte bis
1779 zu Bayern – ahmten die über-
schwängliche Bautätigkeit ihres Königs
Ludwig II nach. Der Anthaler Stadel
brauchte 250 fm Holz, 42.000 Holz-
dachschindeln und 41.000 wurmsiche-
re Nägel aus Zwetschkenbaumholz.
Sechs Zimmerleute waren mit dem Abbinden des Dachstuhles beschäftigt.

**Aus einer Zeit, als das Wäschewaschen
noch komplizierter war.**

53

Bauernmuseum Haigermoos

An vielen Höfen gehörte das Spinnen und Weben zu den Winterarbeiten.

In lebenslanger Arbeit hat der Anthalerbauer Georg Felber bäuerliches Gerät, Gebrauchsgegenstände und Einrichtungen sowie Handwerkszeug aus dem ländlichen Raum zusammengetragen.

Als Bauer von altem „Korn und Schrot" kann der Altbauer all die Exponate zuordnen und deren Funktionen exakt erklären.

Inzwischen ist das Museum, das sich auf einer Ausstellungsfläche von mehr als 800 Quadratmetern ausdehnt, auf rund 3.500 Exponate angewachsen.

Über den „Tenn" betritt man den Bundwerkstadel. Kein getreide- oder heubeladener Wagen poltert mehr in die Einfahrt.

Hinten, vor der Ausfahrt, befindet sich die Wagenburg.

Detail einer schön gestalteten Tür.

54

Bauernmuseum Haigermoos

Teil der Wagenburg mit bäuerlichen und herrschaftlichen Fährnissen.

Rennwagen, Kutschen, Schlitten, Leiterwagen und Bretterwagen finden sich ebenso hier wie Holzfuhrwerkschlitten und Kinderschlitten oder Jauchenwagen und Jauchekarren.

Auf der zweiten Brette der Tenne ist die Hauswirtschaft untergebracht. Der Krauthobel findet sich ebenso wie die Geräte zur Milchverarbeitung, des Brotbackens oder der Imkerei.

Von der „Speis" zu den Mäusen ist es ein kleiner Schritt, und so sind in dieser Etage auch die Mausefallen aufgestellt.

Beim weiteren Rundgang trifft man auf alte Kunstschmiedearbeiten.

Viele Innviertler rückten im Ersten Weltkrieg zum Rainerregiment nach Salzburg ein. Auch daran erinnern Exponate, wie ein Koffer, der den jungen Soldaten aufs Feld begleitete.

Holzgeschnitzte Miniaturen, die Handdruscharbeit darstellend.

55

Bauernmuseum Haigermoos

Der Störschuster Zauner aus Wildshut bei der Arbeit am alten Anthalerhof.

Besonderes Augenmerk legte Georg Felber beim Sammeln der Exponate und dem Einrichten des Museums auch auf das weitere Umfeld im ländlichen Raum: so etwa die Handwerker, die auf die Höfe kamen, die „Störleute": der Schneider, der Schuster, der Fassbinder. Es ist eine komplette Schusterei eingerichtet. Wenn der alte Störschuster Zauner aus Wildshut aufstehen würde, könnte er hier seine Arbeit fortsetzen. In der Schneiderei, die man ebenfalls so vorfindet, wie sie vor Jahrzehnten verlassen wurde, kann man auch die erste Nähmaschine dieser Gegend betrachten. Sie wäre nicht komplett, würde nicht ein „Hochzeitskasten" mit kompletter Ausstattung für die Braut dabei sein, wie sie den Bauerntöchtern mitgegeben wurden.

„Als Schule noch lustig war ...": Haigermooser Sonntagsschule.

56

Bauernmuseum Haigermoos

Breiter Raum ist der Jagd im Gebiet um den Weilhartsforst gewidmet.

Das Gesellschaftswesen im Dorf findet sich natürlich auch in dieser Sammlung wieder: Der Feuerwehr ist ein besonderer Stellenwert zugeordnet. Die Handdruckspritze stammt aus dem Jahre 1880.

Beidseits der Tenne finden sich die Werke bäuerlicher Künstler und religiöse Volkskunst sowie besondere Formen aus der Natur.

In einer in einem alten Troadkasten eingerichteten Stube findet der Rundgang seinen Abschluss.

Anthalerbauer Georg Felber kehrt hier mit seinen Gästen gerne ein, um Episoden aus seinem reichen Leben als Bauer zu erzählen. Die Gäste lassen ihre Eindrücke aus dem umfangreich bestückten Museum noch einmal Revue passieren.

Die Fassbinderzunft ist heute gänzlich ausgestorben.

57

Gruber-Museum Hochburg-Ach

In dem baugleichen Typ jener Sölde, in der Gruber geboren wurde, befindet sich das Gruber-Museum, in dem auch das Heimathaus untergebracht ist.

Das Haus ist den Schwerpunkten Franz Xaver Gruber, Söldnersohn und Komponist von „Stille-Nacht!" und der Bäuerlichkeit gewidmet.

F.-X.-Gruber-Gedächtnishaus Hochburg-Ach

Hochburg 44
5122 Hochburg-Ach

Geöffnet:
Nach Bedarf und Vereinbarung

Auskunft:
Kustos Werner Sützl, Tel. 07727-2561 (Nähe des Museums)

Träger:
Gemeinde Hochburg-Ach

Schlafkammer mit Wiege.

Gruber-Museum Hochburg-Ach

Heimelige Atmosphäre in der Stube des Heimathauses nahe der Kirche.

Im Jahre 1787 wurde Franz Xaver Gruber als Sohn eines Kleinhäuslers in Hochburg geboren. Nicht für das traditionelle Weberhandwerk des Vaters entschied er sich, sondern für eine Ausbildung zum Lehrer.

Eindrücke aus der Zeit zu Beginn des 19. Jahrhunderts gibt das Heimathaus wieder. Im ersten Stock des Holzhauses, das baugleich ist mit dem Geburtshaus Grubers, finden sich die originalen Einrichtungsgegenstände des Vaterhauses des Komponisten von „Stille Nacht. Heilige Nacht!", wie auch der Webstuhl. Das Haus spiegelt die Situation von Selbstversorger-Bauern wider, die als kleine Handwerker überleben mussten. In diesem Museum gewinnt der Betrachter einen guten Eindruck aus jener Zeit.

Der Ofen bildet den Mittelpunkt jeden Wohnraumes.

Bezirksmuseum Braunau a. I.

Das Bezirksmuseum Braunau am Inn befindet sich in der Braunauer Altstadt.

In den mittelalterlichen Bürgerhäusern in der Johann-Fischer-Gasse befindet sich das Bezirksmuseum Braunau. Ausgestellt ist eine große Vielfalt.

Bezirksmuseum Braunau a. I.

5280 Braunau a. I.
Johann-Fischer-Gasse 18 und 20
sowie Altstadt 10 (Herzogsburg)

Geöffnet:
Mai bis September: Dienstag bis Samstag von 13 bis 17 Uhr.

Auskunft:
Stadtamt, Tel 07722-808-227

Kustos: Margarethe Doppler

Träger:
Stadtgemeinde Braunau

Blick in die „Speis", der Vorratskammer.

Bezirksmuseum Braunau a. I.

Die bäuerliche Sammlung ist wegen ihrer Ursprünglichkeit unverändert.

Die bäuerliche Sammlung ist im Hinterhaus in der Johann-Fischer-Gasse untergebracht. Im Flur finden sich vor allem Kleingeräte für die Bauernarbeit. Eine komplett eingerichtete Bauernstube samt „Speis", eine Rauchkuchl sowie ein großer Schauraum mit allerhand bäuerlichem Handwerkszeug, Bauernkästen und Gemälden empfiehlt sich dem Betrachter. Gegenstände des Volksglaubens und Schutzmittel für Haus und Hof, Vieh und Stall sind in den Obergeschoßen untergebracht.

Sehenswert sind die historischen Einrichtungen der Handwerkszünfte, die in Braunau große Tradition aufweisen. Ihnen sind ganze Räume gewidmet: Bäckerzunft mit einer Backstube, eine Sammlung von Fassbinderwerkzeugen, alte Waagen und Gewichten.

Bäuerliche Arbeits- und Gebrauchsgegenstände.

61

Bezirksmuseum Braunau a. I.

Innviertler Bauernstube im Bezirksmuseum Braunau.

Heimathaus Weng i. I.

Heimathaus Weng. i. I. im Zeughaus

Ein Imker bei seiner Tätigkeit.

Das Heimathaus gibt Einblick in die bäuerliche Welt und das Handwerk. Ein ausgeprägter Teil ist den Vereinen in der Gemeinde gewidmet.

Heimathaus Weng i. I.

4952 Weng i. I., Hauptstraße 25

Geöffnet:
nach Vereinbarung

Auskunft:
Gemeindeamt Weng i. I.,
Telefon 07723-5055

Träger:
Gemeinde Weng i. I.

Mostpresse aus dem Jahre 1901.

63

**Marterl und die Bilder erinnern an tödlich Verunglückte oder unter besonderen
Umständen verstorbene Menschen, aber auch an Katastrophen wie Brände, Hochwasser
und Erdrutsche. Vielfach sind diese Tafeln aus dem Landschaftsbild verschwunden. Oft
wurden sie gestohlen oder sie sind verblasst. Das abgebildete, sehr gut erhaltene Bild
befindet sich im Heimathaus Weng i. I. und erinnert an einen tödlich Verunglückten.
Es hatten am 18. Oktober 1948 vor einem herannahenden Dampfzug beim Bahnhof
Mining die Pferde gescheut.**

Bauernkapelle zu Ulrichstal

Die Religiosität der gläubigen Bauern drückt sich vielerorts in Kapellen aus.

Im Bauernland Innviertel finden sich nicht nur zahlreiche Kirchen , sondern auch andere Zeugen der Religiosität. Unzählig ist die Zahl der Bildstöcke, Marterl, Weg- und Feldkreuze sowie Pestsäulen oder anderer Denkmäler. Sie sind in der Regel aus Materialien, die sich an Ort und Stelle finden.

In jüngster Zeit bemüht man sich allerorts um eine Katalogisierung dieser Kleinode. Das Bewusstsein, diese Denkmäler zu erhalten, ist sehr groß. Die bäuerlichen Besitzer sind stolz auf ihre geweihten Glaubensbekenntnisse. Eine der ältesten Kapellen steht in St. Georgen bei Obernberg-Ulrichstal. Am Hof von Ök.-Rat Raimund Schneebauer existierten vor der Errichtung dieser Kapelle 1864 bereits Kapellen, die bis in 12. Jahrhundert zurückreichen.

Die Inneneinrichtungen vieler Kapellen sind barock oder neugotisch.

65

Heimathaus Obernberg

Das Heimathaus Obernberg befindet sich im Gurtentor.

Das Museum beherbergt bäuerliche Gegenstände und Festtagstrachten, widmet sich der Arznei- und Heilkunde sowie der Innschiffahrt.

Heimathaus Obernberg

4982 Obernberg a. I. Marktplatz 22

Geöffnet:
Dienstag, Donnerstag bis Sonntag, 14 bis 16 Uhr

Auskunft:
Marktgemeindeamt, Tel. 07758-2255-26

Kustos: Walter Rammerstaorfer
Tel. 07758-2578

Träger:
Heimatverein Obernberg a. I.

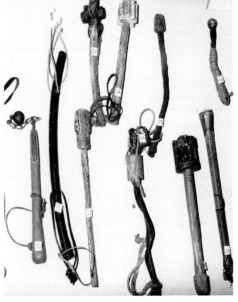

„Raufwerkzeuge" der Innviertler.

66

Bauernmuseum Osternach

„Tore offen" im Bauernmuseum Osternach, eine der größten Sammlungen.

Das Museum geht auf die Privatsammlung des Baumeisters Reinthaler zurück. Es ist in einer ehemaligen Huf- und Wagenschmiede untergebracht.

Bauernmuseum Osternach

4974 Ort i. I., Osternach 18

Geöffnet:
Mai bis Oktober,
täglich 14 bis 17 Uhr

Auskunft:
Kustos Theresia Gottfried,
Tel. 07751-8414

Träger:
Verein der Freunde zur Erhaltung des Museums Osternach

Das zweite Gebäude des Museums.

Bauernmuseum Osternach

Auf der gegenüberliegenden Straßenseite ist eine alte Mostpresse aufgestellt.

Das museumspädagogisch hervorragend gegliederte Museum zeigt nicht nur Gebrauchsgegenstände, sondern beschäftigt sich auch mit den Lebensbedingungen der ländlichen Gesellschaft vergangener Jahrhunderte. Angst, Krankheiten, Tod, Obrigkeit oder den Übergangsriten im Leben des Menschen.

Ein eigener ausgeprägter Abschnitt ist der Alphabetisierung gewidmet. „Musterflecke" aus den Handarbeitsstunden zeugen davon, dass den Mädchen weniger Lesen und Schreiben, sondern die Fertigkeiten in Handwerken eingebläut wurde.

Das Vergnügen der bäuerlichen Gesellschaft für die Dienstboten bestand hauptsächlich in den Zechen und dem Ländlertanzen.

Die umfangreiche Sammlung beherbergt Interessantes aus allen Lebensbereichen.

Bauernmuseum Osternach

Die Wagenburg zeigt Fahrzeuge der verschiedenen Ausprägungen.

Breiter Raum wird im Museum Osternach auch dem Thema Kleidung gewidmet. Für jeden Aufgabenbereich gab es eine eigene Kleidung: Stallgewand, Wochentagsgewand, Feiertagsgewand mit dem entsprechenden Schmuck.

Es sind die landwirtschaftliche Bereiche Außenwirtschaft genauso wie die aufkommende Mechanisierung in der Innentechnisierung vertreten, wie die Umstände der Lebensweise aus den Dörfern noch in der Zeit um die vorige Jahrhundertwende.

Um dieses Museum, das stark nach Themengruppen akzentuiert ist, begreifen zu können, muss man es mehrere Male besuchen. Es gestaltet sich der Rundgang lehrreich und unterhaltend zugleich.

Eine der ersten „Waschmaschinen" erleichterte die Arbeit im Haushalt.

69

Landschaftliche Idylle aus dem Innviertel.

Die Höfe prägen weithin die Landschaft.

Tore in die Innviertler Höfe sind vielfach mit der Sonnensymbolik gestaltet. Sie symbolisiert die Kraft der Sonne, die für die Bauern lebensnotwendig ist.

Die Imkerei gehört ebenso zum Bauernstand wie die Jagd.

Troadkasten Schardenberg

Troadkasten des Danningerbauern Josef Kohlbauer in Frauenhof.

Der Heimat- und Trachtenverein betreibt das Museum, das im ersten Stock untergebracht ist. Ebenerdig dient er als Vereinsheim.

Troadkasten in Schardenberg

4784 Schardenberg 57

Geöffnet:
nach Vereinbarung

Auskunft:
Kustos Cäcilia Doppermann, Tel. 07713-6518

Träger:
Heimat- und Trachtenverein Schardenberg

Feldkreuz vor dem Troadkasten.

72

Troadkasten Freinberg

Der Innviertler Troadkasten in Freinberg steht in reizender einer Landschaft.

Der ehemalige Troadkasten von Matthias Prost aus Hinding dient heute als kleines Heimathaus. Er beinhaltet eine Sammlung über Getreide und Brot.

Troadkasten in Freinberg

4785 Freinberg, Neudling

Geöffnet:
nach Vereinbarung

Auskunft:
Kustos Adolf Neulinger,
Telefon 07713-8158
Gemeindeamt Tel. 07713-8102-0

Träger:
Kulturkreis Freinberg

Brot wurde an jedem Bauernhof selbst gebacken.

73

Heimathaus St. Roman

„Es woar amoi a idyllische Zeit": Malerisch zeigt sich der Stall dieses Ensembles.

Das 300 Jahre alte Bauernhaus aus dem Sauwald beherbergt eine Sammlung alter bäuerlicher Gerätschaften aus Haus und Hof.

Heimathaus St. Roman

4793 St. Roman,
Schnürberg 3

Geöffnet:
nach Vereinbarung

Auskunft:
Gemeindeamt St. Roman,
Tel. 07716-7359
Kustos: Matthias Fuchs,
Tel. 07716-7372

Träger:
Gemeinde St. Roman

Museumsgebäude in Schnürberg.

74

Freilichtmuseum Brunnbauerhof

Der Innviertler Troadkasten in Freinberg steht in reizender Landschaft.

Der Denkmalhof ist ein typischer Innviertler Vierseithof mit Wohntrakt, Stallungen, Stadel, Kapelle und Backhaus mit Originaleinrichtung.

Freilichtmuseum Brunnbauerhof

4770 Andorf
Großpichl 4

Geöffnet:
Samstag, Sonntag und an Feiertagen
von 14 bis 17 Uhr

Auskunft:
Konsulent Brunhilde Feichtlbauer,
Tel. 07766-2283
Führung: Josef Admanninger,
Tel. 07766-3387

Träger:
Verein „Innviertler Freilichtmuseum"

„Als würde noch Heu eingebracht werden".

75

Freilichtmuseum Brunnbauerhof

Das hölzerne Wohnhaus wird vom ehemaligen Besitzer noch bewohnt.

Blick in den für das Innviertel typischen Innenhof.

Traktorenveteranensammlung

Der Innviertler Troadkasten in Freinberg steht in reizender Landschaft.

In den alten Stallgebäuden finden sich alte Traktoren und Landmaschinen vorwiegend aus der Vorkriegszeit. Sämtliche Modelle sind fahrtüchtig.

Traktorveteranensammlung Dorf a. d. P.

4741 Dorf a. d. P.
Oberparz 4

Geöffnet:
nach Vereinbarung

Auskunft und Träger:
Ernst Stelzhamer
Tel. 07764-7684

Einer der Traktoren-Veteranen.

77

Stelzhamerhaus Pramet

„S' Hoamatl"von Franz Stelzhamer.

Der bedeutende oberösterreichische Mundartdichter Franz Stelzhamer (1802 bis 1874) wurde in diesem kleinen Innviertler Anwesen geboren.

Stelzhamerhaus Pramet

4874 Pramet, Großpiesenham 26

Geöffnet:
1. April bis 31. Oktober, täglich von 9 bis 12 und von 15 bis 17 Uhr

Auskunft:
Georg Seifriedsberger,
Tel. 07754-8387

Träger:
Land Oberösterreich

Teil der kleinen Stube, in der Stelzhamer aufwuchs.

Furthmühle Pram

Ein beliebter Ausflugspunkt: Die Furthmühle in Pram.

Etwas Besonderes stellt die Furthmühle in Pram dar. Zwar im Nachbarbezirk Grieskirchen gelegen, fühlen sich die Pramer dem Innviertel zugetan.

Furthmühle Pram

4742 Pram 45

Geöffnet:
1. Mai bis 31. Oktober, Samstag, Sonntag und Feiertage von 14 bis 17 Uhr und nach Vereinbarung

Auskunft:
Meinrad Mayrhofer,
Tel. 07736-6457

Träger:
Gemeinde Pram
Verwalter: Kulturverein Furthmühle

Die Mühle ist arbeitsfähig.

Furthmühle Pram

Das Museum gibt authentisch eine Mühle um die Jahrhundertwende wieder.

Selten kann der interessierte Zuseher einen so umfangreichen Einblick in eine alte Mühle bekommen, wie bei der Furthmühle. Der Besucher gewinnt den Eindruck, als würden Mühle und Säge noch in Betrieb sein und nebenan die Familie des Müllers wohnen.

Die im Jahre 1371 erstmals genannte Mühle hat im Jahre 1992 der Kulturverein von der Gemeinde angemietet. In emsiger Arbeit hat der Verein mit vielfältiger Unterstützung dieses Denkmal gesetzt.

Der Schaubetrieb zeigt einen ehemals leistungsfähigen Betrieb an der Schwelle zur Industrialisierung: vom Wasserrad über Dieselmotore bis zur Francisturbine und zum kleinen Elektrizitätswerk.

Wohnstube der Mühle.

Hundert Jahre Fleckviehzucht

Schon vor 1894 wurde in Oberösterreich Rinderzucht betrieben. Erste Nachweise finden sich im Buch „Die österreichischen Rinderrassen", vom k. u k. Ackerbauministerium im Jahre 1881. Dort ersieht man, dass in verschiedenen Gebieten Oberösterreichs „Berner-, Miesbacher- und Simmentalertiere" zu finden waren. Auch andere Quellen besagen, dass bereits in den Siebzigerjahren des

Verbandsgründer Georg Wieninger, Verwalter in Otterbach von 1887 bis 1911.

vergangenen Jahrhunderts Tiere aus dem Simmental und aus dem Miesbacher Zuchtgebiet nach Oberösterreich importiert wurden. Auch schon vor 1894 wurde in so genannten „Rinderzuchtstationen" gezielte Zuchtarbeit betrieben.

Erst Ing. Georg Wieninger erkannte die Notwendigkeit des Zusammenschlusses der Rinderzuchtstationen. Am 25. August 1893 reichte er das Gründungsansuchen für den Zuchtverband der Simmentaler Rindviehzüchter des Bezirkes Schärding ein. Auch die Verbandssatzungen wurden beigelegt. Die Masse der Landwirte, die hauptsächlich Rinderhaltung betrieb, sollte nun angeworben werden. Die erste Generalversammlung fand am 8. April 1894 auf dem Gut „Otterbach" in St. Florian statt. Dabei nahmen 69 Besitzer von Rinderzuchtstationen teil. Auch der Verbandsvorstand und Ausschuss wurden gewählt. Wieninger gründete 1900 auch die „Erste Zentrale-Teebutter-Verkaufsgenossenschaft" in Schärding. Im selben Jahr richtete er in Otterbach eine landwirtschaftlich-chemische Versuchsanstalt ein und hielt Sonntagsvorträge für die Bauern.

Diese Anstalt bildete auch den Grundstein für den Aufbau der Milchleistungsprüfung. Aus ersten Milchsleistungsprüfberichten geht hervor, dass 1895 fünf Kühe eine Durchschnittsleistung von 3400 Kilo erbrachten.

Erste Ausstellungen und Versteigerungen

Der neugegründete Verband wurde von Wieninger erstmals bei der Weltausstellung von Paris 1900 in Schaubildern gezeigt. Rinder und Pferde aus dem Innviertel brachte man nach Paris.Später wurde Georg Wieninger als Dozent an die Universität für Bodenkultur nach Wien bestellt. Vor dem Ersten Weltkireg wurde der Verband in eine Genossenschaft umgewandelt. Danach trieb man die Informations- und Bildungsarbeit für die Züchter rasch vorwärts.

In den Zwanzigerjahren organisierten sich dann auch die Züchter der Bezirke Ried, Braunau und Grieskirchen. 1927 exportierte man die ersten 27 Zuchtrinder nach Polen und Rumänien. Am 12. Jänner 1928 gründete man die Arbeitsgemeinschaft der Simmentaler Zuchtverbände in Ried. Das erste gemeinsame Herdebuch der Bezirke Ried, Schärding und Grieskirchen wurde angelegt. Am 8. und 9. April 1930 hielt man in Ried den ersten gemeinsamen Zuchtstiermarkt ab, bei dem schon über 100 Tiere aufgetrieben wurden. Damals gingen schon verschiedene Stiere in andere Bundesländer Österreichs, wo die Fleckviehzucht auch im Aufbau begriffen war. 1930 war eine Fleckviehkollektion aus dem Innviertel auf der Landwirt-

Eine der ersten Fleckviehtierschauen im Bezirk Schärding im Jahre 1895.

82

schaftsmesse in Agram zu sehen. Ein Jahr später exportierte man 22 Stiere nach Russland. Ab 1935 war man regelmäßig bei den Agrarmessen in Wien, Wels und Ried mit Ausstellungstieren dabei.

Nach der Auflösung des alten Verbandes im Jahre 1939, entstand der jetzige Fleckviehzuchtverband Inn- und Hausruckviertel. In den Kriegsjahren entstand ein starker Mangel an Zuchtkalbinnen und die Körungsregeln wurden gestrafft. Nach der Übernahme der Verbandsführung durch Dr. Pohl konnte in den schwierigen Nachkriegsjahren die Milchleistungsprüfung lückenlos durchgeführt werden. Am 2.September 1947 konnte die neuerrichtete Tierzuchthalle in Ried eröffnet werden. Ein Jahr später kam der neue Stierstall dazu.

Internationale Erfolge der Innviertler Züchter

Die Besamungsstation für Zuchtrinder ging 1949 in Ried in Betrieb. Der FIH wurde führendes Mitglied in der 1950 neugegründeten Arbeitsgemeinschaft österreichischer Rinderzüchter. Die Zentralkörung der Herdebuchstiere des FIH wurde 1961 zum ersten Mal durchgeführt.

Nach der Verbandsübernahme duch Dr. Föger führte man ab 1962 auch in den Gemeinden Nachzuchtschauen durch. Die Zuchttiere hat man nach dem neuen Körschema eingestuft, wodurch auch die Spitzenstiere nicht mehr einzeln gereiht wurden. 1965 war der FIH im französischen Dijon mit Kalbinnen und Kühen vertreten. Die Marktabwickulung hat

Ortsviehschau in Taiskirchen.

man durch den bargeldlosen Zahlungsverkehr vereinfacht. 1971 exportierte man erstmals 35 Zuchttiere nach Kanada. Die 400. Zuchtviehversteigerung feierte man im Juli 1978. Zwei Jahre später konnte der Verband auch Tiere nach Ägypten verkaufen. 1985 präsentierte sich erneut Fleckvieh aus dem Innviertel beim Pariser Agrarsalon.Gleich 1000 Zuchtkalbinnen aus Ried konnte man 1986 nach Algerien exportieren.

Schon Ende der Siebzigerjahre, mit Einführung der Milchkontingentierung war für viele Milchviehhalter und Züchter des FIH klar, dass der Agrarmarkt und auch die Argrarstruktur im Innviertel in Bewegung kommt.

Fast 30.000 Herdebuchkühe stehen in den Ställen der FIH-Mitgliedsbetriebe.

Das Fleckvieh erlebt einen großen Zuspruch.

Neue Marktlage – andere Agrarstruktur

1983 verschärfte sich der Milchmarkt durch steigende Überproduktion und durch die nachfolgende Handelbarkeit der Kontingente. Die Struktur der Züchterbetriebe veränderte sich wesentlich. Die kleinen Zuchtbetriebe legten ihre Betriebe still und die größeren Betriebe stockten ihre Tierbestände auf. Die Kuhzahl blieb aber bis in die späten Neunzigerjahre gleich.

Die Rinderzucht verschob sich auch zu Gunsten der Schweinehaltung seit 1970 weg von den Gunstlagen in die Grünlandgebiete. Auch der Großrindermarkt stagnierte seither, wodurch der Kälbermarkt an Bedeutung zunahm. Auch die Prüfstierhaltung bei den Züchtern im Verbandsgebiet verlor durch die Zunahme der künstlichen Befruchtung an Bedeutung. Viele ehemalige Verbandszüchter stiegen aus der Milchviehhaltung aus und stellten ihren Grünlandbetrieb auf Mutterkuhhaltung und extensive Fleischproduktion um.

Dadurch wurde in der Fleckviehzucht im Innviertel auch die Fleischkomponente wieder gefragter. Die Zucht sah darin eine neue Herausforderung. Heute verschärft vor allem die Liberalisierung am Milch- und Fleischmarkt in der EU die finanzielle Situation der Milchviehbetriebe und Züchter.

Diese sehen ihre Chanen heute vor allem in der Ausweitung oder Spezialisierung ihrer Produktion.

Entwicklung der Braunviehzucht

Die Wiege der Braunviehzucht liegt im Innviertel. Die ersten Bestrebungen einer organisierten Braunviehzucht in Oberösterreich begannen am Anfang unseres Jahrhunderts im Gebiet südlich von Ried.

Schon 1911 erschien ein Tätigkeitsbericht dieser Züchtervereinigung. Ein Jahr zuvor war der Verband der Montafonerzüchter ins Leben gerufen worden. Damals gab es schon 32 Stierhaltungsverbände in den Gemeinden zwischen Lohnsburg und Eberschwang. Die Zuchtstiere wurden teilweise aus Vorarlberg angekauft. Die Verbandsgeschäfte wurden gemeinsam mit dem schon bestehen-

den Fleckviehzuchtverband in Ried geführt.

Genau 164 Züchter waren Mitglieder in der Vereinigung. Ab 1924 erfolgte eine regelmäßige Durchführung der Milchleistungskontrolle und zwei Jahre später durch die Fettleistungsüberprüfung ergänzt. Die Anfangsmilchleistung betrug im Verbandsschnitt 2.136 Kilogramm. Im Dritten Reich wurde das Braunvieh als Landrasse nicht anerkannt und der Verband liquidierte.

Erst 1942 nahm der Braunviehzuchtverband Donauland wieder seine Aktivitäten auf. Später wurde er umbenannt in „Braunviehzuchtverband

Der Ur- oder Auerochs, der „Stammvater" der heutigen Rinder.

85

Oberdonau" mit Sitz in Linz. Er umfasste 348 Betriebe, auf denen 70 Stiere standen. Nach dem Krieg wurde die Neugründung des Verbandes, der bis heute besteht, vollzogen. Ende 1946 wickelte man die erste Versteigerung in Wels ab, wo auch der Verbandssitz war. Hauptsächlich Jungstiere verkaufte man damals. Weibliche Jungrinder holte man laufend aus Vorarlberg nach.

Ausstellungen und Exportverkäufe

Auf der Rieder Messe 1946 war die erste Braunviehkollektion zu sehen. Zwei Jahre später war man auch auf der Welser Messe präsent. Im selben Jahr fand auch in Pramet die erste Bezirksrinderschau für Ried statt.

Acht Kalbinnen und ein Jungstier gingen erstmals 1950 nach Italien. Auch die künstliche Besamung wurde zu dieser Zeit erstmals durchgeführt. Wenig später krassierten die Rinder-Tbc und die Maul- und Klauenseuche im Land. Auch einige

Braunviehzüchter mussten dabei ihren Bestand bereinigen, wobei viele der Innviertler Züchter dadurch auf Fleckvieh umstiegen. 1958 zählte man schon 63.392 Stück Braunvieh in Oberösterreich. Zu dieser Zeit exportierte man jährlich 800 Stück Vieh in viele europäische Länder. 1962 hat man in Pramet die erste Gebietskörung für Braunviehherdebuchstiere abgehalten. Diese erfolgreiche Veranstaltung machte man zur ständigen Einrichtung.

Aus den USA kam das erste Brown-Swiss-Sperma, das bereits 1967 eingesetzt wurde. Der weitere Weg in der Züchtung ging dann eindeutig in Richtung Milch. Starke Exporte nach Spanien und Tunesien belebten den Absatz wieder stärker. 1970 war man auch auf den Agrarmessen in Verona, Bari und Foggia stark vertreten. Im Innviertel werden keine Viehschauen und Körungen mehr abgehalten.

Die Verbandsaktivitäten orientierten sich ab dem Ende der Siebzigerjahre immer mehr nach Wels, wo auch die Verbandsführung ihren Sitz hat.

Die Braunviehkuh „Hella", geboren 1974, mit 9.211 kg, aus Feldkirchen b. M. eine der vielen ausgezeichneten Braunviehkühe.

Die Lebensschule Bauernhof prägt die Menschen im Innviertel

Hofrat Ing. Dr. Karl Mayr, Leiter der Agrarabteilung des Landes Salzburg, wurde als Bauernsohn in Haigermoos im Oberen Innviertel geboren. Im Folgenden schildert er das typische Schicksal eines Innviertlers. „Die Lebensschule Bauernhof prägt die Menschen im bäuerlichen Innviertel" betitelt er seinen Beitrag, in dem er auch andere Persönlichkeiten aus dem Bauernstand vorstellt.

Agrarlandesrat Ök.-Rat Rupert Wolfgruber sen. hatte über Innviertler Landsleute immer folgenden Ausspruch parat: „Wenn ein Kind im Innviertel auf die Welt kommt, wird es hochgehoben, Richtung Salzburg gedreht und ihm gesagt, dass es sich dort einmal sein Geld verdienen müsse. In fortgeschrittener Stunde hat er meist schmunzelnd hinzugefügt, dass selbstverständlich an der Landesgrenze die Holzschuhe zurückzulassen wären". Ich bin ihm über die Aussage nie böse gewesen, drückt sie doch das „Schicksal" vieler Innviertler aus. So wie viele meiner Verwandten oder Bekannten bin auch ich diesen Weg gegangen.

Innviertler Heimat

Wenn der stürmische Nordwestwind oder der eisige Ostwind über das flachhügelige Land des Oberen Innviertel brauste, wurden die Hoftore der typischen Vierseithöfe geschlossen. Dadurch bot diese Gehöfteform die erhoffte Sicherheit vor Wind und Wetter. Aber auch am Abend nach

getaner Arbeit drängten die Bauersleute auf das Schließen der Hoftore, um vor unerbetenen Besuchern zu nächtlicher Stunde geschützt zu sein. Tagsüber hingegen standen die Tore einladend weit offen für Besucher und zur Arbeit. Es ist eine stolze Hofform, deren Entwicklung im Laufe der Jahrhunderte von wirtschaftlichen Notwendigkeiten geprägt und von sicherheitsmäßigen Überlegungen mitbestimmt wurde. Die Anordnung der vier Hauptgebäude um einen quadratischen Hofplatz mit jeweils zwischen den Gebäuden bestehenden Ein- und Ausfahrten ermöglichte einen ungehinderten Zugang zu allen Gebäuden, ergab die sicherheitsmäßigen Abstände in einem Brandfall und konnte – wie erwähnt – zu einer sicheren Festung geschlossen werden. Bekanntlich wurde auch unsere Heimat im Laufe der Jahrhunderte immer wieder von kriegerischen Ereignissen heimgesucht und war es in solch unsicheren Zeiten für die Bewohner dieser meist alleinstehenden Höfe zweckmäßig und sicher, Schutz vor „fahrendem Volk" zu haben.

Vierseithof

Der typische Innviertler Vierseithof, meist umgeben von einem großen Obstgarten als Grundlage für das seinerzeitige Hausgetränk „Most" und dem typischen „Wurzgarten" – dem Gemüsegarten, in der geschilderten ursprünglichen Form ist heute vielfach nur mehr in den Grundformen zu erkennen. Zu viel hat sich seit Einzug der Mechanisierung in der Bewirtschaftung geändert. Gab es früher noch klare Zuordnungen in der Funktion zu einem Hauptgebäude, so ist das heute nicht mehr der Fall. Vom Hofplatz aus gesehen, lag das Bauernhaus nördlicher ausgerichtet, Richtung Süden stand der Stadel (Scheune), während in westlicher oder östlicher Richtung der Rinderstall oder gegenüberliegend der Pferde- und Schweinestall stand. Pferde werden heute als Zugkraft nicht mehr benötigt, Schweine werden kaum noch gehalten und das Getreide wird bereits am Feld gedroschen und nicht mehr im Stadel aufbewahrt.

Die Rinderbestände und die Milchviehhaltung haben zugenommen – vielfach auch wegen der Zupachtungen – und damit hat der ursprüngliche Vierseithof nicht mehr seine Vorteile, sondern ist den wirtschaftlichen Anforderungen auf Grund geänderter Betriebs- und Wirtschaftsformen zum Teil sogar hinderlich.

Innviertler Vierseithof im Modell (Bezirksmuseum Braunau)

Die Folge war und ist eine gravierende Umgestaltung der Wirtschaftsgebäude, die in sehr vielen Fällen zu einer Beeinträchtigung oder Zerstörung der typischen Hoflandschaft geführt hat. Auch viel wertvolles bäuerliches Kulturgut ging dabei verloren. Ich denke dabei an die großartigen Bundwerkstadel, die kunstvollen Hoftore oder die alten Bauernhäuser mit vielen wertvollen künstlerischen Ausprägungen. Es gibt aber auch sehr viele gelungene Beispiele der bewirtschaftungsbedingten Umgestaltung der Bauernhöfe, wo mit viel Geschick und Gefühl unter Beibehaltung traditioneller Gebäudeformen und der zeitgemäßen Anpassung an heutigen Anforderungen Höfe aus- oder umgebaut wurden.

Im Laufe der vergangenen Jahrzehnte hat sich vieles auf unseren Bauernhöfen geändert. Trotzdem ist der Innviertler Bauer ein „Hörndl"- und „Körndl-Bauer" geblieben.

Auf so einem typischen Innviertler Bauernhof bin ich geboren und aufgewachsen inmitten einer Großfamilie mit Mägden und Knechten sowie einer im Hof einquartierten Flüchtlingsfamilie. Als im Jahre 1943 Geborener konnte ich die schwere Zeit nach dem Zweiten Weltkrieg sowie das bäuerliche Leben, das ausgefüllte Arbeitsjahr und die Entwicklung von der Handarbeit bis hin zur Arbeitsbewältigung mit Hilfe moderner Maschinen und Geräte miterleben und mitgestalten. Es war eine lehrreiche Zeit mit all den Mühen und schönen Seiten, der harten Arbeit und den frohen Stunden bei und nach der Arbeit, dem verantwortungsvollen Gefordertsein und dem notwendigen Zusammenhelfen am Hof und in der Nachbarschaftshilfe. Der Rhythmus der Natur, aber auch bäuerliche Traditionen bestimmten den Jahresablauf.

Die bäuerliche Großfamilie war eine Lebensschule. Jeder hatte seine Aufgabe und musste seinem Alter entsprechend mithelfen. Auf diese Weise lernten wir schon als Kinder Aufgaben und Verantwortung zu übernehmen, hatten unseren Platz im Alltag, aber auch noch genügend Zeit und Freiraum sowie Spielgefährten aus der

Der elterliche Hof von Hofrat Mayr.

Nachbarschaft und für Kinder aufge-schlossene und verständnisvolle Eltern und Nachbarn, um inmitten einer herrlichen Umwelt unser Kind-sein und Erwachsenwerden altersge-recht und frei innerhalb bestimmter Grenzen gestalten und leben zu kön-nen. Es war, verglichen mit heutigen Maßstäben, materiell gesehen ein bescheidenes, dafür aber ein umso rei-cheres an Freiraum und Möglich-keiten gebotenes Aufwachsen. So wie das Arbeitsleben am Hof vom Rhythmus der Natur bestimmt wurde, so beeinflusste er unsere Spielmög-lichkeiten im Laufe des Jahres. Oft konnten aber auch Arbeiten wie z. B. das Hüten der Kühe im Spätherbst bei offenem Feuer und gebratenen Kar-toffeln zu einem unvergesslichen Er-lebnis werden. Oder auch das gemein-same Bad im Höllerer See nach einem harten Arbeitstag im Sommer im Kreise der Freunde der Nachbarschaft wurde meist zu einem lustigen Zusammensein.

Mit zunehmendem Alter, vor allem nach Abschluss der Volksschulzeit (eine Hauptschule gab es damals nur im salzburgischen Oberndorf) wur-den wir voll in den Arbeitsablauf am Hof eingegliedert. Die Arbeit der eins-tigen Knechte und Mägde wurde von meinen Geschwistern und mir über-nommen. Der Ernst des Lebens setz-te beim Morgengrauen mit dem „Eingrasen" oder der Stallarbeit ein und der Tag war ausgefüllt mit Arbeit, wobei diese nach Witterung und Jahreszeit ausgerichtet war. Abge-schlossen wurde die Tagesarbeit wie-derum mit der Stallarbeit.

Bauernarbeit im Jahreslauf

Das Pferd als Zugtier hatte beim Innviertler Bauern immer einen besonderen Stellenwert. Das drückte sich auch in der Rangordnung der Dienstboten aus. Der Rossknecht, auch Baumann genannt, nahm eine gehobenere Stellung ein. Und so war es auch für uns zwei Brüder stets das Bestreben, die Pferde betreuen zu dür-fen. Die Arbeit mit den Pferden am Feld beim Pflügen, Eggen, Säen usw. war zwar nicht leichter, so aber doch angesehener. Ich verspüre noch heute die Schmerzen, wenn ich z. B. nach einem sonntägigen Fußballspiel am Montag mit einem argen Muskelkater den ganzen Tag hinter dem Pflug oder der Egge hinterhergehen musste. Trotzdem hätte ich weder das Fußball spielen, noch die Stellung als Ross-knecht aufgegeben.

Bis zum Einzug des ersten Traktors, etwa Mitte der Fünfzigerjahre, muss-ten die vielfältigen Arbeiten überwie-gend händisch gemacht werden. Sei es die Wald- und Holzarbeit im Winter, das so genannte „Mistreibn" vor Einsetzen der Vegetation, die Feldarbeit im Frühjahr, das Mähen, die Heuernte, das Schneiden und Einbringen des Getreides, das Bear-beiten der Hackfrüchte, das Umpflü-gen und Aussäen der Wintersaaten, das Dreschen des Getreides auf den Höfen usw. Die Aufzählung ließe sich unendlich fortsetzen, war doch die Wirtschaftsweise auf Selbstversorgung ausgerichtet, das heißt, es wurde nach

Möglichkeit alles, was für die Versorgung der Bauernfamilie und des Viehs gebraucht wurde, am Betrieb angebaut und erzeugt. Diese Wirtschaftsform war zwar krisensicher, bewirkte jedoch ein ausgefülltes Arbeitsjahr. Damals kam es mir immer vor, dass trotz all der Schinderei und des enormen Einsatzes die Arbeit nie ausging. Vor allem, wenn das Wetter nicht mitspielte, war die Heu- oder Getreideernte nur mit größtem Einsatz zu bewältigen. Die menschliche Arbeitskraft – alles wurde in Handarbeit erledigt, wie z. B. das Aufladen des Heues oder der Getreidemandeln mit der Gabel oder das Abladen in die Scheune oder in den Heuboden – war der bestimmende Faktor.

Erst mit dem Einzug landwirtschaftlicher Maschinen und Geräte wurde nicht nur die Arbeit erleichtert, sondern konnte auch in kürzerer Zeit erledigt werden. Besonders gut in Erinnerung habe ich noch das Dreschen des Getreides im Herbst.

Der Dreschwagen und der Dampfer – eine gemeinschaftliche Einrichtung der Bauern einer Gemeinde – wurden von Hof zu Hof gezogen. Etwa zehn bis fünfzehn Arbeitskräfte waren beim Dreschen erforderlich. Deshalb half man sich in Nachbarschaftshilfe aus. Nachdem zu dieser Zeit bereits kaum mehr Knechte auf den Höfen beschäftigt waren, hiefür aber etliche kräftige Männer gebraucht wurden, musste ich als junger Bursch vielfach die schwere Arbeit, z. B. das „Sack-Tragen", das Hinauftragen der Getreidesäcke auf die Dachböden, verrichten.

Ein solcher Tag war lang und die Getreidesäcke wurden für mich gegen Abend immer schwerer.

Trotzdem verbot es unser Stolz, über diese schwere Arbeit zu jammern oder leichtere Drescharbeit zu tun. Abends waren die Mühen, der Staub und die Müdigkeit vergessen, vor allem beim abschließenden Abdruschfest mit lustigen Spielen, Tanz, besserer Kost und Most oder Bier erinnerte nichts mehr an einen schweren Arbeitstag. Überhaupt konnte für uns damals die Tagesarbeit nicht so anstrengend sein, dass wir nicht am Abend Lust verspürt hätten, unseren jugendlichen Interessen nachzugehen.

Obwohl Geld nicht so häufig war wie Arbeit, kamen wir trotzdem zu unserer Unterhaltung: sei es das damals traditionelle und beliebte „Fensterln", bei dem wir zu nächtlicher Stunde mit dem Rad, später mit dem Moped, Mädchen oder die „Angebetete" aufsuchten, oder auch lustige Stunden innerhalb der „Zechgemeinschaft" oder die üblichen Kirtagstänze, Hochzeiten und dergleichen, lustig war es meist allemal.

Dass es dabei öfters zwischen den Zechgemeinschaften oder beim Fensterln zu handfesten Auseinandersetzungen oder Raufereien gekommen ist, war im Innviertel traditionell und gehörte meist dazu oder wertete die „Gaudi" erst richtig auf.

Freizeit gab es ja nicht viel, Urlaub war etwas Unbekanntes, lediglich die Bauernfeiertage und in der Winterzeit die Samstagnachmittage waren der Ausgleich von der harten Arbeit.

Selbstversorger-wirtschaft

Bäuerliche Landwirtschaft hat stets eine bestimmte Wirtschafts- und Lebensform verkörpert. Die damals noch vorherrschende Selbstversorgerwirtschaft war darauf ausgerichtet, möglichst viel, was zum Leben gebraucht wurde, am Hof zu erzeugen oder zu machen. Alles was nicht am Hof erzeugt werden konnte, wurde durch das vielfältige Handwerk erledigt. So war es damals eine Selbstverständlichkeit, dass während des Winters die Handwerker auf „Stör" gingen. So hielt sich z.B. der Schneider über mehrere Tage am Hof auf und nähte für die Bauersleute, die Knechte und uns Kinder die erforderliche Kleidung. Der Stoff hiezu wurde vielfach von „Hausierern", die von Hof zu Hof zogen, im Laufe des Jahres erworben. Auch die „Naderin", so nannte man die Näherin, nähte auf Stör die Kleider für die Bäuerin, die Mägde oder die Schwestern. Ein Sonntags- und Werktagsgewand war damals noch fixer Bestandteil des Arbeitslohnes für Knechte oder Mägde.

Das Gleiche galt für die Schuhe, die vom Schuster am Hof, meist aus vom Bauern bereitgestelltem Leder, gemacht wurden. Auf Stör kamen aber auch der Sattler zum Machen oder Ausbessern von Pferdegeschirren, die Binder, die Mostfässer herstellten oder

Karl Mayr übte eine Zeit lang die Funktion eines Gemeinderates der Stadt Salzburg aus.

ausbesserten. Lediglich zum Schmied mussten die Pferde zum Beschlagen der Hufe gebracht werden. Aber auch sonstig benötigte landwirtschaftliche Geräte, wie z.B. Wagen, Eggen und vieles mehr wurden vom Wagner bezogen.

Wie gesagt, wurden für diese Erzeugnisse nach Möglichkeit die Rohmaterialien wie Holz, Leder, Stoff udgl. vom Bauern bereitgestellt. Auf diese Weise konnte Bargeld, das auf Grund der Wirtschaftsform meist immer rar war, gespart werden.

In den ersten Nachkriegsjahren kam es auch noch vor, dass „Pfannenflicker" und „Scherenschleifer" auf den Hof kamen, für uns Kinder doch meist seltsam anmutende Gestalten, um undicht gewordene Schüsseln, Pfannen, Reindln udgl. zu „flicken" oder stumpfe Scheren und Messer wieder zu schärfen.

Aber auch Korbflechter kamen auf den Hof, die Körbe, Siebe oder sonstige aus Gerten oder Holz gefertigte Behältnisse feilboten.

Der Anthallerbauer in Haigermoos, Georg Felber, hat sein Leben lang über die Vielfalt früherer Handwerker und Gewerbe in der Pfarre Haigermoos interessante Aufzeichnungen geführt. Er sammelte aber auch deren Werkzeuge, Erzeugnisse und landwirtschaftliche Geräte.

In seinem großartigen bäuerlichen Museum, das er in seinem einzigartigen Bundwerkstadel in Haigermoos aufgebaut hat, sind diese Zeugnisse der Arbeits- und Lebenswelt der Bauern und Handwerker zu besichtigen.

Übergang zur Marktwirtschaft

Mit zunehmender Ausrichtung auf die Marktwirtschaft als Folge einer intensiveren und ergiebigeren Bewirtschaftung durch den Einsatz von Handelsdünger, besserem Saatgut, leistungsfähigerer Zuchtrinder und Aufstockung des Rinderbestandes und dergleichen konnten die erforderlichen baulichen Verbesserungen und Baumaßnahmen vorgenommen sowie die erforderlichen Maschinen und Geräte angeschafft werden.

Meine Eltern waren stolz und zufrieden über diese Leistungen und das Geschaffte. Wie alle guten Bauersleute waren sie stets bestrebt, für den ererbten Hof all ihre Kraft einzusetzen und sahen mit Genugtuung, dass ihre und unsere Arbeit die erhoffte Frucht trug. Die Zeit ab den Fünfzigerjahren war gekennzeichnet durch technischen Fortschritt, Steigerung der Produktion und die Agrarpolitik bemühte sich, dass die in der Landwirtschaft Beschäftigten an der allgemeinen Wirtschaftsentwicklung teilhaben konnten. Allein zwischen 1953 und 1962 wuchs die österreichische Wirtschaft jährlich um 6,3 Prozent. Industrie und Fremdenverkehr entwickelten sich zu bedeutenden Wirtschaftsfaktoren. Allein innerhalb dieser zehn Jahre wanderten 500.000 Personen aus der Landwirtschaft in andere Wirtschaftsbereiche ab. Dieser Strukturwandel in der Landwirtschaft konnte nur mit Hilfe der Mechanisierung bewältigt werden.

Schwierige Zeit nach dem Ersten Weltkrieg

Die Leistungsstärke der heimischen Bauern im Produktionsbereich zeigt sich sehr deutlich darin, dass bereits ab dem Jahre 1953 die ersten Exporte von Zucht-, Nutz- und Schlachtrindern notwendig wurde.

1955 ist es am Milchsektor so weit. Zur Finanzierung der gestützten Exporte wird der so genannte Krisengroschen als Abgabe der Erzeuger eingeführt. Diese Exportförderungssysteme basierten auf dem landwirtschaftlichen Marktordnungssystem, das mit 1. Jänner 1950 in Österreich eingeführt wurde und im Wesentlichen bis zum EU-Beitritt 1995 beibehalten wird, bzw. durch die EU-Marktordnungssysteme abgelöst wird.

Diesen aber haben meine Eltern nicht mehr erlebt. Erlebt hingegen haben sie eine noch viel schwierigere Zeit vor allem die Jahre nach dem Ersten Weltkrieg.

Wenn wir am Abend nach vollbrachtem Tagwerk über die Felder und Wiesen schritten, um uns ein Bild über den Stand der Saaten, das Aufwachsen des Getreides oder über Schnitt- oder Erntezeitpunkt zu machen, oder auf der Hausbank die Abendsonne genossen, kam es oft vor, dass uns die Eltern über die Arbeitsweisen und Situation der bäuerlichen Berufswelt früherer Zeiten, also jener der Großeltern und ihrer Jugend erzählten. Es interessierte mich ungemein, wie damals gearbeitet wurde und das Leben auf den Höfen war, welchen Fortschritt und Erleichterung die Stromzuleitung bewirkte, die ersten Elektromotoren den Göbbel ersetzten, pferdegezogene Geräte wie z. B. die Mähmaschine oder Heuwender die Arbeit erleichterten oder die ersten Greiferanlagen nach dem Zweiten Weltkrieg das Heuabladen den Menschen abnahmen. Es wurde mir bereits damals bewusst, dass der Fortschritt in der Landwirtschaft ab Beginn des 20. Jahrhunderts wohl Arbeitserleichterung, aber im Vergleich zu jenem ab Beginn der Fünfzigerjahre verhältnismäßig bescheiden und langsam vor sich gegangen ist.

Die Schilderungen über die Landwirtschaft vergangener Jahre waren immer auch mit Höfen und Bauernfamilien, vor allem jene meiner Vorfahren verbunden. Breiten Raum in den Erzählungen meines Vaters nahmen die Schwierigkeiten ein, die seine Eltern hatten . Als weichende Bauernkinder mit verhältnismäßig bescheidener Aussteuer bzw. Mitgift trauten sie sich drüber, um die Jahrhundertwende das Pfaffingergut in Haigermoos zu kaufen. Hiebei handelt es sich um einen typischen Oberinnviertler Vierseithof, der allerdings in der Zeit nach der Bauernbefreiung (1848) mehrmals den Besitzer wechselte und diese jeweils auf die Substanz griffen, d. h. Gründe veräußerten.

Laut der Schilderung meines Vaters waren es überaus harte Zeiten für die Großeltern, den abgewirtschafteten Hof aufzurichten und mit der Schuldenlast fertig zu werden.

Markanter Bauernvertreter

Die Kenntnis dieser schier unüberwindbaren Schwierigkeiten meiner Großeltern war zweifellos ein Beweggrund für die Zufriedenheit meiner Eltern, auch wenn sie mit wirtschaftlichen Herausforderungen fertig werden mussten.

Mein besonderes Interesse galt aber der Persönlichkeit und dem vielfältigen Wirken meines Urgroßvaters. Vielleicht auch deshalb, weil ich durch die politische Tätigkeit meines Vaters, der von 1949 bis 1973 Bürgermeister war, und mein Engagement in der Landjugend, politisch aufgeschlossen war. Mein Urgroßvater Ferdinand Mayr, Langwildner in Haigermoos, wurde am 23. Mai 1831 geboren, er erlebte also noch die Zeit der Untertänigkeit der Bauern unter der Grundherrschaft mit dem Zwang zu Robot- und Zehentleistungen.

Das Revolutionsjahr 1848 brachte viele Änderungen, wovon aber nur zwei für die bäuerliche Bevölkerung bleibend wirkten. Zum einen die Bauernbefreiung mit dem Grundentlastungssystem, das in rechtlicher Hinsicht die Freiheit aus der Untertänigkeit und bezüglich der Realverhältnisse das ungeteilte Eigentum an Grund und Boden für den Bauern brachte. Zum anderen war mit der Aufhebung der Grundherrschaft zwangsläufig eine Neuorganisation der Verwaltung, vor allem auf der untersten Ebene der Gemeinde notwendig. Auf Basis eines oberösterreichischen Gemeindegesetzes wurden aus den Katastralgemeinden in Anlehnung an die Grenzen der Pfarrgemeinden politisch selbstständige Gemeinden. Änderungen in einem System bewirken immer Chancen und Risken.

Mein Urgroßvater engagierte sich in vielen Bereichen, so war er z. B. einer der ersten Bürgermeister von 1867 bis 1870, in Haigermoos, 17 Jahre lang Ortsschulinspektor, auf seine Bemühungen hin wurde auch die Expositur Haigermoos 1853 zur Pfarre erhoben, weiters war er Vorstand der von ihm mitbegründeten Brandassekuranz in Wildshut und wirkte bei der Ablösung der Holzbezugsrechte der Bauern in Grund und Boden – anstelle der Holzbezugsrechte erhielten die Bauern Waldgrundstücke im Weilhartsforst – mit.

Von 1890 bis 1896 war er Mitglied des oberösterreichischen Landtages und setzte sich dabei massiv für Maßnahmen zur Verbesserung der wirtschaftlichen Lage des Oberen Innviertels ein. So verlangte er z. B. die Errichtung der Weilhartbahn, die das Obere Innviertel zwischen Braunau und Salzburg erschließen sollte. Gebaut wurde allerdings nur der Salzburger Ast bis Lamprechtshausen. Er war ein sehr belesener Mann, setzte sich engagiert für Bildungsmaßnahmen sowie im kirchlichen Bereich ein. Er hat sich eine umfangreiche Bibliothek zugelegt, wofür er z. B. für einen alten Atlas allein ein Ochsengeld ausgab. Bücher aus diesem Erbe werden von mir in Ehren gehalten. Am 8. März 1910 verstarb er.

Weitere Pioniere

Ein weiterer bäuerlicher Pionier in der Berufs- und politischen Vertretung im Oberen Innviertel war Ökonomierat Franz Schmidlechner, Schmidlechner in Ernsting, ein Großonkel unserer Familie, wurde am 2. März 1854 geboren. Nach seinem Militärdienst und dem Bosnienkrieg übernahm er 1882 das elterliche Anwesen. Er war über drei Funktionsperioden Bürgermeister von Ostermiething und als bäuerlicher Vertreter setzte er sich besonders für das Genossenschaftswesen ein. Weiters war er Mitbegründer und Obmann der landwirtschaftlichen Bezirksgenossenschaft Wildshut und zugleich Mitglied des ständigen Ausschusses des damals errichteten Landeskulturrates in Linz. Der Landeskulturrat wurde durch das Landesgesetz vom 29. März 1886 vom oberösterreichischen Landtag als bäuerliche Standesvertretung geschaffen. Vorher gab es seit 1846 die auf Vereinsbasis gegründete k. k.oberösterreichische Landwirtschaftsgesellschaft als bäuerliche Berufsvertretung, der allerdings nur etwa zehn Prozent der Bauern beitraten. Die Bezirksgenossenschaft der Landwirte hatte den Zweck, die allgemeinen Interessen der Landeskultur im Bezirk wahrzunehmen, zu fördern und zu vertreten. Die Obmänner der Bezirksgenossenschaft, er war auch Obmann im Bezirk Braunau, hatten Sitz und Stimme im Landeskulturrat. Diesem gehörte er von der ersten Funktionsperiode 1886 bis 1919 an. 1896 löste er meinen Urgroßvater als Abgeordneter für den oberösterreichischen Landtag ab und war als solcher bis 1918 aktiv tätig. Für seine Verdienste ernannte ihn der Bundespräsident zum Ökonomierat und verlieh ihm im Jahre 1932 die „Goldene Medaille für Verdienste um die Republik". Er verstarb am 25. Februar 1941.

Ein weiterer Vertreter bäuerlicher Interessen im Oberen Innviertel war Johann Wuppinger, Huber in Ostermiething, der am 12. Juni 1888 geboren wurde. Er besuchte bereits damals landwirtschaftliche Fortbildungskurse und bildete sich durch Fachzeitschriften und Bücher weiter. Nach Rückkehr aus dem Ersten Weltkrieg übernahm er das väterliche Anwesen. Er war im Gemeindeausschuss und als Vizebürgermeister sowie als Vorsitzender des Ortsschulrates verdienstvoll tätig, wobei ihm das landwirtschaftliche Fortbildungs- und Genossenschaftswesen besonders am Herzen lag. Dafür setzte er sich als Mitglied und Obmann der örtlichen Raiffeisenkasse besonders ein. Um die Errichtung der Molkereigenossenschaft „Weilhart" in Ostermiething, deren Vorstandsmitglied er war, erwarb er sich besondere Verdienste. Hiefür wurde er hoch ausgezeichnet und von der Gemeinde Ostermiething zum Ehrenbürger ernannt.

Als weiteren selbstlosen und verdienstvollen Bauernvertreter möchte ich noch Ökonomierat Franz Thalmeier, Sinzinger in Trimmelkam erwähnen. Er wurde am 1. April 1896 in Trimmelkam geboren. An ihn kann ich mich persönlich noch recht gut erinnern, jenen ruhigen, besonnenen, entschlossenen bäuerlichen Vertreter. Nach Rückkehr aus dem Ersten Weltkrieg übernahm er 1919 den elterlichen Hof. Als fortschrittlicher Bauer setzte er sich darüberhinaus für bodenverbessernde Maßnahmen, für die überbetriebliche Zusammenarbeit (Druschgenossenschaft), und die Verbesserung der Rinderzucht (Mitbegründer eines Pinzgauer Rinderzuchtverbandes) ein. In der bäuerlichen Standesvertretung war er als Ausschussmitglied bei der landwirtschaftlichen Berufsgenossenschaft, im Genossenschaftswesen im Vorstand und Aufsichtsrat der Molkereigenossenschaft „Weilhart", der Lagerhausgenossenschaft Mattighofen, in der bäuerlichen Zuschussrentenversicherung sowie im oberösterreichischen Bauernbund, als Bezirksobmann von 1934 bis zum März 1938 erfolgreich tätig. Ebenso gehörte er bis zu diesem Zeitpunkt dem Gemeindeausschuss von St. Pantaleon an. 1945 wurde er in den oberösterreichischen Landtag gewählt, dem er bis 1949 angehörte. Grundzug seines Wesens war die Hilfsbereitschaft. Bei der Feuerwehr bekleidete er im Laufe seiner 62jährigen Mitgliedschaft viele Funktionen, so auch jene eines Abschnittsfeuerwehrkommandanten. Für sein vielfältiges verdienstvolles Wirken wurde ihm 1962 vom Bundespräsidenten der Titel Ökonomierat verliehen. Was viele Mitbürger über ihn dachten und fühlten wurde anlässlich der Ökonomieratsfeier aus namhaftem Munde ausgesprochen: Er war der „Vater des Bezirkes Wildshut".

Technischer Fortschritt bewirkt Änderungen

Die fortschreitende Mechanisierung auf den Höfen bewirkt ein Freisetzen von Arbeitskräften. Dieser Prozess vollzog sich auch auf unserem Hof. Schließlich war dank der Mechanisierung die Möglichkeit gegeben, dass mein älterer Bruder eine Stelle auf einem Gutshof antrat und ich davon ausging, der Hoferbe zu werden. Landwirtschaftliche Fortbildungskurse, Gehilfenprüfung und das Interesse für alles Fortschrittliche in der Wirtschaftsführung, sowie mein Engagement in der Landjugend des Bezirkes Braunau, sah ich als wertvolle Vorbereitung für diese Aufgabe. Als tüchtige Bauersleute hatten meine Eltern stets das Verständnis. Eigentlich hatte ich mich darauf eingestellt, der künftige Bauer am Pfaffinggut zu werden. Gerade in dieser Zeit eröffnete uns mein älterer Bruder, den elterlichen Hof übernehmen zu wollen. Damals galt noch in unserer Gegend geradezu als ungeschriebenes Gesetz, dass der ältere Sohn der künftige Hoferbe war. Die übrigen jüngeren Brüder und Schwestern hatten, vielfach nach jahrelanger Arbeit am Hof das nicht immer leichte Schicksal weichender Bauernkinder anzutreten. Die weichenden Kinder wurden „ausbezahlt" oder erhielten nach Möglichkeit einen Baugrund, ergriffen außerlandwirtschaftliche Berufe oder heirateten auf anderen Höfen ein. Der Hoferbe erhielt einen schönen Besitz, während die Weichenden verhältnismäßig bescheiden abgefunden wurden. Vielfach war es nur eine kleine „Starthilfe" für die Weichenden um den Weiterbestand des Hofes nicht zu gefährden. Dass es dabei zu menschlichen Härten kommen konnte, ist leicht verständlich. Bei uns vollzog sich dieser Prozess, wie auf vielen anderen Höfen auch, in gutem Einvernehmen. Der zweite Bildungsweg eröffnete neue Chancen: Nun hatte ich das Schicksal weichender Kinder zu teilen. Im Alter von 19 Jahren sind die Möglichkeiten aber bereits eingeschränkter. Auf der Suche nach Alternativen zum üblichen Weg einer angelernten Berufstätigkeit habe ich gemäß meinem Interesse für die Landwirtschaft entschieden, den Bildungsweg einzuschlagen. Studieren wurde damals noch von gewisser Seite eher als das „Drücken vor der Arbeit" eingestuft. Mich konnte diese übliche Meinung von meiner Entscheidung nicht abbringen. Die Höhere Bundeslehranstalt für alpenländische Landwirtschaft in Ursprung-Elixhausen hatte im Jahr 1963 den Betrieb aufgenommen, doch es war in diesem Jahr kein Platz mehr frei. Deshalb besuchte ich ein Wintersemester die landwirtschaftliche Fachschule in Burgkirchen und ab 1964 die HBLA Ursprung. Auch als „Spätberufener" habe ich diesen Schritt nie bereut. Mit vollem Eifer widmete ich mich der schulischen Ausbildung, konnte im Ausland bei der Ferialarbeit auf landwirtschaftlichen Betrieben wertvolle Erkenntnisse sammeln und wollte nach erfolgreichem Abschluss 1968 gleich weiterstudieren. Aber es sollte anders kommen.

Bauernarbeit vom Schreibtisch aus

Agrarlandesrat Ökonomierat Rupert Wolfgruber sen. suchte einen Sekretär und nach reiflicher Überlegung habe ich die Stelle angenommen, obwohl ich anderes vor hatte. Eine Entscheidung, die ich mit großen Vorbehalten getroffen, bis heute aber nicht bereut habe. Mein festes Ziel, ein Universitätsstudium trotzdem zu absolvieren, habe ich mit dieser Berufsentscheidung verbunden und auch realisieren können. Es war nicht gerade leicht, neben der Funktion als persönlicher Referent eines Regierungsmitgliedes auch noch das Studium der Rechtswissenschaft an der Universität Salzburg abzuschließen. Die Tätigkeit als persönlicher Referent brachte es mit sich, dass ich große Persönlichkeiten und Bauernführer Anfang der Siebzigerjahre kennen und schätzen lernen konnte. In Salzburg waren dies noch der legendäre Ökonomierat Isidor Griessner, Präsident der Salzburger Landwirtschaftskammer und Vorsitzender der Präsidentenkonferenz und sein Nachfolger Ökonomierat Martin Schifferegger. Als gebürtiger Oberösterreicher interessierten mich sowohl die handelnden Personen als auch ihre Arbeit in der Agrarpolitik ganz besonders. Landesrat Johann Diwold und Präsident Dr. Hans Lehner waren damals die führenden Persönlichkeiten. Für die Agrarpolitiker der damaligen Zeit begann mit der Übernahme des Agrarressorts durch SPÖ-

Landwirtschaftsminister eine nicht gerade leichte Zeit. Bundeskanzler Dr. Bruno Kreisky trug mit seiner Vision von einer politischen Partnerschaft zwischen Arbeitern und Bauern einige Verwirrung in die politische Szene. Im Jahre 1977 folgte Dipl.-Ing. Anton Bonimaier als Agrarlandesrat Ökonomierat Rupert Wolfgruber nach. Während bei Landesrat Rupert Wolfgruber die Schaffung des Landwirtschaftsförderungsgesetzes im Jahre 1974 den Salzburger Bauern neben vielen anderen Leistungen in bleibender Erinnerung sein wird, ist es bei Landesrat Anton Bonimaier die Gründung des „Fonds zur Erhaltung des ländlichen Straßennetzes" mit gesetzlicher Grundlage im Jahre 1981. Mit diesem Gesetz werden jene Interessenten und Gemeinden unterstützt, die funktionsgerecht ausgebaute ländliche Straßen und Wege außerhalb des Ortsgebietes zu erhalten haben. Diese Regelung war und blieb bis heute einmalig in Österreich. Dadurch werden die Bauern und Weggenossenschaften in der Straßenerhaltungspflicht entlastet. Ein weiterer bis in die heutige Zeit wirkender agrarpolitischer Erfolg von Landesrat Bonimaier war die Weiterentwicklung der landwirtschaftlichen Schulausbildung zur dreijährigen Fachschule mit gleichzeitiger Grundausbildung für einen Zweitberuf.

Wechsel ins agrarpolitische Referat: Im Jahre 1981 wurde in der Agrarabteilung von Landesrat Bonimaier ein agrarpolitisches Referat geschaffen und ich mit der Leitung betraut. Damit eröffnete sich für mich ein weiteres Arbeitsfeld. Während ich bisher als persönlicher Referent eines Regierungsmitgliedes in allen wesentlichen Fragen mitarbeiten durfte, hatte ich nun eigenverantwortliche Arbeitsaufgaben.

Über Initiative seines Nachfolgers Landesrat Dipl.-Ing. Friedrich Mayr-Melnhof wurde ein „Zwölf-Punkte-Programm" sowohl in der Agrarreferentenkonferenz, als auch in der Landeshauptleutekonferenz beschlossen. Mit Hilfe zusätzlich bereitgestellter Förderungsmittel wurden Maßnahmen gegen das Waldsterben gesetzt.

Mit der Umsetzung der von Landwirtschaftsminister Dipl.-Ing. Josef Riegler im Jahre 1987 initiierten „ökosozialen Agrarpolitik" wurde auch in Salzburg eine agrarpolitische Weichenstellung zur Etablierung des biologischen Landbaues gestellt. Landesrat Ing. Bertl Göttl unterstützte diese Bewegung aus tiefer Überzeugung.

Landeshauptmann Haslauer, Ök.-Rat Moosbrucker und Hofrat Mayr.

EU-Beitritt

Die Beitrittsverhandlungen Österreichs zur EU wurden mit der Zielsetzung geführt, die Grundsätze der von Österreich seit Jahren verfolgten ökosozialen Agrarpolitik sowie deren Umsetzung bestmöglich sicherzustellen. Im Wesentlichen ging es dabei um die Sicherung einer flächendeckenden Bewirtschaftung und die Wahrung künftiger Einkommensmöglichkeiten für die Bauern, die Schonung der natürlichen Lebensgrundlagen durch eine ökologisch orientierte Produktion, die Absicherung und Weiterentwicklung der erforderlichen Förderungen der Land- und Forstwirtschaft unter Rücksichtnahme auf deren Zielsetzungen, die Wahrung der Produktionsmöglichkeiten für die Bauern und Verarbeitungsbetriebe, sowie den freien Zugang zu den Märkten der EU und die Bewältigung des Überganges.

Die Landesagrarreferenten wie z. B. Landesrat Rupert Wolfgruber oder der oberösterreichische Landesrat Ökonomierat Leopold Hofinger haben mit ihren Kollegen in anderen Bundesländern um gemeinsame Positionen gerungen und mit Landwirtschaftsminister Dr. Franz Fischler die Verhandlungspositionen ausgearbeitet und abgestimmt.

Als Vertreter des Landes Salzburg auf beamteter Seite hatte ich die Koordination für den agrarischen Teil zu vertreten und offensichtlich habe ich mich so eingesetzt, dass ich auch als Vertreter der österreichischen Bundesländer für den landwirtschaftlichen Teil nominiert wurde und an den Verhandlungen in Brüssel diese Länder vertrat.

Im Zusammenhang mit den Beitrittsverhandlungen stand auch das Europaabkommen der Bundesregierung vom 22. April 1994 mit den österreichischen Begleitmaßnahmen zur Vorbereitung der österreichischen Landwirtschaft auf den EU-Beitritt. Der Beitritt Österreichs zur Europäischen Union erfolgte am 1. Jänner 1995 mit der lückenlosen Übernahme der gemeinsamen Agrarpolitik.

Dies führte zu einer grundsätzlichen Änderung des bis dahin geltenden Förderungs- und Marktordnungssystems. Nun galt es die vorbereiteten Programme wie z. B. das österreichische Umweltprogramm, die Ausgleichszulage, die 5b-Förderungen, die Gemeinschaftsinitiativen udgl. mehr mit all dem komplizierten Verwaltungsaufwand in die Praxis umzusetzen.

Mayr als Stadtpolitiker mit Bürgermeister Dechant und Landeshauptmann Katschthaler.

Wege in die Zukunft

Seit dem EU-Beitritt befindet sich die österreichische Landwirtschaft und auch die Verarbeitung- und Ernährungswirtschaft in einem steten Anpassungsprozess, der allgemein besser als von Kritikern befürchtet, bewältigt werden konnte.

Die Vorlage der Agenda 2000 im Sommer 1997 löste in den europäischen Mitgliedsstaaten eine umfassende Diskussion über die Zukunft der Agrarpolitik, vor allem auch in Hinblick auf die darin behandelte Osterweiterung aus. Landwirtschaftsminister Mag. Wilhelm Molterer und seinen agrarpolitischen Kollegen in den Ländern wie z. B. Landeshauptmann Dr. Josef Pühringer, Landesrat Sepp Eisl und den verantwortlichen Landwirtschaftskammerpräsidenten Mag. Hans Kletzmaier und Franz Eßl konnten mit EU-Kommissär Dr. Franz Fischler nicht nur ein vertretbares Agenda-2000-Verhandlungsergebnis mit der Beibehaltung der Milchquoten oder das Programm für die ländliche Entwicklung erreichen, sondern zahlreiche Agrarförderungen neu gestalten bzw. verbessern.

Darüberhinaus tragen die Länder durch eigenständige Kostenentlastungsmaßnahmen und durch zusätzliche Förderungsmaßnahmen zur Unterstützung einer bäuerlichen Landwirtschaft bei.

Mit Beginn des Jahres 1996 wurde ich im Amt der Salzburger Landesregierung zum Leiter der Abteilung Land- und Forstwirtschaft bestellt.

Seither bin ich für alle Bereiche der Land- und Forstwirtschaft von der schulischen Ausbildung über das Veterinärwesen, die Agrarbehörde, die Landwirtschaftsförderung und die Forstwirtschaft zuständig. Gemeinsam mit meinem Ressortchef, Landesrat Sepp Eisl, und den Mitarbeitern sind wir bestrebt, die Herausforderungen an die Land- und Forstwirtschaft durch gestaltende Maßnahmen zu bewältigen. Ein gutes Instrument ist zweifellos das Programm zur Entwicklung des ländlichen Raumes. Unabhängig von den kommenden Herausforderungen und Chancen, die die Land- und Forstwirtschaft zu bewältigen hat und für die die Agrarpolitik die entsprechenden Rahmenbedingungen zu gestalten hat, wird der künftige bäuerliche Betriebsführer oder Betriebsführerin die Möglichkeiten, die die Zukunft bringen wird, nur mit einer guten Ausbildung erfolgreich bewältigen können.

Unabhängig von diesen wirtschaftlichen Rahmenbedingungen, zu deren bestmöglichen Gestaltung die Verantwortlichen der Agrarpolitik verpflichtet sind, wird jeder gute Betriebsführer oder Betriebsführerin davon ausgehen, dass das landwirtschaftliche Einkommen auch in Zukunft ein Arbeitseinkommen sein wird. Infolgedessen wird jede verantwortungsbewußte betriebliche Entscheidung auf die personellen Ressourcen und den Betrieb abzustimmen sein. Demnach wird es nicht unrealistisch sein, anzunehmen, dass Betriebe, die auf einen Nebenerwerb angewiesen sind, ihren Betrieb eher extensiv mit geringem Aufwand bewirtschaften werden und jene, die über die land- und forstwirtschaftliche Produktion ein angemessenes Einkommen erwirtschaften wollen auf entsprechende Mengen, Qualität oder Diversifizierung und Innovationen mit rationellen Produktionsmethoden setzen werden. Die verantwortungsvolle Weichenstellung kann der Bauernfamilie niemand abnehmen. Ich hoffe und wünsche nur, dass einerseits die für die Agrarpolitik in Europa verantwortlichen Landwirtschaftsminister sowie die Europäische Kommission die Tragweite ihrer Weichenstellungen erkennen und sich nicht dem Diktat der Befürworter eines schrankenlosen Wettbewerbes beugen, andererseits die Zukunft der bäuerlichen Landwirtschaft in Europa und in Österreich zum Wohle aller sichern. Ich wünsche auch, dass die Weichenstellungen am Hof so getroffen werden, dass die Arbeit am ererbten Hof Freude und wirtschaftlichen Sinn gibt.

Typischer Innviertler

Mein Lebensweg hat mich – so wie viele Innviertler auch, nach Salzburg geführt. Ohne den typischen Innviertler charakterisieren zu müssen gehe ich davon aus, dass er wo immer er hinkommt, Interesse für das Geschehen und den Willen zur Mitgestaltung mitbringt. Dementsprechend hat mich 1982 auch mein Weg in die Stadtpolitik geführt. Als Gemeinderat konnte ich über 17 Jahre das politische Geschehen in der Stadt Salzburg mitbestimmen. Die Stadt Salzburg ist mir in den vielen Jahren zu meiner zweite Heimat geworden und gerade in der politischen Tätigkeit konnte ich erleben, wie viele Innviertler und Oberösterreicher sich für das Geschehen und die Gestaltung in der Stadt Salzburg engagieren.

So wie es vielen von meinen Landsleuten ergeht bzw. ergangen ist; ich denke dabei nicht nur an den berühmten Dichter Franz Stelzhammer, sondern an viele Bekannte, die gerne ins Innviertel „heimfahren". So wie diese Landsleute, so habe auch ich über die Jahre hinweg die engen Kontakte beibehalten und die Nähe zur praktischen Landwirtschaft gepflegt. Die Jagdleidenschaft und eine eigene Heimstätte haben diese Verbundenheit förderlich unterstützt.

Vielleicht war es eine Fügung des Schicksals, dass ich vor wenigen Jahren einen Teil unseres ehemaligen Nachbarhofes gemeinsam mit dem Schwager und der Schwester pachten konnte, den ich bereits als Jugendlicher erwerben wollte. Jedenfalls habe ich seither die Möglichkeit, als „Hobbybauer" eine Hirschzucht auf diesen Flächen zu betreiben und die wenige Freizeit für diese alternative Form der Landwirtschaft einzusetzen. Ich tue es mit Freude und Begeisterung, weil ich auf diese Weise Landwirtschaft in der mir derzeit möglichen Form betreiben kann. Manche mögen darin einen sentimentalen Schritt sehen, doch für mich ist es eine Heimkehr zu den Wurzeln meiner bäuerlichen Heimat.

Alle zwei Wochen wurde gebacken

An das Brotbacken können sich die beiden Altbäuerinnen Frieda Friedl und Franziska Priewasser aus Altheim noch ganz genau erinnern. Das Backen, das alle vierzehn Tage anfiel begann bereits am Vorabend des eigentlichen Backtages mit dem Setzen des Sauerteiges und dem Einlegen der Backscheiteln in den Backofen. Das eigentliche Backen begann dann am nächsten Morgen um vier Uhr in der Früh. Die Großdirn hatte die Aufgabe den Teig im großen Backtrog zu kneten. Danach war es zum Stallgehen. Währenddessen ging der Teig auf. Nach der Stallarbeit halfen alle Frauen zusammen. Zuerst musste die Glut und der Staub aus dem Backofen, der bereits vor dem Stallgehen angeheizt worden war, säuberlichst entfernt werden. Der Lehmofen hatte die richtige Temperatur, wenn sich dieser gelblich zu verfärben begann. Dann konnten die zwanzig bis fünfundzwanzig Laib Brot mit der Backschaufel gefühlvoll in den Ofen geschoben werden. Noch vor dem Mittagessen wurde das fertige Brot aus dem Backofen geholt und bis zu dessen Verzehr in den Brottruhen aufbewahrt. Als dann nach dem Krieg die Zahl der Leute,

Einmal im Monat war Großwaschtag.

103

die am Hof versorgt werden musste kleiner wurde, lohnte sich das Brotbacken nicht mehr und das Mehl wurde beim Bäcker gegen Brot getauscht,

Auch das Waschen der Kleidung war für die Bäuerinnen eine sehr zeitintensive Angelegenheit. Einmal in der Woche wurde die normale Wäsche gewaschen. Wiederrum bereits am Vorabend des eigentlichen Waschtages begannen die Vorbereitungen auf das Waschen mit dem Einseifen und Einweichen des Gewandes. Die dazu notwendige Seife wurde auf den meisten Höfen selbst hergestellt. Am nächsten Tag wurde die Wäsche gerieben und die Weißwäsche ausgekocht. Die Lauge, die überblieb, wurde zum Waschen der dunklen Wäsche, meist des Stallgewandes, verwendet. Ganz am Schluss wurde die Wäsche egal ob Winter oder Sommer, im Bach ausgewaschen. Im Winter wurde zu diesem Zweck das Eis aufgeschlagen. „Es war nicht sehr angenehm, bei eisigen Temperaturen, die Wäsche im Bach auszuwaschen," erzählen die beiden Bäuerinnen. An den Bächen gab es spezielle Stellen, an denen die Leute die Wäsche auswaschen konnten. Meist war dort auch ein kleiner Steg. Einmal im Monat war Großwaschtag. An diesem Tag wurde neben der normalen Wäsche auch die Bettwäsche gewaschen. Als Belohnung gab es an diesem Tage immer ein besonders gutes Essen für die Wäscherinnen.

An den Samstagen stand es an den Holzboden im Haus auf den Knien zu schrubben. Der steinige Vorhausboden wurde einfach hinausgewaschen. Danach wurde Stroh oder Sägespänne auf den Boden gestreut und erst am Montag, wenn der Boden trocken war, wieder hinausgekehrt. Doch an den Abenden, wenn sich die vielen Leute, die an den Höfen arbeiteten zusammensetzten und eine Menge Spaß miteinander hatten, war die harte Arbeit meist vergessen.

Die Frauen gingen selten ohne Kopftücher zur Arbeit.

Müller erkennt man am Walzenstuhl

Den guten Müller erkennt man am Walzenstuhl. „Wenn ich die Walzen im Haus nicht mehr höre, werde ich unruhig", sagt der alte Müllner z` Stern, Fritz Huemer. Daher läuft die kleine Mühle in der Gemeinde Altheim auch heute noch. Die Bauern kamen von Geinberg bis nach Höhnhart hinauf zum Müller z` Stern. Vor dem Krieg hatte er viele Mahlbauern, weil die Mühle bekannt war für ihren guten Walzenstuhl, der beste Mehlqualitäten lieferte. „Abgemautet" wurde immer mit Weizen und Roggen aus denen Mehl für den Vekauf an Häuselleute und Bäcker gemahlen wurde. Während der Kriegsjahre hat man beim Müllner das Mehl auch immer ohne Lebensmittelmarken bekommen.

Diesen mutigen Dienst am Nächsten danken viele ältere Altheimer dem alten Müller noch bis heute. Zusätzlich zur Mühle bewirtschaftete er gemeinsam mit seiner Frau Gabriele immer zwei Joch Wiesen von denen zwei Kühe und ein Pferd gefüttert wurden. „Die Müllerei unterlag in den vergangenen 50 Jahren immer einem starken Auf und Ab, wobei es eher mehr abwärts ging als bergauf", schildert der Fritz. „Wenn aber die Qualität stimmt, ist man immer gefragt. Bei uns stimmte es halt lange Zeit. Die richtige Einstellung unseres Walzenstuhls war das Wichtigste. Es bleibt mein kleines Geheimnis, das ich nie verraten werde," fügt der Müller noch hinzu.

Die Auslieferung des Mehls, der Kleie und des Bruches erledigte für ihn der Stierl aus Wolfegg mit seinem Rossfuhrwerk.

Erst in den Sechzigerjahren, als die Bauern mehr und mehr ihr Brot beim Bäcker kauften und der Landhandel anfing Mehl zu verkaufen, verlor der Müller seine gute Einnahmequelle. Schließlich fing er 1967 einen Zuerwerb beim Wiesner in Altheim an.

Die alte Wehr hinter der Mühle Herrentaler-bach.

Bauernfeiertage waren der Urlaub

„Die Bauernfeiertage waren früher der Urlaub der Landbevölkerung," erinnert sich Franziska Wiesbauer aus Aspach. Sollte an einem dieser Tage eine wichtige Arbeit erledigt werden, so wurde der Feiertag hereingeholt. Es gab halbe und ganze Bauernfeiertage. An den halben Feiertagen war nach Mittag Schluss. Im Winter gab es normalerweise um halb elf Mittagessen, war der Bauer recht ein „Schinder" gab es an den halben Feiertagen das Essen erst auf zwölf.

Das Bauernjahr begann zu Maria Lichtmess. Der Tag vor Lichtmess wäre eigentlich auch ein ganzer Feiertag gewesen, doch einige Bauern gaben nur einen halben, da sie sagten, an diesem halben Tag müsse die Zeit hereingearbeitet werden, die die Dienstboten übers Jahr am „Häusl" verbracht haben. Am Lichtmesstag gab es den Jahreslohn und die Zuteilung.

Am Blasiustag wurde der Blasiussegen gespendet und es war zum Wechseln. „Es war immer sehr aufregend, wer neu ins Dorf kommt", weiß Wiesbauer zu erzählen. In jedem Ort gab es Dienstanweiser. Das waren meist arme Leute, die den neuen Dienstboten ihre neuen Dienstorte zeigten und dafür vom Bauer ein Mittagessen und einen Laib Brot bekamen. Die nächsten Feiertage im Jahreslauf waren die Faschingstage. Die Zechen maskierten sich und marschierten von Hof zu Hof und trieben ihre Späße. Dafür bekamen sie etwas Gebackenes und Most. Der Josefitag im März war ein sehr angesehener Feiertag, da an diesem Tag viele Namenstag hatten. Die Namenstage zählten damals viel mehr als die Geburtstage, die so gut wie gar nicht gefeiert wurden. Auch die Beichttage vor der Karwoche hatten eine große Bedeutung. Es gab getrennte Beichtage für Männer und Frauen.

Die Heuernte bedarf in den früheren Jahren auch im Flachland eines enormen Einsatzes an Muskelkraft.

Die Pfarrer und Patres waren beim Beichten sehr streng. Der Pfarrer überreichte nach dem Beichten jedem Beichtling ein Beichtbild, das dieser zuhause dem Bauern als Beiweis für die erfolgte Beichte vorzuzeigen hatte.

Nach dem Beichten kam man im Wirtshaus zusammen. Zu Ostern trafen sich die jungen Menschen in den Bauernstuben zum Eierbecken.

Am Ostermontag lud die Feuerwehr meist zum Ball. Am Georgitag, dem Fest des Ortspatrons, fand der so genannte Georgimarkt statt. Dort gab es neben Geschirr auch Schaumrollen und in einem kleinen Vergnügungspark konnte man seinen Spaß haben. Am Markustag fand die erste Feldprozession statt. Nach dem Besuch der Messe gab es die erste Vormittagjause im Jahr. An diesem Tag wechselten die Essenszeiten. Von nun an gab es das Mittagessen immer erst um zwölf Uhr.

Zu Pfingsten war die Stiernacht, an der sich die Jüngeren so manche Bosheiten einfallen ließen. Am Nachmittag des Pfingsttages fand der Kornfeldbetgang statt. Nach der Prozession wurde in den Wirtshäusern getanzt. Zu Johannes, dem Tag der Sonnenwende gab es meist etwas ganz Besonderes zu essen.

Im Juni und im Juli waren die Bauernfeiertage rar, da in dieser Zeit auch die meiste Arbeit anstand. Viele Bauernfeiertage gab es im November. Zu Allerseelen war die Zeit der Vormittagsjause vorbei und das Mittagessen fand wieder früher statt. Am Leonhardtag gingen die Bauern in die Schmolln und kauften dort eine Messe, damit das Vieh gesund bleibt. Am 25. November, dem Katharinatag war es mit dem Tanzen vorbei.

Die Nacht auf den Thomastag war die erste Rauhnacht. Um drei Uhr hörte man zu arbeiten auf. Arme Leute gingen von Hof zu Hof und bettelten um eine Rauhnachtschnitte. Die Samstage von Michaeli an bis Weihnachten waren die Goldenen Samstage. Der mittlere dieser Samstage war den ganzen Tag frei. In der Rauhnacht zu Weihnachten musste die

Auf der Hausbank konnte man sich von der harten Arbeit ausruhen.

107

Stallarbeit um sechs Uhr erledigt sein. Nachher durfte sich keiner mehr im Stall aufhalten, da sonst die Hexe gekommen wäre, sagte man. Die Tiere bekamen zu Weihnachten etwas Geweihtes zu essen. Zu Silvester gingen die Neujahrsbläser von Hof zu Hof. Wenn sie an den Hof kamen, wurde geschossen. Der Kreis der Bauernfeiertage schloss sich wieder am Lichtmesstag.

5. Jänner:	Rauhnacht 1/2 Tag	
7. Jänner:	Valentin	
20. Jänner:	Sebastian	
25. Jänner:	Paulibekehrung	
1. Februar:	Ignaztag 1/2 Tag	
2. Februar:	Lichtmesstag	
4. Februar:	Schlenkertag	
24. Februar:	Matthäus	
Faschingsmontag		
Faschingsdienstag		
19. März:	Josefitag	
25. März:	Maria Verkündigung	
Gründonnerstag		
Karfreitag		
Osterdienstag		
24. April:	Georgi	
25. April:	Markus 1/2 Tag	
4. Mai:	Florian	
16. Mai:	Johann Nepomuk	
15. Juni:	Vitus	
24. Juni:	Johannes der Täufer	
2. Juli:	Maria Heimsuchung	
22. Juli:	Maria Magdalena	
25. Juli:	Jakob	
10. August:	Laurenzi	
24. August:	Borholomäus	
8. September:	Maria Geburt	
21. September:	Matthäus	
29. September:	Michaeli	
15. Oktober:	Gallus	
28. Oktober:	Simon	
2. November:	Allerseelentag	
6. November:	Leonhard	
11. November:	Martini	
15. November:	Leopold	
21. November:	Maria Opferung	
25. November:	Katharina	
30. November:	Andreas	
6. Dezember:	Nikolaus	
21. Dezember:	Thomas	
27. Dezember:	Johannes	
28. Dezember:	Unschuldige Kinder	
31. Dezember:	Silvester	

Tierische Muskelkraft und motorische Pferdekräfte auf einem Bild vereint.

Mähen begann zeitig in der Früh

Im Jahre 1936 übernahm Pankraz Bachmaier den Hof in Ranshofen, den sein Vater 1909 erworben hatte.

Der Rahm wurde früher an die Molkerei in Mauerkirchen verkauft. Aus der Milch wurde Butter hergestellt. Das Getreide wurde mit Rössern nach Braunau transportiert und dort an einen Händler verkauft. „Zur anstrengensten Zeit im Jahreskreis zählte die Zeit der Heuernte," erzählt Bachmaier. Dann mussten alle, von den Kindern angefangen bis zu den Großeltern, mithelfen. Wenn es zum Mähen war, hieß es um drei Uhr in der Früh aufstehen und hinaus auf die Wiesen zum Mähen. Gemäht wurde so bald am Morgen, da, hätte man später angefangen, es viel zu heiß für die anstrengende Arbeit gewesen wäre. Nach dem Mähen wurde die Stallarbeit erledigt. Auch wenn es regnete, wurde gemäht. Da es an Regentagen nicht so heiß war, konnte man länger mähen und so einiges mehr weiterbringen. Sehr oft wurde in der Erntezeit bis neun Uhr am Abend und noch länger gearbeitet.

Bis zum Jahre 1937 wurde am Hof des Pankraz Bachmaier mit Sensen gemäht. Dann kaufte er sich ein Mähwerk, das von den Pferden gezogen wurde.

Der Anschluss ans Stromnetz brachte eine gewaltige Arbeitserleichterung mit sich. Viele Maschinen, die vorher von einem Benzinmotor betrieben wurden, konnten nun mit Strom betrieben werden. Doch am Anfang gab es so manche Probleme mit dem Stromnetz. Wenn zum Beispiel mehrere der Bauern in der Umgebung gleichzeitig ihre Maschinen mit Strom betrieben, kam es vor, dass bei einem die Maschinen nicht betrieben werden konnten, da das Netz überlastet war.

Das Auflegen des Heus mit den Heugabeln war sehr anstrengend.

Vom Schmied zum Landtechniker

Nachdem Karl Mauch aus Burgkirchen die Hauptschule in Braunau abgeschlossen hatte, begann er eine Lehre in der elterlichen Schmiede in Aching. Der Schmiede war ein kleiner landwirtschaftlicher Betrieb mit vier Hektar Fläche angeschlossen. Die Erträge aus diesem Betrieb dienten ausschließlich der Eigenversorgung. Dies machte sich vor allem in den ersten Nachkriegsjahren bezahlt, in denen Land auf Land ab ein großer Mangel an Lebensmitteln herrschte. Dank der Erträge aus der angeschlossenen Landwirtschaft konnte man damals die vierzehn Leute, die am Hof wohnten und arbeiteten, ausreichend ernähren. Ein Meilenstein war es, als der Vater 1952 den ersten Mähdrescher im Bezirk Braunau einführte. Dieser wurde erst

noch von einem Traktor betrieben. Erst später kam ein spezieller Aufbaumotor, der speziell für die Landwirtschaft entwickelt wurde dazu. Dies war der Beginn der Entwicklung von der Schmiede zum Landtechnikbetrieb.

Karl Mauch besuchte in dieser Zeit einige Schulungen. Unter anderem bei den Motorenwerken in Jenbach in Tirol oder bei Deutz in Köln. Er war von der Stunde Null der modernen Landtechnik mit dabei. Am meisten lernte er bei der Reparatur von den wenigen Traktoren, die es in der Gegend bereits gab. Da ihm keiner sagen konnte wie er es machen sollte, probierte und tüfftelte er bis er die Lösung des jeweilige Problems fand. So machte er sich nach und nach einen Namen im Reparieren von Landmaschinen.

1958 heiratete Karl Mauch und zog nach Burgkirchen. 1961 wagte er den Schritt in die Selbstständigkeit und gründete dort seinen Landtechnikbetrieb. Durch so manche zunkunftsorientierte Investition, wie zum Beispiel der Einführung eines Privatfunkes im Jahre 1965, der ein rasches Agieren der Monteure ermöglichte, konnte er seinen Betrieb im Laufe der Jahre zu einem der flexibelsten und leisungsfähigsten der ganzen Region ausbauen.

Die Technisierung der Landwirtschaft nahm im Innviertel einen raschen Verlauf.

Zu Ehren des heiligen Georg

„Ross und Troad", so beschrieb schon unser grosser Heimatdichter Franz Stelzhamer aus Pramet das Innviertel. Vor allem im Gebiet um Burgkirchen im Bezirk Braunau trifft diese Beschreibung besonders gut zu. In dieser fruchtbaren Gegend im unteren Mattigtal, und zwar in der Ortschaft Fürch bei St. Georgen, steht auch der Humesbergerhof der Familie Haberfellner. Der Bauer Hans Haberfellner ist ein Mann mit Traditionsbewusstsein. Stolz ist er auch darauf, ein Bauer zu sein. Den Hof übernahm er gemeinsam mit seiner Frau Maria von seinem Vater. Dieser war ein begeisterter Pferdezüchter. Vor allem die Aufzucht von Norikerhengsten lag ihm sehr am Herzen. So standen immer neben den vier Arbeitspferden auch noch acht bis zehn junge Hengstanwärter im Stall des Humesberger. „Diese Pferde hat der Vater dann immer dem Staat zur Körung und zum Ankauf angeboten", erinnert sich der Hans noch gut. Im Jahre 1924 hatte der alte Humesberger gemeinsam mit dem Oberlehrer Schmidhuber aus Burgkirchen den Entschluss gefasst, nach dem Vorbild von Traunstein in Oberbayern auch im Innviertel einen Georgiumritt durchzuführen. Daraufhin taten sich die Pferdebesitzer der Umgebung zusammen und hielten um den 23. April 1924 den ersten organisierten Ritt ab. Dieser wurde 1936 wiederholt. Dabei beteiligten sich schon 50 Pferde und Reiter aus dem gesamten Oberen Innviertel. Im Ritt war damals schon eine historische Gruppe mit dem Darsteller des heiligen Georg, einem Burgfräulein und Rittern dabei. Die Pferdesegnung an der kleinen Filialkirche von St. Georgen nahm Pfarrer Hofbauer vor, der auch hoch zu Ross dabei war. Für die wichtigsten Figuren im Zug wurden stets Tigerschecken und einige Schimmel bereitgestellt. Erst nach dem Kriege begann man im Jahre 1950 wieder einen Umritt zu veranstalten. Der alte Humesberger Hans gehörte auch dann wieder dem Organisationskomitee des Georgirittes an. Geritten wurde dann auch wieder 1954, 1957 und 1961 um die Kirche des Hl. Georg in Burgkirchen. Anlässlich der Feierlichkeiten „200 Jahre Innviertel bei Österreich" im Jahre 1979 stellte man den bis dahin größten Umritt

Der Vater des St. Georgener Georgirittes, Johann Haberfellner sen. auf einem seiner Fuchsen.

zusammen. Dabei beteiligten sich viele Reitvereine aus Oberösterreich und dem Salzburger Flachgau sowie Pferdefreunde aus dem benachbarten Bayern. Die örtlichen Vereine, Schulen und Zechen fuhren mit unzähligen schön herausgeputzten Gespannen im Zug mit. Man zeigte die schönsten Trachten und Uniformen. „Erst 1986 haben wir das Komitee in einen Verein übergeführt; vor allem aus rechtlichen Gründen," erzählt der Haberfellner Hans. „Heute dient der Verein auch zur Erhaltung der Pferdetradition. Gab es nach dem Krieg noch 400 Pferde in der Gegend um Burgkirchen, so waren es 1979 nur noch ungefähr 40", fügt er noch hinzu. In den vergangenen Jahren stieg der Pferdebestand vor allem durch die Freizeitreiterei wieder etwas an. „Mein Vater war ein Pferdezüchter aus Leidenschaft, und es ist vor allem auch ihm zu verdanken, dass die Kaltblütler in unserer Gegend nicht ganz verschwunden sind", erklärt er.

Beim bisher letzten Ritt im Jahre 1996 setzte sich der Zug aus 30 geschmückten Wägen, zehn Reitvereinen, einigen Blasmusikkapellen und mehr als 200 Pferden zusammen.

Burgkirchen ist eine echte Bauerngemeinde und trägt den Schimmel nicht zu Unrecht in seinem Gemeindewappen. Auch ist sie die einzige Gemeinde Oberösterreichs, in der zwei landwirtschaftlich ausgerichtete Fachschulen ihre Heimat haben, das verpflichtet.

Wagen der Haushaltungsschule Mauerkirchen beim Georgiritt im Jahre 1954.

Konkurrenzkampf beim Landler

Seit seinem zwölften Lebensjahr arbeitet Ludwig Zenz aus Eggelsberg in der Landwirtschaft. Vom zwölften Lebensjahr an, bis zur Ausschulung mit vierzehn, besuchten die Kinder damals nur mehr am Donnerstag die Schule. Den Rest der Woche mussten die meisten zu Hause am Hof der Eltern mitarbeiten. Es gab auch Kinder, die bereits auf andere Höfe zum Arbeiten geschickt wurden. „Die Kinder wurden im Laufe der Jahre mit den Arbeitsabläufen in der Landwirtschaft vertraut gemacht," erzählt Zenz. Bis zum vierzehnten Lebensjahr musste man nur für die Kost, ein Paar Schuhe und ein Gewand im Jahr arbeiten. Erst danach bekam man die harte Arbeit mit ein wenig Geld entlohnt. Die Summe des Lohns stieg mit dem Alter. Mit sechzehn Jahren wurde Zenz Rossknecht auf einem Hof in Geretsberg. Damals gab es in Geretsberg zwei Zechen, die Unter-

erdler und die Obererdler.
Einige Male im Jahr trafen sich die Mitglieder einer Zeche in einem Gasthaus im Ort und man zahlte auf ein Fass Bier zusammen. Zwischen den zwei Zechen bestand ein Konkurrenzkampf, der sich auch im Landlersingen fortführte. So schaute jede Zeche, dass sie die besseren Sänger in ihren Reihen hatte. Die Obererdler hatten sogar einen eigenen Gesangslehrer, der ihnen das Landler- und Volksliedersingen beibrachte. Den Mitgliedern der einen Zeche war es meist nicht möglich, bei den anderen mitzulandlern, da es zwischen den Zechen große Unterschiede in der Art des Landlerns gab. Ludwig Zenz war immer einer von den besseren Sängern und er pflegt diese Leidenschaft bis heute. Die Mitglieder der einzelnen Zechen blieben unter sich. Auch bei den Abdruschmählern der einen Zeche durfte die

Die Gesellschaft Ober-Geretsberg.

113

andere Zeche nicht erscheinen. Da zwischen den beiden Gruppen so große Spannungen herrschten, kam es oft zu Raufereien. Der kleinste Anlass genügte, um eine solche auszulösen. Ein Auslöser für einen Streit war sehr oft der erste Tanz auf einer Hochzeit. Die Zeche, der der Bräutigam angehörte, hatte das Recht auf den ersten Tanz mit der Braut. Oft drängten sich aber Mitglieder der anderen Zeche unter die Tanzenden, schon mit dem Ziel, einen Streit zu provozieren, der dann meist mit einer Rauferei endete.

Ludwig Zenz hatte als Rossknecht die Aufgabe, die Bäuerin mit dem Pferdegespann zur Hochzeit zu bringen. Zu diesem Anlass schmückte er die Pferde und den Wagen besonders schön. Als Lohn für seine Bemühungen bekam er von der Bäuerin nicht nur ein Trinkgeld sondern bezahlte ihm auch noch eine Bratwurst oder ein Paar Würstel. Getanzt wurde damals nicht nur auf den Hochzeiten, man traf sich auch an den Abenden nach den harten Arbeitstagen in den Bauernstuben bei Most und Bier. Einen oder zwei waren immer dabei, die das Spielen der Zugharmonie beherrschten und da die Böden in den Stuben aus einfachem Holz gefertigt waren, bei dem der eine oder andere Kratzer nicht so störte, war es auch nicht so schlimm, wenn darauf getanzt wurde.

Auch auf den Bällen, die von den Vereinen in den Gasthöfen veranstaltet wurden, wurde aufgespielt und getanzt. So gab es zum Beispiel den vom Kartenspielklub organisierten Grünoberball oder den vom Taschenmesserklub veranstalteten Feitelball. Nach dem Krieg erlernte Ludwig Zenz das Handwerk des Maurers, das er bis zu seiner Pensionierung ausübte, und erwarb einen Hof in Ibm, den er gemeinsam mit seiner Frau bewirtschaftete.

Druschtag: Ein Bild das sich aus allen Innviertler Dörfern der Zwischenkriegszeit gab.

Anfangsjahre einer Genossenschaft

Der Vater von Andreas Weiß war ein sehr weitsichtiger und aufgeschlossener Mensch. Bereits im Jahr 1904 richtete er am Peterbauernhof eine kleine Molkerei ein, die aber unter dem Ersten Weltkrieg stillgelegt wurde und sich danach nicht mehr erholen konnte. Seinem Sohn ermöglichte er den Besuch der landwirtschaftlichen Mittelschule Josefinum, was in der damaligen Zeit eine Besonderheit darstellte, da die meisten Kinder nach dem Abschluss der Volksschule bereits in der Landwirtschaft mitarbeiten mussten. Ebenfalls auf Betreiben des Vaters von Andreas Weiß und einiger anderer Bauern aus Feldkirchen wurde 1928 die Berglandmilch Genossenschaft in Feldkirchen gegründet. Mit finanzieller Unterstützung des Landes und eines Völkerbundkredites konnte das Molkereigebäude in Ottenhausen errichtet werden. Am Beginn hatte die Genossenschaft mit großen wirtschaftlichen Schwierigkeiten zu kämpfen, da der Betrieb fern der großen Absatzmärkte in den Ballungszentren lag. Die Absatzlage war damals sehr gespannt. Die Bauern in der Gegend standen anfänglich der Milchwirtschaft eher skeptisch gegenüber. Es gab damals noch keine einheitliche Regelung für den Milchpreis. In Mattighofen zum Beispiel zahlte man 40 Groschen für den Liter Milch, in Feldkirchen jedoch nur 17 Groschen. Erst 1930 unter dem Landwirtschaftsminister Dollfuß kam es zur Gründung des Milchausgleichsfonds. Die Molkereien in den Ballungszentren mussten die gerade im Enstehen gewesen, ländlichen Betriebe unterstützen. Doch die gesetzten Ziele konnten nicht durchgesetzt werden. Erst 1939 konnnte die Einzugsgebietregelung

Die alte Molkerei „Bergland" in Feldkirchen.

115

und die Vereinheitlichung des Milchpreises vom NS-Regime diktatorisch durchgestzt werden. Nun wurde verwicklicht, was in der Ersten Republik angestrebt wurde, aber außer dem Milchausgleichsfond nichts zustande gebracht wurde: Einheitlicher Milchpreis, Rationalisierung der Milchanfuhr und damit Verbilligung derselben. Die Einzugsgebiete der Molkereien wurden genau geregelt.

Ein Hauptproblem der Bergland Milch war anfänglich die schwache Milchanlieferung. Dadurch waren die Verarbeitungskosten verhältnismäßig hoch und drückten den Ertrag. Ein Grund dafür war auch, dass sich die Umstellung der Bauern in der Gegend von Ackerbau auf Grünlandwirtschaft nur sehr langsam vollzog. Einen wichtigen Impuls zur Umstellung auf Milchwirtschaft brachten die Tiroler Bauern, die sich von der Ablöse, die sie für ihre Grundstücke beim Bau der Brennerautobahn erhielten, Höfe im Innviertel kauften. Diese brachten das Wissen über die Milchwirtschaft ins Innviertel. Auch der Einfluss aus dem Salzburger Raum, wo die Umstellung auf die Milchwirtschaft bereits früher erfolgreich vollzogen wurde, und die Ausbildung der Jungen in den nach dem Krieg gegründeten Landwirtschaftsschulen, brachte die Innviertler Bauern zum Umdenken.

Im Jahr 1930 kam es zu einer großen Krise, die beinahe zur Schließung des noch jungen Betreibes geführt hätte. Nur mit eiserner Sparsamkeit konnte man den drohenden Konkurs abwenden und die Wirtschaftskrise der Dreißigerjahre überstehen.Der Absatz der Produkte wurde am Anfang auf eigene Faust organisiert. Nach den wirtschaftlichen Schwierigkeiten trat man der Schärdinger Molkereigenossenschaft bei. Die Teebutter die man erzeugte wurde unter dem Markennamen Schärdinger Teebutter bis nach England, Italien und Deutschland verkauft. Kurzfristig wurden dadurch die Erträge weniger, doch langfristig führte dies zu einer Ertragssteigerung.

Vor der Gründung der Genossenschaften wurde die Milch in Kleinstbetrieben verarbeitet.

Zu Lichtmess den Kasten abgeholt

Katharina Kirchbauer übernahm im Jahre 1949 gemeinsam mit ihrem Mann ihren elterlichen Hof in Franking-Eggenham. Haupteinnahmequelle war und ist die Viehwirtschaft. Nachdem ihr Mann 1972 bei einem Jagdunfall tötlich verunglückte, führte sie den Hof alleine mit ihrem Sohn weiter. Bei der Übernahme des Hofes standen im Stall vierzig Tiere. Im Laufe der Jahre steigerte sich die Stückzahl auf über siebzig. Katharina Kirchbauer erzählt, dass am Hof immer drei Dienstboten beschäftigt waren. Ein Rossknecht und zwei Dirnen. Die Knechte hatten eine kleine Wohnung oberhalb des Stalles, die Dirnen schliefen im Haus. „Auf unserem Hof hatten es die Dienstboten immer recht gut, besonders mit dem

Die Idylle auf den Bauernhöfen von einst trügt: Die Arbeit war hart.

Essen waren sie immer sehr zufrieden und waren deshalb immer gerne da,“ erzählt Katharina Kirchbauer. Auf anderen Höfen hatten die Dienstboten oftmals zum Beispiel keine eigene Wohnung und mussten im Stall schlafen.

Zu Lichtmess wurden die Dienstboten ausgestanden. Die Wochen vor Lichtmess hatten sie Zeit, sich einen neuen Hof zu suchen. Die Höfe, auf denen die Dienstboten gut behandelt wurden, waren beliebter, und so konnte sich der Bauer seine Knechte und Mägde aussuchen und bekam deshalb auch meist die besseren. Zu Lichtmess handelten der Bauer und der Knecht den Lohn fürs nächste Jahr aus. Zum Lohn zählte meist nicht nur das finanzielle Entgelt, sondern auch ein neues Gewand und ein neues Paar Schuhe. Am Lichtmesstag kamen die Dienstboten mit den Rössern des neuen Bauern zum Hof, auf dem sie das vergangene Jahr gedient hatten, und holten ihren Kasten ab, in dem sie ihre Habseligkeiten verstaut hatten.

Da der Hof von Katharina Kirchbauer im Moos liegt, hatte man früher nur Stroh. Das Mähen war sehr anstrengend. So halfen die Bauern der kleineren Landwirtschaften meist den Größeren für einen kleinen Lohn beim Mähen. Das Stroh wurde auf große Haufen zusammengetragen und zu Tristen aufgerichtet. Nur im Winter, wenn der Boden gefroren war, konnte es mit Schlitten aus dem Moos transportiert werden.

Feiertags- und Wochentagsgewand

„Das schöne Gewand, das meist auch neu war, wurde nur an den heiligen Tagen, wie Ostern und Weihnachten getragen," erinnert sich Katharina Brunthaler aus Geretsberg. Das schöne Gewand durfte nicht einmal auf Hochzeiten, außer man war sehr nah verwandt, geschweige denn auf Bällen getragen werden. Alle paar Jahre gab es ein neues schönes Gewand. Das alte wurde dann als schöneres Gewand verwendet, das an Sonntagen und Feiertagen getragen wurde. War auch das schönere Gewand so abgetragen, dass es als Sonntagsgewand nicht mehr würdig gewesen wäre, wurde es bis zum totalen Verschleiß als Arbeitsgewand weiterverwendet. Das ganz abgetragene Gewand diente als Stallge-

Stolze Bäuerin im Innviertler Feiertagsgewand.

Ein „Dreimäderlhaus" in Sonntagskleidchen.

118

wand. Wenn es warm war trug man keine Schuhe, man ging barfuß. Außer es musste die Feldarbeit erledigt werden, dazu trug man Holzschuhe um sich die Füße nicht zu zerschneiden.

„In Ibm gab es einen eigenen Holzschuhmacher," erinnert sie sich. Im Haus trug man Pantoffeln, die der Störschuster anfertigte. „Früher war die Gemeinschaft innerhalb des Ortes viel besser als heute," erzählt Katharina Brunthaler. Ständig traf man sich irgendwo. So kamen die Leute zum Beispiel sonntäglich am Fußweg zur und von der Kirche zusammen und tauschten Neuigkeiten aus. Auch bei der Arbeit am Feld traf man die Nachbarn.

Besonders gerne erinnert sie sich auch an die Bräuche, die es an den hohen Festtagen, wie Ostern und Weihnachten, gab. Am Morgen des Ostersonntags stand die gesamte

Hofbelegschaft zeitig in der Früh auf um bei einem Gang um die Felder zu beten. „Diese Feldumgänge waren immer besonders schön," erinnert sie sich, „ von rund herum hörte man die Nachbarn um deren Felder beten, wenn das Wetter mitspielte, sah man die Sonne aufgehen."

Bereits am Morgen des Karsamstags wurden die Scheitel geweiht. In den geweihten Scheitel wurde ein Stück vom Palmbuschen und ein Fläschchen mit geweihtem Wasser geklemmt. Das alles wurde auf das Feld gesteckt. In der Osternacht fand die Speisenweihe statt. Dazu wurde ein Büscherl Korn ausgegraben und gemeinsam mit verschiedenen Lebensmitteln geweiht. Das Büschel wurde dann wieder am Feld eingegraben. Am Abend des Ostersonntags bekamen dann die Kühe etwas vom geweihten Brot, Salz und etwas vom Palmbuschen zu essen.

Der lange Winter wurde von den Frauen für leichtere Arbeiten genutzt. Es durfte dabei auch getratscht werden.

119

Bereits als Kind am Hof gearbeitet

Aus seiner Kindheit weiß Matthäus Zauner noch so manche mehr oder weniger lustige Geschichte zu erzählen. Im Mai 1924 kam er in die zweiklassige Volksschule in Gilgenberg, die er sechs Jahre besuchen musste. Das neue Schuljahr begann damals im Mai.Bereits ab der zweiten Klasse musste er zu Hause am Hof mitarbeiten. Unter anderem war er mit dem Großvater die Schafe hirten. Es war gerade Kirtag, als der kleine Matthäus Zauner krank von der Schule nach Hause kam. Der besorgte Vater holte den nächsten Arzt aus Ibm. Dieser kam mit seinem Pferdegespann an den Hof. Doch zum Erstaunen der Eltern konnte dieser nur feststellen, dass der Sohn an einer Nikotinvergiftung litt. Der Grund dafür war, dass er am Nachhauseweg von der Schule,mit ein paar Schulfreunden, eine fünfunzwanziger Packung Dames rauchte, und diese nicht genug auch noch eine Pfeife. Ein Schulkamerad hatte das Rauchzeug besorgt.

Als er im Alter von zwölf Jahren aus der Schule kam, musste er sofort, wie damals üblich, am elterlichen Hof arbeiten. Eine der Aufgaben der Kinder war das Fahren mit den Ochsen. Auch hier hatte Matthäus Zauner ein schmerzliches Erlebnis. Als es anstand einen Baum über einen Hang hinaufzuziehen, reichte die Kraft der Ochsen nicht aus und der Vater spannte zwei Pferde vor die Ochsen. Als diese nicht richtig wollten, trieb sie der Vater vehement an, sodass eines der Pferde ausschlug und Matthäus Zauner im Gesicht erwischte

Bei den Erntearbeiten mussten alle zusammen-helfen: von den Kindern bis zu den Großeltern.

und sich dieser dadurch einen Nasenbeinbruch zuzog. Im Laufe der Jahre wurde der Jugendliche mit den landwirtschaftlichen Arbeiten vertraut gemacht.

Im Jahre 1938 musste er zur Wehrmacht einrücken. Nachdem er vom Krieg nach Hause gekommen war, stand es ihm offen, im Alu-Werk Ranshofen zu arbeiten, oder weiter am elterlichen Hof in der Landwirtschaft tätig zu sein. Er entschied sich für die Landwirtschaft, an der sein Herz hing, und bereute diese Entscheidung bis heute nie.

1956 heiratete er. Gemeinsam mit seiner Frau kaufte er sich eine kleine Landwirtschaft nicht weit von seinem Elternhof. Anfangs war bis auf zwei Ochsen nichts da, und auch diese beiden Ochsen musste er veräußern um die steuerlichen Abgaben, die durch den Kauf den Hofes enstanden waren bezahlen zu können. Aber zum Glück bekam er von seinem Schwiegervater ein Ross geschenkt, denn ansonsten hätte er den Pflug selbst ziehen müssen. Wenn die Nachbarn, die damals bereits alle einen Traktor besaßen um sechs Uhr in der Früh zum Mähen fuhren, stand Matthäus Zauner bereits seit einigen Stunden auf der Wiese und mähte mit der Sense. Am Hof gab es kein Leitungswasser. So musste das Trinkwasser von der nächsten Quelle in Milchkannen zum Hof transportiert werden. Da die Quelle ein ganzes Stück vom Hof entfernt war, und das Wasserholen immer eine große zusätzliche Belastung darstellte, entschloss sich Matthäus Zauner, selbst einen Brunnen zu graben. Im Jahre 1959 kaufte er sich seinen ersten Traktor. So wurde der Hof nach und nach im Laufe der Zeit stückweise auf den neuesten Stand der Technik gebracht.

Mühselig musste die Gülle auf die Wiesen ausgebracht werden.

121

Ein bewusstes Leben als Bauer

Der Anthalerbauer Georg Felber ist einer jener Bauern, die frühere Bauernleben als eine besondere Art von Kultur empfanden. Die Sammlung alter Gebrauchsgegenstände und seine persönliche Interpretation machten den Anthaler zu dem Kenner der Innviertler Bauernkultur.

Dazu bringt er auch die alte Zeit zu Papier und erzählt den Besuchern aus alten Zeiten. Im Folgenden eine Schilderung daraus:

Drangeld oder Angeld zum Beispiel bei einem Dienstvertrag zwischen Dienstgeber und Dienstnehmer, welcher sich immer auf Jahr, von Lichtmess zu Lichtmess bezog, war üblich. Aber auch bei vielen anderem Handeln war Drangeld üblich und war meistens mit einem Handschlag verbunden und für beide Teile verbindlich. Schon im Spätsommer oder im Herbst, so erzählt Georg Felber, war es üblich, dass der Bauer den Dienstboten befragte, ob er ein weiteres Jahr bleiben möchte; schon zu diesem Zeitpunkt wurde der Lohn und die Zukehrung, das Zubehör, ausgehandelt und nach der Einigung das Drangeld ausbezahlt. Diese Sachbezüge waren bei der Magd meistens ein Feiertags- und ein Werktagsgewand, Schuhe und Pantoffeln sowie Holzschuhe, Hemden und Schürzen. Die „Mannerleut" bekamen ein Feiertagsgewand nur fallweise, sonst waren die Zuwendungen ähnlich.

Die Zuwendungen wurden von den Handwerkern in „Stör" auf den Höfern gefertigt. „Besonders beim Schuster und Schneider waren wir Kinder immer in der Nähe, weil sie so schöne Geschichten zu erzählen wußten", betont der Bauer. Besonders die Kinder waren froh, wenn es zu Lichtmess keinen Dienstbotenwechsel gab, denn die Alten waren ihnen so vertraut.

Mit Stolz ließen sich die Bauern auf ihren ersten Traktoren fotografieren. Im Bild der Anthalerbauer auf dem 1941 erworbenen Traktor mit 22 PS und einem Kaufpreis in Höhe von 5.500 DM.

Vom Ackerbau zur Milchwirtschaft

Als Alfred Erlinger im Jahr 1950 eine Lehre als Zimmerer begann, musste er sich von seinem geringen Stundenlohn für die Berufsschulkosten selbst aufkommen. Die Arbeit als Zimmermann führte er auch weiter aus, nachdem er 1966 gemeinsam mit seiner Frau den Hof in Sandtal übernahm. Es war die Zeit in der in der Landwirtschaft kein Stein auf dem anderen blieb.

Begonnen hatte diese Entwicklung, als 1952 der erste Traktor, ein fünfzehner Steyrer, an den Hof kam. Der Einsatz des Traktors bedeutete eine gewaltige Arbeitserleichterung. Von den ursprünglich vier Arbeitsrössern waren von da an nur mehr zwei notwendig, die neben dem Traktor noch immer zur Arbeit eingesetzt wurden. Die zunehmende Technisierung bedeutete auch eine Steigerung der Erträge. Einen weiteren Fortschritt brachte der Einsatz der wirtschaftseigenen Düngung, die die Grundlage für den Ausbau des Viehstandes darstellte.

Als Alfred Erlinger in den Siebzigerjahren einen neuen Stall baute, wurde auch eine neue Jauchengrube errichtet. Von da an nahmen die Flächen, die für den Ackerbau genutzt wurden, zu Gunsten der Wiesenflächen ab. So konnte der Viehbestand erweitert werden, ohne dass eine Ausweitung der Grundfläche notwendig gewesen wäre.

Durch seine Arbeit als Zimmerer war es ihm möglich, immer technisch noch bessere Maschinen, die die Arbeit noch mehr erleichterten, anzukaufen. Ein weiterer Grund für den Wechsel vom Ackerbau zur Milchwirtschaft war der immer weiter nach unten sinkende Getreidepreis zu dieser Zeit. Vorher stellt der Verkauf von Getreide eine Haupteinnahmequelle dar. Es wurde an den Landesproduktenhändler oder an eine der vielen Mühlen am Engelbach verkauft.

Auch die Austragleute halfen bei der Getreidearbeit.

Wenig Zeit blieb für die Freizeit

Da Georg Reschenhofer von den Erträgen seiner kleinen Landwirtschaft in Hochburg-Ach nicht leben hätte können, ging er 30 Jahre lang nach Burghausen zu den Wackerwerken arbeiten.

Die Wochenarbeitszeit betrug, als er anfing, noch 56 Wochenstunden. Gearbeitet wurde sieben Tage in der Woche. Nur jeden dritten Sonntag war frei. An diesen Tagen konnte er am Hof arbeiten. Auch die Urlaube gingen in der Arbeit am Hof auf, um die Erntearbeit erledigen zu können. Pech hatte er, wenn es ausgerechnet in dieser Zeit regnete. Ideal war,

Erntearbeit im Innviertel.

wenn er zur Nachtschicht eingeteilt wurde. Denn da konnte er unter Tags am Hof arbeiten und in der Nacht in der Fabrik. In jenen Wochen in der er Nachtschicht hatte, schlief er täglich meist nicht mehr als drei Stunden. Im Sommer, wenn am Hof die meiste Arbeit anfiel, arbeitete er oft über sechzehn Stunden am Tag. Hatte Reschenhofer vor, sich neue Machinen zu kaufen, musste er bei den Wackerwerken auch noch Überstunden machen, um die notwendigen finanziellen Mittel aufbringen zu können.

Die viele Arbeit, die er am Hof unerledigt lassen musste, übernahm seine Frau. So blieb ihr für die Hausarbeit sehr wenig Zeit und sie musste diese am Wochenende erledigen.

Sehr gut kann sich Georg Reschenhofer an die Löhne und Preise in der Zeit vor dem Zweiten Weltkrieg erinnern. Er hat darüber eine sehr interessante Aufstellung gemacht. So zum Beispiel verdiente sein Vater, der im Winter bei der Verbauung der Salzach mithalf 80 Groschen brutto in der Stunde. Die Dienstboten bei den Bauern bekamen zwischen 40 und 45 Schilling im Monat. Ein Handwerker verdiente fünf Schilling am Tag, wenn er Kost bekam. Bei öffentlichen Bauten verdienten die Handwerker acht Schilling am Tag. Im Vergleich dazu kostete die Halbe Bier 36 Groschen, ein Liter Milch 30 Groschen, ein Kilo Weizen 36 Groschen, ein Kilo Zucker einen Schilling 42 Groschen und ein Kilo Salz 60 Groschen.

Zechen kamen mit Pferdewägen

Im Jahr 1938 heiratete Frau Gramiller zum gleichnamigen Gasthof in Höhnhart. Die Hochzeit war eine der letzten großen Bauernhochzeiten vor dem Ausbruch des Zweiten Weltkrieges. An die sechzig Zechen aus den umliegenden Ortschaften nahmen an der Hochzeit teil. Um Platz für die vielen Menschen zu schaffen, wurden sogar die Schlafzimmer ausgeräumt und Tische hineingestellt. Die Zechen kamen mit Kränzen geschmückten Wägen zum Gasthof. Jedes Mal wenn eine Zeche vorfuhr, kam die Musikkapelle vom Saal herunter und begleitete die Zechbuam spielend in den Saal hinauf. Die Zechenkameradschaften zahlten auf ein Fass Bier zusammen, das auf den Tisch der jeweiligen Zeche gestellt wurde. Einige Zechbuam nahmen sich die Jause selbst in der Rocktasche mit auf die Hochzeit, da sie sich

nichts zum Essen hätten leisten können. Denn neben dem Anteil am Bierfass musste auch noch für das Tanzen bezahlt werden. Auch wenn die Zechen ihre Landler vortrugen, hatten sie die Musik fürs Begleiten extra zu bezahlen. Dazu hieß es am Ende des Stückes „hoibab". Nach diesem Ruf mussten die Mitglieder der Zech die gerade zum Tanzen dran war ihren Obulus bei der Musikkapelle entrichten und die nächste Zeche bestieg den Tanzboden. Jede Zeche hatte ihre eigene Tanzreihenfolge, Eichet genannt, die es nicht zuließ, dass Mitglieder von anderen Zechen mittanzen konnten.

Nach der ersten der drei Mahlzeiten, die es für die geladenen Gäste gab, kassierten die Kellnerinnen gleich alle drei und die Fuhrmannsmahlzeit, die die Bäuerinnen den Baumännern, die sie zur Hochzeit gebracht

Die Wieselburger Zech beim Hochzeitsfahren nach Höhnhart, im Jahre 1952.

125

hatten, bezahlen mussten, bei diesen. Die Bäuerinnen die zu Fuß zur Hochzeit kamen, ersparten sich diese zusätzliche Ausgabe.

Die Bauern stießen normalerweise erst am Nachmittag zur Hochzeitsgesellschaft. Sie aßen bei den Bäuerinnen mit. Das Essen wurde auf großen Platten in den Saal gebracht. Für das leibliche Wohl der Musikanten hatte der Wirt aufzukommen. Auch den Brauch des Brautstehlens gab es damals. Die Zeche, bei der der Bräutigam Mitglied war, entführte die Braut in ein anderes Gasthaus im Ort. Der Brautführer lud dann die Entführer

auf die Getränke ein. Die Musikapelle holte dann nach einiger Zeit die ganze Gesellschaft wieder ab und begleitete sie spielend zum Hochzeitssaal. Im Saal wurde dann das Brautlied gespielt und der Tanz ging weiter.

Auch das Raufen zwischen den rivalisierenden Zechen durfte auf den Hochzeiten nicht fehlen. Meist drehten sich die Streitereien um die Gunst eines Mädchens. Wurde auf einer Hochzeit nicht gerauft, dann konnte es sich um keine gute Hochzeit gehandelt haben, sagte man zur damaligen Zeit.

Brautpaar im Jahre 1873.

Kinder brachten Milch zur Käserei

Bereits als Kind musste Herr Wenger fleißig am Hof mitarbeiten. Eine Hauptaufgabe der Kinder war damals das Milchliefern. Am Morgen vor der Schule und am Abend nach dem Stallgehen brachten die Kinder die Milch in Kannen, die sie am Rücken befestigt hatten zu einer kleinen Käserei. Nach dem Liefern am Abend blieben die Jugendlichen meist noch länger bei der Käserei und hatten dort sehr oft großen Spaß. Im Winter brachten die Kinder die Milch oft mit den Ski zur Käserei. Da konnte es schon hin und wieder geschehen, dass einer zu Sturz kam und die ganze Milch ausschüttete. Die Käsereien in der Gegend von Kirchberg entstanden alle in der Zwischenkriegszeit. Die Käser waren aus Salzburg, Tirol oder aus dem Allgäu gekommen und gründeten im Innviertel ihre Käsereien. Anfangs trauten ihnen die Bauern nicht sehr, doch als sich das Geschäft schon langsam einlief, wurde das Vertrauen der Bauern größer.

Doch Haupteinnahmequelle der Bauern blieb zu dieser Zeit weiterhin der Verkauf des Getreides. Auch verdiente sich Wenger eine Kleinigkeit mit dem Verkauf von Kartoffeln. Er fuhr diese mit dem Traktor in die Stadt Salzburg und verkaufte sie dort. Jeder Kirchberger Bauer hatte in der Stadt schon seine eigene Straße in der er seine Ware an den Mann brachte.

Anfang der Sechzigerjahre begann das Liefern der Milch an die Molkereien. In Kirchberg enstanden damals zwei Privatmolkereien. Dadurch änderte sich bei der Bewirtschaftung der bäuerlichen Betriebe einiges. Wurde die Größe der Betriebe bis damals an den Dreschtagen, gemessen, misst man sie von dieser Zeit an am Milchkontingent.

Bei kleineren Bauern wurden oft auch Schafe oder Hunde vor das „Miliwagerl" gespannt.

Flachsverarbeitung im Spätherbst

Franz Haberl aus Lochen hatte vierzehn Geschwister, von denen aber nur die Hälfte das Kindesalter überlebte. Die meisten starben an Diphtherie.

Als Haberl die Volksschule in Lochen besuchte, begann das neue Schuljahr bereits im Mai. „Über die Sommerferien haben wir dann wieder alles vergessen," erinnert er sich. Mehr als 40 Kinder waren in einer Klasse zusammen. Die Lehrer waren sehr streng und wendeten als Erziehungsmittel auch des Öfteren den Schlagstock an. Es kam äußerst selten vor, dass einer nach der Volksschule in eine andere Schule weiterging. Die Eltern legten selten Wert auf die schulische Ausbildung der Kinder. Die Frau von Franz Haberl kann sich erinnern, dass einmal eine Mutter zum Lehrer sagte, ihr Kind müsse nicht mehr wissen, als wieviel Zacken die Mistgabel hätte.

Bereits als Kind lernte man das Mähen mit der Sense. Es dauerte seine Zeit, bis man das Gefühl für die Führung der Sense bekommen hatte. Besonders hatte man darauf zu achten, dass man nicht zu hoch und nicht zu tief mähte, um den richtigen Schnitt zu haben. Das Heu wurde mit einem Leiterwagen heimgefahren. Von links und rechts wurde das Heu mit Gabeln aufgelegt. Die Magd am Wagen war dafür zuständig, dass möglichst viel Heu mit einer Fuhre zum Hof transportiert werden konnte und schlichtete es sorgfältigst. War der Wagen voll, wurde obendrauf noch der Wiesbaum gebunden, der das Ganze zusammenhielt. Für das Fahren mit den Ochsen waren die Kinder zuständig. Wurde ein Ochs

Bei aufziehendem Gewitter hatte man es beim Heuauflegen besonders eilig.

128

von einer Bremse gebissen, machte er oft einen kräftigen Ruck nach vorne, der Bub konnte ihn dann nicht mehr halten, und es konnte passieren, dass die Fasserin dabei vom Wagen fiel. Wenn das Wetter dunkel herschaute, versuchte man die Ernte so schnell wie möglich nach Hause zu bringen. In der Eile kam es öfter vor, dass ein Leiterwagen umfiel.

Auf den Feldern des Hofes von Haberl wurde früher auch noch Flachs angebaut. Nachdem der Flachs geschnitten worden war, wurde er aufgehiefelt und nach vierzehn Tagen mit den Dreschflegeln gedroschen. Der Leinsamen wurde an die Kälber verfüttert.

Den Flachs nahm man und breitete ihn im Freien aus. Danach kam der Flachs in die Brechelhütte, in der es bis zu siebzig Grad Hitze hatte. Nicht jeder Bauer war im Besitz einer solchen Brechelhütte, meist taten sich mehrere Bauern zusammen.

Aufgrund der hohen Hitzeentwicklung brannten diese Hütten auch sehr oft ab. Vor der Hütte wurde der Flachs gebrechelt damit die Rohfaser wegfiel.

Bevor der Flachs gewoben wurde, musste er erst einmal geschwungen und gehachelt werden. Aus den gröberen Fasern wurde das rupferne Tuch gesponnen, aus den feineren das haarige. Hemden wurden zum Beispiel aus dem rupfernen Stoff genäht. Haberl kann sich errinnern, dass, wenn es besonders heiß war, es unangenehm war, diese Hemden zu tragen, da man sich, wenn man schwitzte den ganzen Oberkörper wund rieb. Doch an das Ausziehen des Hemdes war nicht zu denken, denn es war ungeschriebenes Gesetz, dass man das Hemd bei der Arbeit anbehält.

„Die Winter waren früher um einiges strenger als heute," erinnert er sich. Eine typische Winterarbeit war das

Trotz harter Arbeit auf dem Feld war man stets guten Mutes, wie dieses Foto beweist.

129

Anfertigen der Schindeln für das Dach, das alle fünfundzwanzig Jahre erneutert werden musste. Auch die Schindeln wurden wie so vieles andere auch, selbst am Hof hergestellt. Die Legeschindeln waren einen Dreiviertelmeter lang und wurden am Dach aufgelegt und mit Steinen beschwert. Auch an der Westseite des Hauses, der Wetterseite, waren Schindeln angebracht diese waren etwas kürzer und wurden angenagelt.

Im Jahre 1937 wurde der Hof an das Stromnetz angeschlossen. Doch bis zum Jahre 1942 hatte man nur Kraftstrom zum Betreiben der Maschinen. Beim Bau der Stromleitung zum Hof war es selbstverständlich, dass der Hofbesitzer beim Graben der Masten mithalf. Als im Jahr 1942 endlich das Licht am Hof Einzug hielt, hatte man nicht viel davon, da der Krieg zu dieser Zeit voll im Gange war und die Fenster zum Schutz vor Bombenangriffen verdunkelt werden mussten.

Im Winter wurde der Flachs gesponnen.

Vor der so genannten Brechelhütte wurde der Flachs gebrechelt.

Die Handwerker kamen an den Hof

Der aus Höhnhart stammende Franz Buchegger kaufte sich im Jahre 1961 einen Hof in Maria Schmolln, da den heimatlichen Hof der älteste Bruder der acht Geschwister bekam. In seinen Jugendjahren vor dem Krieg arbeitete er am elterlichen Hof mit. „Die Jauche wurde mit langen hölzernen Schöpfern aus der Grube in die Jauchentruhe geschöpft," erinnert er sich. In der Truhe hatten rund 250 Liter Platz. Sie wurden mit Manneskräften auf die Felder gezogen. Das war eine sehr anstrengende Arbeit. Verteilt wurde die Jauche mit kurzen Schöpfern. Dabei trug man einen Lederschurz um die Kleidung, um vor dem Ärgsten zu schützen. Der Mist wurde mit Mistgabeln auf einen Holzwagen aufgelegt und mit Ochsen auf die Wiesen gefahren. Dort wurde er ebenfalls mit Mistgabeln ausgebreitet. Als Arbeitskleidung diente der Landbevölkerung meist die abgetragene Sonntagskleidung. Wenn neue Kleidung benötigt wurde, kamen die Störhandwerker an den Hof. „Der Schneider kam mit dem Leiterwagen, in dem er seine Nähmaschine transportierte," erzählt Buchegger. Als seine Schwester heiratete, so erinnert sich Buchegger, kamen der Schuster, der Schneider, die Näherin und der Tischler an den Hof, um die für die Hochzeit notwendigen Kleidungsstücke, das Bettzeug, die Kästen und Betten zu erzeugen. Der Bauer legte die Höhe der Mitgift fest. Es steigerte sein Ansehen, wenn er seiner Tochter eine große Mitgift mit in die Ehe gab und das Gegenteil schadete seinem Ansehen. Die fertige Mitgift wurde auf Wägen aufgeladen und an den Hof, an den die Tochter heiratete, gebracht. Die Handwerker wurden in der Zeit, in der sie am Hof arbeiteten, frei gehalten. Wenn ein Störhandwerker von weiter her an den Hof kam, blieb dieser auch über Nacht. Als nach dem Krieg die Fabriksprodukte immer billiger wurden, und die Leute mobiler und dadurch leichter in die größeren Orte kamen in denen die billigen Geschäfte waren, starb das Störgehen bei den Handwerkern aus. Auch bedingt durch die technische Entwicklung in der Landwirtschaft wurden manche handwerklichen Berufe überflüssig.

Austragbäuerin bei der Arbeit.

Ein Neuanfang im Innviertel

Im Jahre 1938 übernahm Engelbert Dirnsteiner den elterlichen Hof in Groß Grillowitz in Mähren.

Doch bald nach der Übernahme musste er zur Wehrmacht einrücken. Im Laufe der Kriegsjahre kam er nach Ranshofen, um die dortige Aluminiumfabrik zu verteidigen. Seine Aufgabe war die Versorgung der Truppe mit Lebensmitteln, die er mit zwei Rössern in Braunau abholen musste. Diese waren im Lindhof eingestellt, wo die Wehrmacht zwei Einstände beschlagnahmt hatte.

Nachdem der Krieg im Mai 1945 sein Ende fand, blieb Dirnsteiner am Hof, da die Bäuerin dringend Hilfe brauchte, da ihr Mann unterm Krieg gestorben war und ihr Sohn an der Front fiel. Dirnsteiner konnte das nur recht sein, da der Weg zurück in seine Heimat durch die Demarkationslinie versperrt war. Als am 1. September desselben Jahres das erste Mal wieder eine Postverbindung über die Zonengrenze hinaus aufgenommen wurde, erfuhr er von seiner Tante in Wien, dass der Hof in Mähren enteignet worden war.

Erst im Dezember konnte seine Familie, die von den Tschechen vertrieben wurde, zu ihm ins Innviertel nachkommen. Auch seine Familie fand am Lindhof Aufnahme. In der ersten Zeit nach dem Krieg besaß er lediglich die alte Wehrmachtsuniform zum Anziehen. Doch die Bäuerin gab ihm ein altes Gewand ihres Mannes, das zum Sonntagsanzug umgenäht wurde.

Nachdem die Bäuerin kurze Zeit später verstorben war, wurde ihm die Aufgabe übertragen den Hof zu leiten. Vier Dienstboten standen ihm zur Seite. Er führte den Hof wie seinen eigenen. Es war eine sehr schwere Zeit für ihn und seine Familie, doch er konnte sich von Monat zu

Der heimatliche Hof von Engelbert Dirnsteiner in Mähren.

Monat retten. 1956, nach elf Jahren am Lindhof, las er in der Zeitung von einem Hof in Mauerkirchen, der zu verpachten war. Er fasste den Entschluss den Hof zu pachten. Denn in dieser Zeit waren die Pachtangebote eher selten, da jeder auf sich selbst schaute und genug Lebensmittel für die seinen produzieren wollte. Erst nachdem sich die Wirtschaftslage Mitte der Fünfzigerjahre langsam verbessert hatte, begannen vereinzelt Bauern wieder Grundstücke und Höfe zu verpachten. Doch hielt es ihn und seine Familie nicht lange auf dem gepachteten Hof. Er schaute sich

nach einem anderen um und wurde in Mauerkirchen auch fündig. Auf dem Hof in Kleineinhausen bleib er 24 Jahre in Pacht. Als kleines Nebengeschäft betrieb er das Postfahren. Täglich um sieben Uhr in der Früh holte er die Post nach dem Stallgehen, anfänglich mit den Pferden, später mit dem Traktor, vom Bahnhof ab und brachte sie zum Postamt. Vom Geld, das er sich von den Gewinnen aus der Landwirtschaft ersparte, errichtete er sich in Mauerkirchen ein Haus, in dem der rüstige Sechsundachzigjährige nun seinen verdienten Ruhestand genießt.

Die Abdruscharbeit war überall im Innviertel eine staubige und harte Arbeit. Doch die Bäuerinnen sorgten stets für gute Verpflegung. Auch war meist ein Fotograf zur Stelle, um dieses Ereignis festzuhalten.

Jede Jahreszeit hatte ihre Arbeiten

„Früher produzierten wir so gut wie alle Lebensmittel, die wir zum Leben brauchten, selbst auf dem Hof", erzählt Georg Seidl aus Mining. Die Bauernfamilie und die Dienstboten, welche am Hof mitversorgt wurden, konnten alle von den eigenen Produkten ernährt werden.

Die Arbeit in der Landwirtschaft war sehr anstrengend, da alles mit der Hand gemacht werden musste. Die Arbeiten waren übers ganze Jahr verteilt und so kam es nicht vor, dass es nichts zu tun gab. So war es, dass im Winter die Holzarbeit verrichtet werden musste, ganz egal, welche Temperaturen herrschten. „Auch wenn man fast nichts weitergebracht hat, weil es so kalt war, Hauptsache war, draußen gestanden ist man," erinnert er sich.

Neben der Holzarbeit wurde im Winter unter anderem auch der Mist mit Schlitten auf die Felder gebracht und dort zu Haufen zusammengetragen. Diese wurden dann im Frühjahr über die Wiesen verteilt. Bereits im Herbst musste das Stroh und das Schilf aus der Au herausgemäht werden und zu so genannten Schilfmandeln zusammengestellt werden.

Das Gersten- und Haferstroh wurde geschnitten und dem Futterheu beigegeben. Ebenfalls im Herbst war es zum Maschinendreschen. Da die Maschine bereits um sechs Uhr in der Früh die Leute von den umliegenden Höfen zusammenpfiff, musste die Stallarbeit schon vorher verrichtet werden. Das Dreschen dauerte bis sechs Uhr am Abend. Jeder Bauer schaute darauf, dass die Leute, die ihm beim Dreschen halfen, bestens versorgt waren, so gab es immer etwas besonders Gutes zum Essen. Zum Essen wurde meist ein Fass Most aus dem Keller geholt. Jeder Bauer war im Besitz einer Mostpresse und erzeugte seinen eigenen Most.

Da die Arbeit während der Woche so anstrengend war, freute sich jeder auf den Sonntag.

Der Sonntag war damals den Menschen heilig und nur in ganz besonderen Ausnahmefällen musste gearbeitet werden.

Bäuerinnen beim Spinnen.

134

Mühevoll war die Pflugarbeit hinter Pferden oder Rindern.

Die Jauche wurde über ein natürliches Gefälle von der Jauchegrube in das Güllefass gefüllt.

135

Im Frühjahr wurde Torf gestochen

„Kaum war die Erntezeit vorbei," erzählt Johann Brandstätter, Breitenthalerbauer aus Moosdorf, „mussten die Torfwasen zur besseren Trocknung, umgerichtet werden." Der Torf wurde meist Ende April im Moor gestochen. Es bedurfte einer größeren Fläche, um den Torf zum Trocknen auszulegen. Sobald er im Herbst, nach einigen Malen umrichten, endgültig trocken war, wurde er in der Torfhütte im Moor gelagert. Man musste bis zum Winter warten, bis der Boden gefroren war, um mit den Schlitten ins Moor fahren zu können. Dann wurde der Torf heimgeholt. Der Torf wurde an den Höfen zum Heizen verwendet. Das war auch ein guter Nebenerwerb für die Bauern in Moosdorf. Der Torf wurde bis nach Mattighofen geliefert. Die Deinstboten waren den ganzen Winter über damit beschäftigt, die Wasen an die Kunden auszuliefern. Doch die Lieferung des Torfs war nicht die einzige Winterarbeit.

Auch die Holzarbeit musste in der kalten Jahreszeit erledigt werden. Das Reisig wurde von den Frauen klein gehackt und zu Bündeln zusammengebunden. Diese dienten ebenfalls als Heizmaterial. „Im Winter musste auch die ganze Arbeit erledigt werden, die im Sommer liegen geblieben ist, wie zum Beispiel das Flicken der Getreidesäcke," erinnert sich Frau Brandstätter.

Bevor Johann Brandstätter gemeinsam mit seiner Frau deren elterlichen Hof übernommen hatte, arbeitete er am Hof seiner Eltern. Da er nicht der älteste Sohn war und den Hof nicht übernehmen hätte können, machte er eine Lehre als Müller in Burgkir-

Beim Heuen war jeder dringend notwendig.

chen und Höhnhart und schloss diese mit der Gesellenprüfung ab. Bald nach Abschluss der Lehre wurde er zur Wehrmacht eingezogen.

Als er 1945 vom Krieg nach Hause kam, war kurz zuvor sein Vater verstorben und sein älterer Bruder war von der Front nicht mehr zurückgekehrt. Seine Mutter ist nun mit ihren sieben Kindern alleine am Hof gewesen. Der Großteil der Kinder war noch klein.

So musste Johann Brandstätter, der nun der Älteste war, mit seinen 19 Jahren die Leitung des Hofes übernehmen. Vieles brachte er sich in diesen Jahren selbst bei. Auch belegte er einige Fortbildungskurse, um sein Wissen auf den neuesten Stand zu bringen. In diesen Jahren setzte er

sich besonders für die Gründung einer Landjugendgruppe in Moosdorf ein, deren erster Obmann er auch wurde.

Die Landjugendgruppe wurde im Ort sofort gut angenommen. Viele Probleme, wie man sie in anderen Orten, in denen die diversen Zechen die Ortsjugend in verschiedene Lager gespalten hatte, gab es in Moosdorf nicht, da es nur eine Zeche gab. Die Landjugend organisierte viele Vorträge und Fortbildungskurse, die die Moosdorfer Jugend auf den neuesten Stand der landwirtschaftlichen Technik, der Anbaumethoden und der Erkenntnisse aus der Tierzucht brachten. Auch von den Mädchen wurde die Landjugendgruppe gut angenommen.

Das Reiten will schon von klein auf geübt sein.

Weyer, Gemeinde Haigermoos: eines der ersten Autos im Innviertel, vorgespannt eine Zugmaschine.

Den ersten Traktor im Innviertel besaß die Gutsverwaltung von Ibm, Gemeinde Eggelsberg. Als die Traktoren noch Chauffeuere mit Fliegerbrillen hatten ...

Das Erntedankfest im Jahr 1942

„1942 war ein Kriegsjahr, das mir in sehr schlechter Erinnerung ist", schrieb Anna Strasser aus Schmalzhofen in einem Artikel im Neukirchener Pfarrbrief.

Im Jahr zuvor war ihr Bruder Wolfgang gefallen und 1942 starb ihre Mutter. In der Landwirtschaft herrschte drückender Arbeitskräftemangel. Die jungen, kräftigen Männer waren alle im Krieg aus, sie fehlten bei der Erntearbeit, die damals ausschließlich Handarbeit war. Mit der Sense wurde das Getreide gemäht und mit dem Hakler wurde es aufgeklaubt und dann zu Garben gebunden. Die Garben wurden zu Kornmandln aufgestellt. Nach einigen Tagen wurde das Getreide mit Pferdefuhrwerken in den Stadl gebracht. 1942 wurden sodann alle Lehrer und Beamten aufgefordert, in den Ferien und der Urlaubzeit den Bauern bei der Ernte zu helfen. Es war auch üblich, dass herumziehende Schneider, Schuster, Binder und Maurer ein paar Tage bei der Ernte halfen.

Erntedank war früher immer am 8. September, am Fest Maria Geburt, am so genannten Frauentag. Das Erntedankfest war ein wilkommener Feiertag für die Bauern und deren Dienstboten. Am Vortag wurden bereits Kirchln, Pofesen und Apfelscheiben gebacken. Die Dienstboten bekamen drei Kircheln zum Austeilen, die so genannten Austeilkircheln. Diese teilten sie dann unter ihren Angehörigen aus. Zum Erntedankfest brachten die Bauern ihr Kerzenofper zur Kirche. Zu Mittag gab es ein gutes Essen und Bier.

Die Erntezeit war früher ganz anders als heute. Auch das Erntedankfest hat sich inzwischen gewandelt. Es gab früher mehr Menschen, die von der Bauernarbeit direkt lebten. Man freute sich mehr über die verrichtete Arbeit und schaute weniger auf Gewinn oder Verlust.

Das Getreide musste mit Sicheln geschnitten werden.

Weiterbildung wurde notwendig

Früher wurde das Wissen über Arbeits- und Anbautechniken sowie über die Viehwirtschaft von Generation zu Generation weitergegeben. Die Abweichungen waren über Jahrhunderte nur sehr gering, weiß Johann Kreil aus Neukirchen zu berichten. Kreil war 24 Jahre lang Ortsbauernobmann und Bauernbundobmann von Neukirchen.

Als während und nach dem Zweiten Weltkrieg die moderne Technik Einzug in der Landwirtschaft hielt, wurde das gesamte bisherige, althergebrachte Weltbild der Bauern über den Haufen geworfen. Um mit den Änderungen, die nun auf die Bauern zukamen richtig umgehen zu lernen,

konnten sich die Bauern nicht mehr auf die traditionelle Weitergabe des Wissens verlassen, sondern mussten neue Wege der Ausbildung beschreiten.

Die ersten Landwirtschaftsschulen, die landwirtschaftlichen Ackerbauschulen wurden bereits in der Ersten Republik gegründet. Man wollte den Ertrag steigern, da nach dem Ersten Weltkrieg, die Kornkammern Österreichs außerhalb der jetzigen Grenzen in Ungarn lagen und die Landwirtschaft in Restösterreich fast nicht im Stande war, die Bevölkerung mit den notwendigen Lebensmitteln zu versorgen.

Doch erst nach dem Zweiten Welt-

Die Garben wurden auf Wetterhiefeln aufgerichtet .

krieg kam es zur flächendeckenden Gründung von Landwirtschaftsschulen. Die Landwirtschaftschule dauerte damals je sechs Monate und fand in zwei Winterhalbjahren statt. Auch veranstaltete die Landwirtschaftskammer Kurse, um die Bauern mit den neuesten Arbeitstechniken vertraut zu machen.

Ziel war in der unmittelbaren Nachkriegszeit die Ernährung zu sichern und den Ertrag zu steigern. Ebenfalls in den Fünfzigerjahren wurde die Landjugend gegründet, die sich sehr um die Weiterbildung der ländlichen Jugend kümmerte. Doch in Orten in denen die Zechen sehr stark waren konnte diese neue Organisation sehr schwer Fuß fassen, da die Jugend durch die verschiedenen Zechen in einzelne Gruppen gespalten war, die nicht unbedingt gut aufeinander zu sprechen waren.

Die Landjugend konnte sich erst etablieren, als die Feindschaft zwischen den Zechen langsam abbröckelte. Es war aber auch weiterhin sehr schwer, die vier verschiedenen Zechen, die es in Neukirchen gab, auf einen gemeinsamen Nenner zu bringen. Ein Grund für das Abflauen der Zechen war sicherlich die zunehmende Motorisierung unter den Jugendlichen. Diese waren von nun an nicht mehr an ihren Wohnort gebunden und konnten auch an Unterhaltungen außerhalb ihres unmittelbaren Umfeldes teilnehmen. Mit dem Motorrad konnten sie so zum Beispiel auf Hochzeiten oder Bälle in die Nachbarorte fahren. So verloren die Zechen, die ja bis dahin die Einzigen waren, die der Jugend Unterhaltung boten, an Bedeutung und Einfluss.

„Familienbild" vor dem kräftig gewachsenen Mais in Neukirchen.

Der Schmied kannte alle Rösser

1955 machte sich Leopold Stadler in Schmalzhofen als Schmied und Landmaschinenmechaniker selbstständig.

Im elterlichen Betrieb in Gilgenberg erlernte er den Beruf des Huf- und Wagenschmieds. „Als ich anfing, war die Hauptaufgabe noch das Beschlagen der Rösser, doch der Aufgabenbereich änderte sich mit der zunehmenden Mechanisierung in der Landwirtschaft," erzählt Leopold Stadler.

Auch die verschiedensten Wägen, vom Gummiwagen bis zum Mistwagen wurden in der Werkstätte von Stadler angefertigt. Wenn ein Bauer seine Rösser neu beschlagen musste, kam er ohne Anmeldung zum Schmied, da es ja noch kein Telefon gab. So konnte es vorkommen, dass mehrere Bauern gleichzeitig vor der Schmiede auf das Beschlagen ihrer Rösser warteten. Auch standen die Bauern manchmal bereits um vier Uhr in der Früh vor der Tür der Schmiede.

Dies war meist in der Erntezeit der Fall wenn es auf den Höfen die meiste Arbeit gab und einem Pferd der Huf brach. Zum Beschlagen gab es in der

Eine große Hilfe stellte schon das Vorgängermodell von Mähdreschern dar.

142

Werkstatt einen eigenen Platz mit einem festen Holzboden und einer Vorrichtung zum Anhängen der Pferde. Dieser Platz befand sich im gleichen Raum wie das Schmiedfeuer und der Amboss.

Alle Tätigkeiten waren reine Handarbeit. Zuerst wurde das alte Eisen abgenommen, dann der Huf ausgeschnitten. Diese Arbeit erfordert das Feingefühl des Schmieds, denn er muss wissen, wieviel er genau wegnehmen darf.

War das alte Eisen noch halbwegs gut, wurde es erneuert, ansonsten wurde das Ross mit einem neuen Eisen beschlagen.

Der Schmied musste genau wissen, welche Art von Hufeisen welches Pferd benötigte. Der Schmied kannte die Rösser die zu ihm in die Schmiede kamen meist schon sehr genau, und so wusste er bereits im Vorhinein, welches Eisen zu welchem Ross passt und konnte dies bereits vorbereiten.

Meist die einzigen Handwerker in kleinen Dörfern: die Schmiede.

143

Im Wirtshaus kam man zusammen

„Ende der Fünfzigerjahre setzte die Landflucht ein," erzählt Herr Wengler, Wirt in Ernsting. Die Leute kehrten der harten Arbeit in der Landwirtschaft den Rücken zu und gingen in die Fabriken arbeiten. Auch die zunehmende Mechanisierung machte die Arbeit der Dienstboten auf den Höfen überflüssig und so mussten sich diese ein neues Betätigungsfeld suchen.

Beim Wirt in Ernsting verließ 1974 die letzte Stallmagd den Hof. Dadurch, dass die Leute an den Höfen immer weniger wurden und die Arbeiter weitere Strecken zu ihrem Arbeitsplatz zurücklegen mussten, löste sich die Dorfgemeinschaft zusehends auf. Auch die kleinen Handwerks- und Gewerbebetriebe, wie der Schmied oder der Kramer, die es in Ernsting gab und bei denen die Leute nicht nur Geschäfte machten, sondern auch Neuigkeiten austauschten, starben nach und nach aus.

Einzig das Gasthaus ist in Ernsting noch als letzter Treffpunkt der Dorfgemeinschaft übriggeblieben. Doch auch hier hat sich so manches verändert. „Früher," so erinnert sich der Wirt, „war der Stammtisch jeden Abend voll ." Dort unterhielt man sich über die Arbeit des vergangenen Tages, es wurde Karten gespielt, so

Ein seltenes Bilddokument: beim Kartenspielen.

mancher Witz machte die Runde und hin und wieder kam es auch zum Streit. Die Gäste waren fast immer die gleichen, so zum Beispiel der Sägewerksbesitzer, nach dem man sich die Uhr richten konnte, da er täglich zur gleichen Zeit in die Gaststube trat, seine zwei Bier und seinen Schnaps trank.

Auch wurden in der Gaststube des Öfteren Volkslieder und Gstanzln zum Besten gegeben, wenn die richtige Runde beisammensaß.

Beim Wirt in Ernsting gab es auch eine Kegelbahn, auf der oft bis vier Uhr in der Früh die Kugel geschoben wurde. Wengler kann sich erinnern, wie er als kleiner Bub immer zur Kegelbahn kam, um sich als Kegelbub ein kleines Taschengeld zu verdienen. Die Leute trafen sich zum geselligen Zusammensein nicht nur in den Gasthäusern, sondern kamen auch zum „Horngarten" in den Stuben der Höfe zusammen. Dort wurde aufgetanzt und Most getrunken, den die Bauern selbst erzeugten.

An den Sommerabenden nach der harten Arbeit in der Erntezeit saßen die Leute auf den Hausbänken vor den Höfen zusammen. Oft kamen auch die Nachbarn einfach aufs Geradewohl auf einen Plausch herüber.

Die Zechen trafen sich meist in den Gasthäusern.

145

Beim Dreschen staubte es kräftig

Bereits im Kindesalter musste Johann Wimmer aus Palting am Hof mitarbeiten. Sein Vater ging einem kleinen Nebenerwerb nach und fuhr die Milch des halben Ortes mit dem Pferdewagen in die Käserei.

Kaum legten die Kinder die Schultasche nach der Schule beiseite, wurde das Schulgewand gegen das Werktagsgewand getauscht.

Eine der Arbeiten der Kinder war das Auflegen der Strohbänder für das Binden des Weizens. Die Dienstboten glaubten den geschnittenen Weizen zusammen und banden ihn mit den langen Strohbändern zu Garben zusammen. Diese wurden in einer so genannten Öse in der Tenne bis zum

Es war üblich, beim Dreschen solche Bilder anfertigen zu lassen.

Dampferdreschen im Herbst gelagert.

Beim Dampferdreschen waren viele Arbeitskräfte notwendig um einen reibungsfreien Ablauf zu sichern. Zwei hatten die Aufgabe, die Garben aus dem Lagerraum auf den Dreschwagen zu bringen. Am Dreschwagen waren drei weitere Helfer beschäftigt. Einer zog die Garben hoch, der Nächste schnitt die Strohbänder auf und der dritte gab dem Maschinisten den Weizen zu. Zwei Leute waren mit dem Abtragen, also mit dem Wegtragen der Säcke, beschäftigt. Weitere drei brachten das Stroh in eine „Öse". Dann gab es noch das „Gfrastweibi", das die staubige Aufgabe hatte, die Korngräten wegzubringen. Auch waren drei Maschinisten damit beschäftigt, die Maschinen in Gang zu halten. Je einer war zuständig für den Dreschwagen, den Dampfer und die Presse. Bevor die Pressen aufkamen, wurden Garben gebunden. Besonders wenn es regnete, konnte es passieren, dass der Riemen, der den Dreschwagen antrieb, herunterrutschte. In solchen Fällen wurde improvisiert und ein Dach über dem Riemen errichtet. Wenn die Maschine versagte, konnten die Helfer eine uneingeplante Pause genießen. Diese konnte oft länger dauern, denn waren Ersatzteile zu besorgen, mussten diese erst mit dem Fahrrad in Mattighofen geholt werden. Geschah dies am Nachmittag, konnte man damit rechnen, dass das Dreschen für diesen Tag vorbei war.

Zu Fuß heim vom Plainmarkt

Eine nicht sehr leichte und unbeschwerte Kindheit erlebte die alte Fareberi z'Neckreith, Johanna Stockhammer aus Perwang.

Sie wurde 1913 geboren und verlor schon im Alter von einem Jahr ihre Mutter. Danach kam sie zu ihren Großeltern beim Fareber. „Der Hausname rührt daher, dass hier noch im vorletzten Jahrhundert einmal eine Färberei war",erklärt sie. Nur ein kleines Sacherl mit drei Joch Grund und zwei Kühen im Stall bewirtschaftete man beim Fareber. Leben konnte man freilich davon auch nicht, daher war schon ihr Großvater als Zimmermann unterwegs. Auch ihr

Mann Franz übte dieses Handwerk aus. „Mit dem Moped fuhr er immer zum Bau, denn den Autoführerschein hat er nie gemacht", erzählt Johanna.

Der Viehmarkt nahe der Wallfahrtskirche Maria Plain.

Die Arbeit zu Hause blieb immer ihr ganz alleine, da die Großeltern auch schon alt waren. Mit dem Radlbock brachte sie das Heu ein, denn ein Traktor kam erst Ende der Sechzigerjahre auf das Sacherl. Auch bei fünf Bauern der Umgebung bearbeiteten die Fareberleute so genannte „Verlassäcker", wo Kartoffel und Rüben gepflanzt wurden. „Dafür mussten wir einige Tage bei der Ernte und beim Drusch helfen", erinnert sich die alte Johanna noch gut.

Wenn wieder eine Kuh zum nachschaffen war, ging man damals zu den traditionellen Viehmärkten. Am Simonimarkt in Mattsee wurde ab und zu eine Kuh gekauft. Beim Fareber hielt man immer zwei Pinzgauerkühe und da das Futter immer knapp war, holte die Kälber immer gleich der Viehhändler.

„Einmal da kauften wir sogar eine Kuh am Plainmarkt, der immer um Laurenzi war und in der Gemeinde Bergheim unweit der Wallfahrtskirche Maria Plain abgehalten wurde. Den ganzen restlichen Tag haben wir gebraucht, um die Kuh die 25 Kilometer nach Perwang herauszutreiben. Da und dort haben wir sie auch wieder fressen lassen", erzählt sie. Zum Vieheinkauf nahm man oft einen viehkundigen Nachbarn mit, der sich auch ein wenig aufs Handeln verstand. Wenn eine Kuh stierig war, wurde sie zum Reiderbauern hinüber getrieben. Das Deckgeld von zehn Schilling bezahlte die alte Fareberin Jahrzehnte lang.

147

Fünfmal am Tage wurde gegessen

Im Jahr 1944 heiratete Maria Kreil zum Lenzbauer nach Pfaffstätt. Ihr Mann, der 1941 eingerückt war, bekam für die Hochzeit drei Tage Urlaub.

Aufgewachsen ist sie ebenfalls in Pfaffstätt, beim Glaserbauer. Viele Kinder im Ort mussten bereits im Alter von zehn Jahren an den Höfen arbeiten, erinnert sie sich. Nach dem Stallgehen gingen sie in die Schule, und danach ging die Arbeit wieder weiter. Wenn die Kinder, die zu Hause arbeiten mussten, sehr dreckig in die Schule kamen oder nach Stall stanken, schickte der Lehrer sie zum Waschen zur Mattig hinunter. Die Klassen waren sehr groß und es gab in der ganzen Schule nur eine Lehrperson. So musste ein Teil der Kinder die Schule am Vormittag, ein Teil am Nachmittag besuchen. An ihrem elterlichen Hof war immer einiges los, weiß Frau Kreil zu erzählen.

Die Kinder aus dem Ort kamen immer zum Spielen an den Hof. Aber auch die Nachbarn kamen sehr oft auf einen Plausch mit der Mutter oder mit dem Vater vorbei.

Vor dem Krieg ermöglichten ihr ihre Eltern den Besuch der Haushaltungsschule in Salzburg. Doch nach dem Einmarsch 1938 ging das Gebäude in Staatsbesitz über und die Schule wurde aufgelöst. Ihr Vater, der Bürgermeister von Pfaffstätt war, wurde nach dem Anschluss sofort abgelöst und die Gemeindekasse von den Nazis beschlagnahmt.

Da früher viele Menschen am Hof beschäftigt waren und diese von der schweren und harten Arbeit hungrig waren, war die Bäuerin einen Großteil der Zeit damit beschäftigt, diesen die Mahlzeiten, die sie sich redlich verdient hatten, zu bereiten. Die erste

Zwischendurch gönnten sich die Erntearbeiter eine Jause auf dem Feld.

Mahlzeit am Tag war das Frühstück. Dieses wurde nach dem Stallgehen, im Sommer um sechs im Winter um sieben Uhr, eingenommen, meist gab es Kartoffelsuppe. Die nächste Mahlzeit war die Neunuhrjause, bei der es Brot und die Wuchteln gab, die vom Vortag übergeblieben sind; getrunken wurde im Sommer Most und im Winter Tee. Bereits um elf Uhr war es zum Mittagessen. Statt der Suppe wurde eine Schüssel Sauerkraut aufgetragen. Zur Hauptspeise gab es Knödel, hin und wieder auch Grammel- oder Speckknödel und manchmal Fleisch dazu. Zur Nachmittagsjause wurde dann um drei Uhr gerufen. Dazu gab es meist Brot, Butter, Käse, und in der Erntezeit Geselchtes und Wurst. Zum Abendessen um sieben Uhr wurden Kraut, kalte Milch und roggerne Nudeln, am Samstag weizerne Nudeln, aufgetischt.

Die Mägde mussten jeden Samstag die Küche und die Geräte, die zur Arbeit im Stall dienten, sauberst reinigen. Darauf wurde besonderer Wert gelegt. Die Männer kehrten am Samstag den Hof.

In der Erntezeit halfen Taglöhner bei der Ernte. Dies waren meist Frauen, deren Männer in den Fabriken im nahen Mattighofen zur Arbeit gingen. Als Lohn genügte ihnen oft nur eine Mahlzeit, zu der sie auch ihre Kinder mitnahmen. Einige Taglöhner kamen, wenn es zum Mähen war, um zwei Uhr in der Früh und arbeiteten bis sechs. Danach gingen sie zu Fuß in die Fabrik und arbeiteten dort bis sechs Uhr am Abend.

Oft bekamen die Tagwerker auch einen Fleck Land, den so genannten Krautacker, auf dem sie Erdäpfel und Kraut für den Eigenbedarf pflanzten. Den Preis für das kleine Stück Land mussten sie beim Bauern abarbeiten.

Auf dem Hof des Lenzbauer in Pfaffstätt.

Bauernhochzeiten waren Ereignisse

1940 kam Elise Lehenauer als Dienstbotin zum Wirt in Hart und heiratete später den Wirt. Besonders gut kann sie sich noch an die großen Bauernhochzeiten erinnern, die früher im Saal des Gasthofes stattfanden. Die Hochzeiten begannen immer bereits am Vormittag um zehn Uhr. Nach der Brautmesse begab sich die Hochzeitsgesellschaft in Pferdekutschen zum Gasthof. Die Baumänner und die Pferdeknechte schmückten zu diesen Anlässen Ross und Wagen immer recht besonders schön, denn jeder wollte mit dem schöneren Gespann vorfahren. Beim Gasthof gab es eigens Stallungen, in denen die Pferde untergestellt werden konnten. Die Braut und die Kranzljungfrauen wurden vom Wirt und dessen Baumann abgeholt, in die Kirche und anschließend zum Gasthof gefahren. Auch von den Bäuerinnen wollte eine schöner sein als die andere. Meist nahmen diese zu den Hochzeiten zwei verschiedene Gewänder mit. Das schönere von beiden trugen sie in der Kirche. Nachdem sie im Gasthof angekommen waren, zogen sie sich die leichtere Kleidung an, um besser tanzen zu können. Die Baumänner, die die Bäuerinnen brachten, durften auch mit diesen tanzen. Nach dem Tanz führten sie die Bäuerin auf ihren Platz zurück und bekamen von ihr immer etwas zu trinken. Als Lohn, dafür, dass der Baumann die Bäuerin zur Hochzeit fuhr, bekam er das Essen von ihr bezahlt. Die Bauern kamen meist erst später zur Hochzeit, da erst die Arbeit am Hof erledigt

Hochzeiten und Hochzeitsjubiläen waren Großereignisse, von denen man noch in der nächsten Generation sprach.

150

werden musste, und auch an den Samstagen bis zum Abend gearbeitet wurde. Diese blieben dann auch bei der Hochzeit meist in der Stube unter sich. Die Braut war verpflichtet als Gegenleistung dafür, dass die Bäuerinnen auf ihrer Hochzeit waren, auf jede Hochzeit zu gehen, zu der sie geladen war. Ließen es die Umstände nicht anders zu, schickte sie eine Schwester, Tochter oder Dirn anstatt ihrer auf die Hochzeit. Auch die Zechen durften auf den großen Hochzeiten nicht fehlen. Des Öfteren kam es zu Raufereien zwischen den rivalisierenden Gruppen. Grund dafür war meist der Streit um die Gunst eines Mädchens.

Auf den Hochzeiten wurde auch für das leibliche Wohl bestens gesorgt. Zu Mittag gab es zumeist Hirnsuppe und einen Schweinsbraten. Als nächste Mahlzeit gab es die Nachmittagsjause zu der es Rindsbraten gab. Zum Abendessen gab es noch als Stärkung einen Kalbsbraten, Kaffe und Kuchen. Der Kaffee wurde bereits in der Früh zubereitet, da untertags keine Zeit mehr dafür gewesen wäre, denn es bedurfte eines großen Arbeitsaufwandes die drei ausgiebigen Mahlzeiten für die meist mehr als über hundert Hochzeitsgäste zu bereiten. Die Speisen wurden von den Kellnerinnen auf ovalen Platten in den Saal gebracht. Dort waren die Tische bereits gedeckt. Nach dem Essen wurde abgeräumt und die Teller abgewaschen. Zwei Helferinnen waren den ganzen Tag damit beschäftigt die Teller und das Besteck abzuwaschen, damit der Tisch rechtzeitig zur nächsten Mahlzeit wieder gedeckt werden konnte. Die Kellnerinnen und Köchinnen wurden jedoch für ihre harte Arbeit, die sie den ganzen Tag über leisten mussten, zu später Stunde noch dafür belohnt. Denn nachdem die Musik im Saal zu Spielen aufgehört hatte, wurde in der Küche und in der Stube zum Küchentanz aufgespielt und meist bis spät in die Nacht das Tanzbein geschwungen.

Schmiedemeister mit seinen Gehilfen bei der Arbeit.

Das ganze Jahr auf ein Rad gespart

Im Jahre 1937, als Josef Rachbauer mit dreizehn Jahren aus der Schule kam, begann seine Landarbeiterlaufbahn als Stallbub bei einem Bauer in Imolkam. Er war ein lediges Kind und wuchs beim Bruder seiner Mutter auf. „Als Stallbub lernten wir alle Arbeiten, die man als Knecht später brauchen konnte," erzählt Rachbauer.

Im Jahre 1941 machte er die landwirtschaftliche Gesellenprüfung. Im Laufe der Jahre arbeitete er sich vom Stallbuben über den Läufi zum Mitterknecht empor. Das erste Jahr als Stallbub bekam er einen Jahreslohn von achtzig Schilling. Doch von diesem Geld verbrauchte er übers Jahr keinen Groschen, sondern sparte es. Er hatte ja fast keine Ausgaben, da er fürs Essen, das er am Hof bekam nichts zu bezahlen hatte und auch dort die Kleidung bekam. Das Gewand wusch ihm die Mutter, die am Nachbarhof arbeitete. Auch sonst hatte er keine Ausgaben, da der Stallbub am Abend nach dem Strohschneiden ins Bett musste.So konnte er sich am Ende des Jahres von dem ersparten Geld ein Fahrrad kaufen. Das Rad war für ihn eine große Errungenschaft. Doch auch mit dem Rad kam er nicht weiter als über den Ort hinaus, in dem sich das ganze Leben abspielte.

Die Jugend war sehr aktiv und traf sich oft zu den verschiedensten Unterhaltungen, wie zum Beispiel zum Tanzen. Wurde erst einmal getanzt, dann dauerte es meist bis spät in die Nacht. Ohne die Begleitung des Bruders oder des Freundes gingen die Mädchen nicht auf solche Veranstaltungen. Die Burschen forderten die Mädchen, die rund um den Tanzboden saßen, zum Tanzen auf. Jene Mädchen, die beliebter waren, kamen so öfter zum Tanzen, als jene,

Die Kleidung der Landbevölkerung war sauber und schlicht.

die nicht so großes Ansehen genossen, sie blieben oft sitzen ohne oft ein einziges Mal zum Tanz aufgefordert worden zu sein.

An so manchem Abend, an dem die Burschen zusammensaßen, fassten sie den Beschluss zum Fensterln zu gehen. Es war immer ein großer Spaß, wenn mehrere zusammen waren, erinnert sich Josef Rachbauer. Doch, wenn es mit einer ernst wurde, ging man lieber alleine hin.

Die Mägde schliefen in der Dirnkammer. Die Knechte mussten mit einem Strohsack in der Diele im ersten Stock als Nachtlager vorlieb nehmen. Wenn es im Winter kalt wurde, deckte man sich mit der warmen Pferdedecke zu. Doch krank wurde damals so gut wie niemand. Erkrankte einer dennoch, kam der Arzt an den Hof. Die Kosten waren durch die Gemeindekrankenkasse, in die der Bauer für die Dienstboten die Beträge zahlte, gedeckt.

Nach dem Krieg wurde Rachbauer Mitterknecht beim Hofbauer in Imolkam, bei dem er auch zuvor schon einige Jahre gearbeitet hatte. Im Jahre 1953 begann sich Josef Rachbauer sein eigenes Heim zu bauen. Damals war es eine Besonderheit, sich als Dienstbote ein Haus zu errichten. Es war kein leichtes Unterfangen, doch Rachbauer bekam alle erdenkliche Unterstützung. Besonders der Hofbauer, bei dem er damals schon seit zehn Jahren im Dienst stand, griff ihm kräftig unter die Arme. Der Bauer bot Rachbauer an, wenn er noch weitere zehn Jahre am Hof bleiben würde, würde er ihm den Grund schenken. Rachbauer blieb und bekam das Grundstück kostenlos, als er 1963 den Hofbauer verließ. Als er dem Dienstbotenleben den Rücken kehrte, war er einer der letzten Knechte in der Gegend gewesen.

Wenn auch die Bilder aus jener Zeit erblassen, die Erinnerungen sind wach.

Die Kinder ordentlich erzogen

Die Scheckbäuerin in St. Johann, Theresia Feichtenschlager, hat sich den Kindersegen vernünftig eingeteilt. Von den acht Kindern folgten jeweils Bub auf Mädchen. „Das hatte auch Sinn", gesteht die Altbäuerin. „Denn nur so konnten wir die Kleidung, die ein Kind jeweils zwei Jahre getragen hat, an das nächste Mächen oder den nächsten Buben weitergeben". Es war zu wenig Geld da, um jedem einzelnen Kind für seine Größe Kleidung und Schuhe zu kaufen. Sie mussten eben weitergereicht werden. Die Kinder hatten einen anderthalb Kilometer langen Schulweg zweimal täglich zurückzulegen.

Während des Gespräches blättert Theresia Feichtenschlager interessiert im Fotoalbum und weiß über jedes der Kinder eine Geschichte, die besonders prägnant in Erinnerung blieb.

Die Mutter hatte alle Kinder von klein auf nach besten Möglichkeiten durch das junge Leben begleitet und so wurden auch aus allen Kindern ordentliche Staatsbürger, die ihren Platz in der Gesellschaft haben, ob als Bäuerin oder als erfolgreicher Unternehmer oder sonst.

Der landwirtschaftliche Betrieb hatte erst drei Kühe, später mehr als 20 Rinder umfasst. Die erste Maschinisierung erfolgte in den Sechzigerjahren; es kamen nach und nach die Mähmaschine, der Kreiselheuer, der Ladewagen usw. auf den Hof.

Es gab eine Zeit, in der vierzehn „Mäuler" zu versorgen waren: Das waren die Kinder, die Eltern und die Kinder eines Sohnes, dessen Frau ganz jung gestorben war.

Heute lebt Theresia Feichtenschlager bei einem ihrer Söhne und freut sich, wenn sie von ihren Kindern und Schwiegerkindern eingeladen wird.

Erstkommunionsfeiern waren früher so wie heute ein besonderes Ereignis in der Kindheit.

Nachts für die Flüchtlinge gearbeitet

Der Zaunerschuster Josef Zauner in Kirchberg, Gemeinde St. Pantaleon, war einer der letzten Störschuster im Oberen Innviertel. Eine seiner sieben Töchter ist Johanna Pfeffer, die über die Familie erzählt.

Um die Jahrhundertwende kam Zauner aus der Nachbargemeinde St. Georgen, nachdem er in Piesendorf im Pinzgau, wo sein Onkel Pfarrer war, das Schusterhandwerk erlernt hatte, nach Kirchberg, wo Genoveva Kern und er heirateten und ein altes Holzhaus erwarben. Aber schon bald brannte das Haus ab. Die Mutter konnte das kleine Kind gerade noch retten und in das angrenzende Kornfeld legen.

Dem Buben Josef, der später eine Schusterei in St. Georgen eröffnete, folgten sieben Mädchen. „Schmalhans" war deshalb oft zu Gast in dieser Familie. Doch bald war das Haus wieder errichtet und der Schuster konnte seiner Arbeit nachgehen.

Der Zaunerschuster war ein sehr sozial eingestellter Mann. Tagsüber war er in der Umgebung als Störschuster unterwegs. Er kam zu den Bauern, um für die Familien seiner Auftragsgeber und deren Dienstboten Schuhe anzufertigen oder zu flicken. Oftmals wurde er mit Lebensmitteln bezahlt. Diese tauschte er insbesonders in der Kriegszeit oder auch danach wiedrum im nahen Salzburg gegen Leder um, mit dem er Schuhe anfertigte.

„Ich wachte nachts oftmals auf, wenn der Vater in der Werkstätte hämmerte", weiß Johanna Pfeffer zu berichten. „Dann hat er immer für die armen Flüchtlinge gearbeitet, um ein wenig Geld, versteht sich. Er war damals schon an die 80 Jahre alt". In der großen Familie wurden auch eine blinde Base und ein unverheirateter Bruder der Mutter von Johanna Pfeffer aufgenommen und lebten mit.

Zum Familienbild des Zaunerschusters gehörten neben der Frau und den Kindern auch der Hund „Tschakei".

Brandstifter zündete Heustadl an

Im Jahre 1961 übernahmen Gottfried und Anna Pell den Hof in St. Peter. Bereits 20 Jahre vorher, im Jahre 1941, kam der erste Traktor, ein 11er Deutz an den Hof. Dies war die erste große technische Errungenschaft, welche die Arbeit am Hof wesentlich erleichterte, denn vorher mussten die Kühe zum Ziehen der Wägen und des Pfluges abgerichtet werden.

Als Bub musste Pell immer mit den Kühen fahren. Besonders schwierig war das Heufahren, denn die Bremsen waren sehr lästig. Die Kühe wurden dann unruhig und man tat sich schwer, sie ruhig zu halten. So konnte es passieren, wenn eine Bremse zustach, dass die Kuh einen Ruck nach vor machte und die Fasserin vom Wagen fiel.

Der selbstgemachte Most wurde im Keller gelagert. Außerdem wurden im Keller noch die Erdäpfel und die Futterrüben aufbewahrt. Die Rüben, die im Keller keinen Platz hatten, muss-

ten auf dem Feld eingemietet werden. Dazu wurden kleine Gruben ausgehoben, diese mit den Rüben gefüllt, Stroh darüber gegeben und mit Erde zugeschüttet. War es sehr frostig, gab man obendrauf noch warmen Mist, damit das Ganze nicht einfriert. Im Frühjahr wurden die Rüben wieder ausgegraben und verfüttert. Auch die Samenerdäpfel wurden auf diese Art und Weise gelagert.

Das Fleisch wurde eingesurt oder geselcht, um es haltbar zu machen. Im Dachboden war am Kamin ein kleines Kammerl angebaut, das über Schlitze mit dem Rauchfang verbunden war. Dort wurde das Fleisch geselcht. Das Sauerkraut, das damals eines der Hauptnahrungsmittel war, wurde mit Holzschuhen in ein Fass hineingetreten, um es länger haltbar zu machen. Das Obst wurde gedörrt, damit man im Winter auch noch etwas davon hatte.

Zu Weihnachten gab es dann Klet-

Harter Arbeitseinsatz, bevor die Dreschmaschine das Innviertel eroberte.

156

zenbrot. Bevor die Tiefkühltruhe in den Höfen des Ortes Einzug fand, gab es noch ein Tiefkühlhaus, in dem jeder Bauer, der Mitglied der Genossenschaft war, sein eigenes Fach hatte. Die Tiefkühltruhe war dann die Lösung aller Haltbarkeitsprobleme und brachte eine große Arbeitserleichterung mit sich.

Im Jahre 1956 kauften fünf Bauern aus St. Peter, darunter Gottfried Pell, den ersten Mähdrescher. Dieser selbstfahrende Drescher der Marke Massey-Harris stellte eine kleine Sensation dar. Als das ersten Mal damit gedroschen wurde, kamen eine Menge Leute zum Zuschauen. Dieser Mähdrescher hatte noch keinen Tank und die Getreidekörner mussten von einem Helfer hinten auf der Bühne in Säcke gefüllt und abgworfen werden. Nach dem Dreschen wurden die Säcke dann vom Feld aufgesammelt.

Aus seiner Kindheit kann sich Pell noch daran erinnern, als der Stadl des Hofes ein Raub der Flammen wurde. Der Vater vermutete sofort, dass dieser angezündet worden wäre. Gottfried Pell kann sich noch lebhaft erinnern, wie der Vater in der Küche, noch in der Brandnacht, zur Mutter sagte, dass er den Michl Haltbauer nicht trauen würde, und er glaube, dass dieser den Stadl angezündet hätte. Michl saß, während der Vater diesen Verdacht äußerte, mit seinen Feuerwehrkameraden in der Stube bei der Jause, die diese als Dank für ihre Hilfe von der Bäuerin bereitet bekamen. Nachdem in der Gegend mehrere Höfe, immer in der Nacht, von Samstag auf Sonntag, ein Raub der Flammen wurden, und dies immer Höfe waren, auf denen der Haltbauer Michl als Dampfmaschinist nicht gedroschen hatte, so fiel der Verdacht immer mehr auf ihn. Außerdem war er immer der Erste, der, nachdem die Glocken der Kirchen Arlam schlugen, weil es noch keine Sirenen gab, bei der Zeugstätte auftauchte. Noch bevor man ihm etwas nachweisen konnte, floh er nach Simbach, wo er weiter brandschatzte. Doch dort wurde er bald erwischt und verurteilt. Insgesamt konnten ihm sechzehn Brände nachgewiesen werden.

Portrait eines Innviertler Bauern. Die Pfeifen sind mittlerweile eher nur in den Museen zu finden.

Fremdarbeiter halfen unterm Krieg

In den Kriegsjahren zwischen 1938 und 1945 waren an den Höfen in St. Radegund sehr viele Fremdarbeiter beschäftigt, um den Arbeitsausfall der Männer, die im Krieg aus waren zu ersetzen," erinnert sich Johann Graf, Moossimmerlbauer aus St. Radegung. Als Erste kamen serbische Kriegsgefangene in den Ort. Der Kontakt mit diesen außerhalb der Arbeit war strengstens verboten. Danach kam ein Ehepaar aus der Ukraine an den Hof. Diese wurden zusammen mit vielen anderen arbeitsfähigen Ukrainern und Ukrainerinnen aus ihrer Heimat nach Deutschland verschleppt. Der Mann war sehr intelligent und hatte wahrscheinlich auch studiert. Da der Nachbar des Moossimmerl im Ersten Weltkrieg in russischer Gefangenschaft war, konnte dieser zwischen den Ukrainern und den Einheimischen übersetzen. Auch die Schwestern von Johann Graf lernten in den drei Jahren, in denen die Ukrainer am Hof waren die russische Sprache ein wenig. Als für das Ukrainische Paar der erste Winter in Österreich vor der Tür stand brachten sie die Betten aus dem Schlafzimmer in die Stube, da sie geglaubt hatten, dass die Winter in Österreich ähnlich kalt wie die Wintermonate in ihrer Heimat werden würden. Damit es nachts nicht zu kalt wurde, legten sich die Menschen in der Ukraine alle in einem geheizten Raum zusammen. Auch so manch andere für die St. Radegunder seltsam anmutende Sitte, brachten die beiden aus ihrer

**Gruppenbild
mit Dame.**

Heimat mit, so verließen sie die Stube, wenn es vor und nach dem Essen zum Beten war und warteten im Vorhaus, da sie ja orthodoxen Glaubens waren. Eines Tages stellte sich heraus, dass die Ukrainerin schwanger geworden war. Im hochschwangeren Stadium wurde sie nach Linz transportiert. Keiner wusste, warum sie dorthin transportiert wurde. Die Frau musste dort Schreckliches gesehen haben, aber keiner erfuhr je, was ihr unter die Augen kam. Doch sie konnte zum Glück fliehen. Per Bahn und zu Fuß kehrte sie nach St. Radegund zurück, wo sie ganz verstört zum Hof des Moossimmerlbauern kam. Dort fiel sie der Mutter des Johann Graf um den Hals und bat diese um Hilfe. Der Vater und die Mutter wandten sich an den Bürgermeister. Dieser beschloss gemeinsam mit dem Postenkommandanten von Ostermiething sich in dieser Sache ruhig zu halten, solange von Oben nichts nachkommen würde.

Die Ukrainerin gebar das Kind am Hof und konnte bis zum Ende des Krieges am Hof versteckt bleiben. Überhaupt unterstützte der damalige Bürgermeister von St. Radegund die Landbevölkerung sehr. Zum Beispiel schaute er, dass die Einrückungen bis zum letzt möglichen Termin aufgeschoben werden konnten und stellte viele Gesuche um Ernteurlaub nicht nur für Bauernkinder, sondern auch für Tagelöhner aus.

Auch war der Zusammenhalt unter den Bauern im Ort während der damaligen Zeit sehr groß. Es kam nicht vor, dass sich Bauern gegenseitig anschwärzten, wenn zum Beispiel einer eine zweite, nicht registrierte, Sau schlachtete. Die Schweine die nicht registriert waren, mussten versteckt gehalten werden. Sich ein solches Schwein zu halten war nicht ungefährlich, doch es war notwendig um genügend zum Essen zu haben. Kam ein Gendarm, die ja damals noch zu Fuß unterwegs waren, an den Hof, konnte man nur hoffen, dass sich die unregistrierte Sau still hielt, und der Gendarm nicht auf sie aufmerksam wurde.

„Und sinnend stand der Alte da, als dachte er vergangener Zeiten nach": Alois Wallnek, der bekannte Viehheilpraktiker beim Winklerschacher in Fucking.

Die Rangordnung der Dienstboten

Im Jahre 1947 heirateten Josef Stranzinger aus St. Veit seine Frau, die den Hof erbte, den die beiden im Jahre 1952 sodann übernahmen. Bevor sie heirateten, wurden sie von den Besitzern des Hofes adoptiert, damit der Name Stranzinger am Hof erhalten blieb.

Man lebte vom Verkauf der Eier der über hundert Hühner, vom Rahmverkauf und vom Verkauf des Getreides. Am Hof waren früher viele Dienstboten beschäftigt. Der Erste von den Dienstboten war der Mitterknecht. Der Bauer besprach mit ihm die Arbeit. Der Mitterknecht teilte dann die Arbeit unter den anderen Dienstboten ein. Er war bei der Ernte für das Auflegen der Fuhren verantwortlich. Beim Mähen ging er als Erster. Dannach kam in der Hierarchie der Läufi oder Kleinknecht. Er unterstützte den Mitterknecht bei seinen Arbeiten.

Bei der Ernte war er für das Abladen der Fuhren verantwortlich. Die Arbeiten des Baumanns übernahm am Hof des Josef Stranzinger der Bauer selbst. Der Baumann kümmerte sich vorwiegend um die Pferde. Bei der Ernte fuhr er die Fuhren mit den Pferden nach Hause. Auch die Feldarbeiten, wie das Pflügen, wurden von ihm erledigt. Als Letzter in der Rangordnung, auch noch hinter den Dirnen, kam der Stallbub. Dies war meist ein Bub, der gerade aus der Schule gekommen war. Er war so eine Art Lehrbub. Als Stallbub wurde er mit all den Arbeiten die auf so einem Bauernhof anfielen vertraut gemacht. Er musste sich vom Stallbub

„Aus dem Leben gegriffen und für ein Foto aufgestellt".

zum Knecht hocharbeiten.

Während des Zweiten Weltkrieges, in der Zeit in der alle Knechte eingerückt waren passierte es, erinnert er sich, dass ein Stallbub in einem durch zum Mitterknecht wurde.

Bei den weiblichen Dienstboten war die Großdirn die Erste. Sie war für den Stall und die Kühe verantwortlich. Eine ihrer Hauptaufgaben war das Melken. Außerdem war sie die rechte Hand der Bäuerin, musste ihr zum Beispiel beim Brotbacken helfen. Außerdem war es ihre Aufgabe, dem Großknecht das Bett zu machen. Dafür bekam sie zu Lichtmess ein kleines Geschenk als Dankeschön von ihm. Bei der Ernte war sie für das Schlichten, das „Fassen" der Ernte am Wagen zuständig.

Die Kleindirn hatte das Jungvieh über und half der Großdirn beim Melken.

Der Bäuerin stand in der Küche das so genannte Kucherl zur Seite. Diese war auch meist sehr jung, da Mädchen, die mit 14 aus der Schule kamen zuerst die Aufgabe des Kucherls, wo sie alles lernten zugedacht bekamen. Es war so ähnlich wie beim Stallbuben. Sie war für das Abwaschen zuständig und brachte das Holz in die Küche.

Beim Mähen gab es eine eigene Rangordnung. Ganz vorne ging der Mitterknecht, dahinter der Läufi, dann der Baumann, in diesem Fall der Bauer selbst, danach kamen die Großdirn und die Kleindirn und ganz am Schluss ging der Stallbub.

Die Dienstboten wurden alle am Hof versorgt. Sie aßen in der Stube. Der Bauer und die Bäuerin aßen in der Küche.

Mit dem Einsatz der Mähdrescher wurde das Arbeiten in der Landwirtschaft wesentlich erleichtert.

161

Häuser waren einfach eingerichtet

„Zu den Mahlzeiten versammelten sich die Hausleute, die Kinder und die Dienstboten um den großen Tisch in der Stube," erzählt Josef Priewasser aus Furth. Zum Frühstück gab es meist eine Suppe, die jeder aus der großen Schüssel, die am Tisch stand, löffelte. Auf der Unterseite der Tischplatte konnte jeder seinen Löffel, den er jeden Tag hernahm, befestigen. Die Gabel und die Messer wurden in der Tischlade aufbewahrt. Rund um die Stube verlief an der Wand eine Bank. Auf dieser saß man am Abend nach getaner Arbeit zusammen. Auch ein Sofa und ein Kasten, in dem das schönere Geschirr und das Kaffeegeschirr aufbewahrt wurde, standen in der Stube. Der Kachelofen in der Stube hatte noch einen Anbau, der als Sesselofen bezeichnet wurde, auf dem auch gekocht werden konnte. In der Küche stand ebenfalls ein Ofen. Im Schiff wurde Wasser

Alte Stube, wie sie im Heimathaus Schalchen anzusehen ist.

miterhitzt, das zum Waschen verwendet wurde. War es zum Waschen goss man das warme Wasser in die Waschschüssel.

Die Hausleute wuschen sich im Haus, die Dienstboten im Stall. Unter den Arbeitsflächen in der Küche befanden sich Regale für das Geschirr, die mit einem Vorhang verdeckt waren. Die Teller und Schüssel wurden im Schüsselkorb, der an der Wand befestigt war, aufbewahrt. Außerdem war noch eine kleine Speisekammer in die Küche eingebaut in die Eier, Schmalz und auch das eingesurte Fleisch aufbewahrt wurden. Die restlichen Lebensmittel wurden im Keller aufbewahrt. Hier lagerte auch der Most. Im Herbst wurde der Most aus den Früchten des Obstgartens mit der Mostpresse, die im Vorhaus stand, gepresst. Vom Vorhaus führte eine Treppe in den oberen Vorraum, die Diele. Dort standen die drei Mehltruhen. Von der Diele aus konnte man die Schlafzimmer erreichen, das Zimmer der Hausleute und der Kinder, die Dirn- und die Knechtkammer. Die Leute schliefen auf Strohsäcken, die mit einem Leintuch überzogen waren. In Schlafzimmern standen auch noch die Kästen. Jeder Dienstbote besaß damals seinen eigenen Kasten und öfter auch noch eine Truhe dazu. Jedes Mal wenn er an einen anderen Hof wechselte, gab er seine ganzen Habseligkeiten in den Kasten und nahm diesen mit. Zu Maria Lichtmess fuhr der Dienstbote, dann seinen Kasten mit dem Pferdegespann an den neuen Hof.

Nachbarschaftshilfe beim Neubau

Das Roboten war in Schwand bis Ende der Achtzigerjahre gang und gebe, erinnert sich Herr Reschenhofer. Wenn zum Beispiel ein Nachbar neu gebaut hat oder abgebrannt war, halfen die Nachbarn und Verwandten bei der Errichtung des Gebäudes zusammen. Die Bäuerin sorgte dafür, dass die Helfer bestens mit Essen und Getränken versorgt waren. Zum Löschen des Durstes gab es früher fast ausschließlich Most, der am Hof selbst hergestellt wurde, später trank man eher Bier. Krönender Abschluss dieser Bautätigkeiten war immer die Firstfeier.

Einen Tag bevor der First aufgestellt werden sollte, wurde der Firstbuschen gestohlen und an einem Nachbarhof versteckt. Der Hausherr musste nun den Firstbaum mit dem Pferdewagen suchen fahren. Es schloss sich meist eine Schar von Helfern an, da man bei jedem Hof, bei dem gesucht wurde, etwas zu trinken bekam. Am Hof zurück angekommen, gab es immer etwas besonders Gutes zu essen, meist einen Braten und Gebackenes. Der Hausherr hatte auch den Firstbuschen mit Zigaretten und Geld zu behängen, als Lohn für die Maurer und Zimmerer. Für die Lehrlinge wurden meist Schokolade und Brezen hinaufgehängt. Da der Vater schlecht sah, hatte Reschenhofer als Kind die Aufgabe, zu Mittag und am Abend die Sensen zu dengeln. Das Dengeln war eine sehr monotone Angelegenheit, da konnte es schon passieren, dass man mittendrin einschlief.

An den Abenden vernahm man die Dengelgeräusche von den anderen Höfen der kleinen Ortschaft. Oft hörte man wie einer immer langsamer wurde und man danach kurze Zeit nichts mehr hörte. Dann wusste man, er ist eingeschlafen. Doch die Stille währte meist nur einige Momente und dann dengelte derjenige mit doppelter Geschwindigkeit weiter.

Bei den Neubauten half die ganze Nachbarschaft mit.

163

Gewaschen hat man sich im Stall

Als Ludwig Sommerauer zwölf Jahre alt war, es war im Jahre 1939, starb sein Vater. Da er der älteste Sohn der acht Kinder war, musste er bereits einen großen Teil der Arbeit am Hof übernehmen.

Das alte Wohnhaus war im Erdgeschoß aus Tuffstein gemauert und im ersten Stock aus Holz errichtet. Im Ersten Stock waren drei Schlafzimmer, in denen die acht Kinder, die Mutter und die Großeltern schliefen. Die Kinder mussten meist zu zweit in einem Bett schlafen. Im Erdgeschoß befand sich neben der Küche und der Stubn auch noch die Speis. Im Vorhaus stand ein Leierbrunnen, der das Wasser aus einer Grube in der Wiese neben dem Haus, in die das Wasser hereinsackte, auffing. Vom Vorhaus aus konnte man auch in den Sau- und Ochsenstall gelangen. „Da liefen immer die Ratten in das Haus", erzählt er.

Das Haus wurde im Winter nur durch den Küchenofen geheizt. Die Wärme stieg durch eine Öffnung in der Holzdecke in den oberen Stock.

Der Kuhstall und die Tenne waren ein selbstständiges Gebäude. Neben dem Wohnhaus und dem Stall gab es noch das so genannte Presshaus.

Zeitdokument Abdruschbild: Bauernfamilie mit „Kind und Kegel", die Mitarbeiter am Hof und die Helfer vor der Scheune.

Darin waren die Mostpresse, der Backofen und der Dörrofen untergebracht.

Zum Waschen wurde im Stall eine Schüssel aufgestellt. Das Wasser wurde im Ofenschiff warm gemacht. Auch eine selbst gemachte Seife verwendete man zum Waschen. „Gegenseitig wuschen wir uns den Rücken", erinnert er sich. Wenn man abends auf der Bank saß, hing man die Füße zur Reinigung in einen Kübel.

In den Sechzigerjahren wurden das Wohnhaus und der Stall neu errichtet. Im Jahre 1960 wurde ein Brunnen gegraben, um den Hof mit reinem Wasser zu versorgen.

Neben der Arbeit in der Landwirtschaft übte Sommerauer auch noch den Beruf des Zimmerers aus. „Zur Arbeit sind wir früher immer mit dem Moped gefahren." Auch hatte er noch viele andere Arbeiten und Aufgaben: Als Baumwärter pflanzte er Obstgärten, im Winter schnitt er

Holz und außerdem war er noch Kommandant er Feuerwehr Tarsdorf. Auch war der Maschinist beim Dampferdreschen. Diese Arbeit konnte er gut mit der Arbeit als Zimmerer vereinen, da es im Herbst, wenn es zum Dreschen war, sowieso weniger Arbeit gab.

Im Jahre 1952 kauften sich mehrere Bauern in der Gegend einen Dreschwagen. Auf dem Wagen war alles bereits beisammen: die Presse, der Motor der Strohschneider. Die Maschine wurde mit einem Steyrer-Traktor gezogen, doch der war zu schwach für die schwere Maschine, so blieb man auf den damals schlecht ausgebauten Feldwegen des Öfteren stecken. Seine damals noch junge Frau schreckte sich vor dem Dreschen, da sie für sehr viele Helfer kochen musste. Immerhin waren es 18 Leute gewesen. Es war stets eine große Aufregung, für so viele Menschen kochen zu müssen.

Das Wasser musste auf vielen Innviertler Höfen meist in Kübeln von außen herbeigeschafft werden.

Quartierer – kein leichtes Los

Die ersten Schuljahre musste Ferdinand Schöberl aus Treubach die Schule am Nachmittag besuchen, da die Schule so klein war und es nicht möglich gewesen wäre alle Schüler unterzubringen.

Nachdem er mit zwölf Jahren aus der Schule kam, arbeitete er bis zu seinem zwanzigsten Lebensjahr am elterlichen Hof. In diesen Jahren wurde er mit der Arbeit in der Landwirtschaft vertraut gemacht. Danach wechselte er als Erster Knecht an einen größeren Hof. Dort hatte er eine große Verantwortung zu tragen. Der Bauer trug ihm die Arbeiten auf und er musste die anderen Dienstboten danach einteilen Dafür bekam er auch etwas mehr Lohn als die anderen. Der Lohn wurde immer am Ende des Jahres ausbezahlt. Der Wert des Jahreslohns betrug ungefähr den Wert eines neuen Fahrrades. Kaufte sich einer um seinen Lohn ein

Rad, so hatte er das gesamte nächste Jahr kein Geld zur Verfügung, außer der Bauer schoss ihm etwas vor. Die Dienstboten schliefen in der Knecht- und in der Dirnkammer auf Strohsäcken. Das Bettzeug war aus rupfernen Leinen geschneidert.

Da es damals weder Radio nach Fernsehen gab, unterhielt man sich an den Abenden auf andere Art und Weise. So war es am Donnerstagabend immer zum Tanzen. Dazu traf man sich an einem Hof, der eine große Stube hatte, und es wurde aufgetanzt. Doch länger als bis elf Uhr dauerte diese Unterhaltung nie, da ein jeder am nächsten Morgen sehr bald aufstehen musste.

Ein großes Problem stellten die alten Dienstboten, die nicht zum Heiraten gekommen waren, dar. Sobald sie aus dem arbeitsfähigen Alter kamen wurden sie zu so genannten Quartierern.

Taferlklassler blicken hoffnungsvoll in die Zukunft.

Jeder Bauer war verpflichtet so einen Quartierer für eine gewisse Zeit am Hof leben zu lassen. Die Dauer des Aufenthaltes wurde nach der Größe des Hofes berechnet. Der Bauer musste dem Quartierer einen Platz zum Schlafen geben, und dafür sorgen, dass er etwas zu essen bekommt. Es war ganz unterschiedlich wie die Quartierer an den verschiedenen Höfen behandelt wurden.

Bei manchen Bauern durften sie nicht einmal in der Stube essen und hatten in der Tenne zu schlafen. Auch wurden sie noch zu kleineren Arbeitsleistungen herangezogen. Waren sie überhaupt nicht mehr arbeitsfähig, saßen sie den ganzen Tag auf der Hausbank, ohne dass sich jemand um sie kümmerte. Auch die Bauernknechte, die der Bauer zu Lichtmess nicht mehr weiterbeschäftigte und keine neue Anstellung fanden, hatten es nicht leicht. Ihnen blieb oft nichts mehr anderes über als von Hof zu Hof zu ziehen und um eine kleine Gabe zu bitten. Besonders bei den Höfen, die an den größeren Straßen lagen, klopfte es täglich sogar des Öfteren ans Fenster.

Sehr gut erinnert sich Schöberl noch daran, wie der Viehhändler das erste Motorrad im Ort kaufte: „Wenn er über die Wege fuhr, hörten ihn die Leute schon von Weitem herannahen und flüchteten in die Wiesen.

Wenn er in einen Hof fuhr, rannten die Leute so schnell wie nur irgendwie möglich ins Haus, denn jeder hatte Angst davor, dieser Höllenmaschine zusammengefahren zu werden."

Heimeligkeit strahlt das Holzhaus mit den Balkonblumen aus.

Bettelleute klopften an die Fenster

Noch sehr gut kann sich Kathi Probst an die Bittgänge erinnern, die in der Woche vor Pfingsten stattfanden. An drei Tagen, am Montag, Dienstag und Mittwoch ging man jedes Mal einen anderen Weg durchs Ortsgebiet, so dass man einen Großteil der kleinen verstreuten Ortschaften erreichte. Diese Feldprozessionen fanden ganz früher an den Vormittagen statt, erst später wurden sie auf den Abend verlegt. Für die Kinder war es immer eine große Freude daran teilzunehmen, denn sie bekamen dafür schulfrei. Auch die Dienstboten wurden für die Teilnahme an den Bittgängen freigestellt. So kam immer eine große Schar Leute zusammen, die über die Felder hinwegbeteten. Auf den Bitt-

gängen traf man meist alle Bekannten aus dem Ort, und so konnte es auch das eine oder andere Mal auch sehr lustig werden. Ließ es die Arbeit am Hof nicht anders zu, ging man den Betenden entgegen und marschierte mit ihnen den Rest des Weges mit. Am Ende der Bittgänge fand immer eine Messe in der Pfarrkirche statt. Ein Mal im Jahr fand und findet eine Wallfahrt nach Maria Schmolln statt. Dazu ging man um sechs Uhr von Uttendorf weg um auf neun in der Schmolln zu sein. Vor den Höfen an denen die Wallfahrer vorbeikamen standen die Bauern und schlossen sich den Vorbetenden an. Nach der Messe in der Wallfahrtskirche gab es noch eine Jause im Gasthof. Dazu

Die Wege zu den Höfen mussten von den Bauern selbst errichtet werden.

bekam man von zu Hause ein kleines Jausengeld mit. Auch Dienstboten, die einen guten Bauern hatten, bekamen eine Kleinigkeit für die Jause auf den Weg.

Die Hauptstraßen waren damals die einzigen Wege die geschottert waren. Im Winter musste der ganze Ort bei

Die Wallfahrten und Prozessionen hatten einen besonders hohen Stellenwert im kirchlichen Jahreskreis.

der Schneeräumung mithelfen. Diejenigen, die aus welchen Gründen auch immer nicht mithalfen, hatten dafür zu bezahlen. Die Wege zu den Höfen wurden von den Bauern selbst errichtet. Wenn ein Bauer einen Weg baute, halfen ihm die anderen Bauern, oder schickten einen Dienstboten zur Hilfe. Als Gegenleistung durften diese dann den Weg mitbenützen.

In der Zwischenkriegszeit zogen sehr viele Bettler über die Straßen, klopften an die Fenster der Höfe und erbettelten sich eine Kleinigkeit zu essen oder ein wenig Geld. Die größeren Höfe hatten für diesen Zweck ein eigenes Fenster. Die Nacht konnten die Bettelleute in den Ställen der Höfe verbringen. Am nächsten Morgen zogen sie nach einem kleinen Frühstück weiter.

Nach dem Anschluss an Deutschland sah man immer weniger Bettler über die Straßen ziehen. Doch nach dem Krieg klopfte es dafür um so öfter an die Fenster der Höfe. Viele Soldaten, die auf dem Heimweg waren, zogen durch die Gegend und erbaten sich bei den Höfen eine Kleinigkeit. „In der Früh, wenn wir beim Melken waren, standen meist schon mehrere Soldaten da und warteten auf einen Schluck Milch," erinnert sich Kathi Probst. Sie waren bereits mit der kleinsten Gabe sehr zufrieden und zeigten sich recht dankbar.

Obwohl damals eine so große Menge Bettler durch die Gegend zog, hörte man nur ganz selten, das irgendwo etwas gestohlen worden wäre.

169

D' Houhzat in Andrichsfurt

Anna Strasser bekam als älteste von drei Töchtern den Hof. Sie bewirtschaftete mit ihrem Mann Georg einen Acker-Grünlandbetrieb mit 26 Joch Eigengrund. Gehalten wurden sieben bis acht Kühe, zwei Muttersauen und Geflügel. Da beide die Sauen nicht mochten, richteten sie ihren Betrieb auf Rinderhaltung aus.

Da schon der Vater von Anna beim Fleckviehzuchtverband Inn- und Hausruckviertel Mitglied war, hat sie die Zuchtarbeit schon immer interessiert. Eine besondere Freude war ein „Polster-Sohn", der bei einer Versteigerung im Jahre 1960 64.000

Schilling einbrachte. „Im gleichen Jahr kaufte ich einen 3000er Ford, der 71.000 Schilling kostete", erläutert Georg Strasser. Früher war es üblich, dass die Menscha mit den Brüdern, die meist Zechenmitglieder waren, auf Unterhaltung gingen. Obwohl die Neudecker Dirndln keinen Bruder hatten, kamen sie oft fort. Das haben sie ihrem sängerischen Talent zu verdanken. Die Schwester von Strasser Anna war Ansängerin und Anna sang den „Almerer". Somit waren sie beim Landlertanzen für die Andirchsfurtner Zeche unentbehrlich.

Rückte die Houhzat näher, ging der

Georg Strasser bringt mit seinen Rössern Brautpaar und Pfarrer zum Hochzeitsamt.

Bräutigam mit dem Wirt ins „Houzatlana". Die Verwandtschaft und die Nachbarschaft wurden besucht. Wenn man die Hochzeit herg'hoaß'n hat, bezahlte man dem Wirt sofort das Mahl. Das Hochzeitsamt war immer an einem Dienstagvormittag um zehn Uhr.

Die Bäuerin, die die Hochzeit herg'hoaß'n hatte, zog das Feichtag'wand an und wurde vom Bauern oder dem Rossknecht im Laufwagerl zum Hochzeitsamt kutschiert. Nach dem Amt war im Gasthaus das Hochzeitsmahl. Der Fuhrmann bekam von der Bäuerin den Fuhrmannsbraten bezahlt. Um vier Uhr nachmittags kamen die Zechkameradschaften mit Pferdefuhrwerken beim Wirtshaus an. Der Zechmeister jeder Zeche meldete sich beim Tanzmeister, der vom Veranstalter gestellt wurde, an.

Bevor die Hochzeitsmenscha zum Tanz gingen, zogen sie sich in einem Zimmer des Wirtshauses um. Das „Heilig'tag-G'wand" war ihnen fürs Tanzen zu schade. Sie schlüpften in ein leichteres Tanzkleid.

In der Hochzeitsstube wurde auf der Landlerbühne nur Landler und der Freiwalzer getanzt. Die Zechen wurden nach einer überlieferten Reihenfolge vom Tanzmeister mit den Worten „Iazt haz dran!" zum Tanz aufgefordert. Kein Mensch der Zeche durfte sitzen bleiben. „Meistens erwischte es uns Jungen, die mit den alten Menschan tanzen mussten".

In einer Nebenstube war eine Freibühne aufgestellt. Dort konnte jeder nach Belieben Walzer oder Polka tanzen. Nach jedem Stück ging ein Musikant mit dem Hut durch und jeder Bursch zahlte den gewünschten Betrag. Meist war es ein Schilling – die Halbe kostete damals 33 Groschen.

Jene Zeche, von der die Braut herkam, durfte sie stehlen. Dabei durfte wieder kein Mensch am Hochzeitstisch sitzen bleiben. Wenn es nicht zu weit weg war, ging man zum Brautstehlen in ein anderes Gasthaus. Man feierte dort ausgelassen mit der Braut, bis der Brautweiser sie mit den Musikanten wieder abholte.

Getanzt und gefeiert wurde bis um zirka ein Uhr Früh. Anschließend, wenn alles gut ging, konnte man noch ein Dirndl nach Hause begleiten – meist zu Fuß. „Da passierte es schon manchmal, dass ich nach dem Heimkommen gleich die Sense in die Hand genommen habe!"

Fast jede Woche, außer der Fastenzeit und dem Advent, gab es einen Bauerntanz. Die Zechenburschen luden zu sich ein, wo den neuen Kameraden die Eicht beigebracht wurde. Getanzt wurde in der Bauernstube, gespielt wurde auf der Zither oder der Ziehharmonika. Die Bäuerin und der Bauer setzten sich auf die Ofenbank und schauten dem Treiben geduldig zu. Zum Trinken gab es Most, vielleicht hie und da einen Schnaps, und zum Essen lagen ein Laib Brot und Äpfel auf dem Tisch. Nach dem Landlerüben wurden zum gaudigen Abschluss Spiele wie Stockschlagen, Kaibiaussaziag'n, Fuaßhakeln und Besenanloan gespielt.

Georg Strasser brachte die Braut und den Pfarrer mit seinem prächtigen Pferdegespann zum Houhzatamt.

171

Die Ernte für die kleinen Leute

Als im Jahre 1958 Josef Detzlhofer den Loderhof in Antiesenhofen von seinem Vater übernommen hat, waren noch Mägde und Knechte am Hof. „Halbe-halbe war immer das Verhältnis von den Äckern zu den Wiesen", erklärt der alte Loder.

Die Viehzucht hatte hier bald keinen so hohen Stellenwert mehr, denn seit 1929 war schon ein Zuckerrübenkontingent auf dem Hof. Der Ackerbau war damals schon lukrativer. Als 1941 der erste Traktor die Pferdearbeit ersetzte, war die Feldarbeit leichter. „Ein Lanz-Bulldog mit 20 PS war es", erinnert er sich, „und die Gesundheit hat er einem aber auch ruiniert".

Eine Besonderheit in der Gegend um Antiesenhofen waren aber die so genannten Lassacker. Das waren kleine Ackerstreifen, die von Dienstboten und Handwerkern oder Häuselleuten aus der Umgebung bewirtschaftet wurden. Für die Knechte und Mägde am Hof stellte dies eine zusätzliche Anerkennung durch den Bauer dar. Die Häuselleute und Handwerker, die damit ein paar Kühe oder Schweine füttern konnten, mussten dafür aber einige Tage beim Bauern aushelfen. Bearbeitet wurden die Lassäcker mit den Pferden und Maschinen des Bauern. „Die Knechte haben dann halt für die Mägde oder den Schmied eingespannt", erklärt Josef Detzlhofer.

Ein halbes Joch Lassacker waren am Loderhof. Außer den Dienstboten waren auch drei Arbeiter vom Spadinger Schmied und der Kerntischler begünstigt. Für einen Acker, das war ein Grabel mit hundert Schritt Länge, mussten sie einen Tag am Hof aushelfen. Auf den Lassäckern"baute man Futterrüben und Erdäpfel an; hie und da auch noch Zwiebeln. „Beim Zwiebelgrasen sind dann manchmal abends die Burschen zu den Mädchen auf die Lassacker gekommen", erzählt der Loder.

Eggen mit dem Lanz-Bulldog.

Mostmachen musste gekonnt sein

Im Herbst war bei den meisten Bauern das Mostmachen angesagt, war Most doch das Hauptgetränk für das ganze Jahr. Jeder musste mithelfen. Die weiblichen Dienstboten klaubten das Obst in Ze ga; einen Drahtkorb. War er voll, leerten ihn die Männer auf einen Wagen. Beim Klauben ließ man bereits angefaultes Obst liegen. Meistens wurde ein Gemisch von zwei Drittel Birnen und ein Drittel Äpfel geklaubt. „Für die Reinheit und den guten Geschmack war ein bestimmter Anteil Landlbirnen ganz wichtig", erläutert Johann Scherfler, Kerner in Weierfing. Das Obst wurde vom Wagen in einen Schacht geschaufelt, der zur Obstmühle führte. Diese bestand aus zwei großen Mahlsteinen, zwischen denen das Obst zerrieben wurde. Der Antrieb der zwei Meter

Das Theaterspielen lag vielen im Blut. Im Bild: Johann Scherfler als „Hauptmann von Kafarnaun".

großen Steine geschah per Hand, was so manchen starken Mann ins Schwitzen brachte. Die Moasch fiel unten heraus in einen Bottich. Die Pressen waren Holzpressen mit Handantrieb. Der Presskorb wurde mit der Moasch befüllt und mit einer Spindel zusammengepresst; Sauberkeit war beim Mostpressen oberstes Gebot. Der Süßmost wurde in den Keller in Holzfässer abgelassen, der Presskuchen wurde den Tieren verfüttert. Damit der Most vollständig vergärte, setzte man Wasser oder Süßmost zu, erst später kam der Gärspund darauf. Die Fassreinigung war für den einwandfreien Gärverlauf und in Folge für einen guten Most ebenfalls sehr wichtig. Die Fässer wurden daher vorher gründlich gebürstet und mit heißem Wasser ausgebrannt.

„Das Familienleben hat sich seit dem Krieg wesentlich verändert", erzählt Pauline Scherfler. Scheidungen waren undenkbar, die Religion und der Gehorsam prägten das tägliche Leben. Ledige Kinder auf die Welt zu bringen, galt als schwere Sünde. War die Mutter eine Magd auf einem Hof, so musste sie ohne Lohn arbeiten, damit sie ihr Kind bei sich behalten durfte und durchbrachte. „Ledige" hatten keine Erbberechtigung und waren in der Öffentlichkeit wenig bis gar nicht angesehen. Sie wurden schlichtweg nur geduldet. Üblich war es, dass der Älteste den Hof bekam. Die Ehepartner wurden schon öfters vorher am Wirtshaustisch von den Bauern ausgekundschaftet.

Schwierige Musikkapellengründung

1939 hatte der Vater von Johann Maier bereits einen Getreideableger. Mit dieser Maschine konnte Getreide gut gemäht und in größeren Bündeln abgelegt werden. Die Pferde zogen das Gerät und ein Hilfsmotor trieb das Mähmesser an. „Ich musste als Bub mit dem Fuß auf ein Pedal treten, worauf sich ein Gatter hinter dem Balken aufstellte. Nach einer bestimmten Zeit sammelte sich ein Bündel Getreide und ich stieg vom Pedal herunter. Dann gab das Gatter die Ablage auf die Stoppel frei. So wurde das Aufklauben wesentlich erleichtert".

Das Getreide wurde am Getreideboden gelagert. Da früher nur ein Elektromotor am Hof war, der sich im Gebäude gegenüber auf dem Heuboden befand, musste das ganze Getreide zum Schroten in Jutesäcken auf der Schulter dorthin transportiert werden. Auf dem Heuboden wurde dann geschrotet und Futter geschnitten.

Maier und seine Frau Maria bewirtschafteten einen 26 Hektar großen, gemischten Betrieb. Zehn bis zwölf Braunviehkühe mit Nachzucht bildeten die wirtschaftliche Grundlage. Maier baute als Erster in seiner Umgebung einen Jungviehlaufstall in Form eines Tieflaufstalles mit höhenverstellbarer Futterkrippe. „Viele Interessierte kamen zum Anschauen", bemerkt Frau Maier.

Der Bauer in Hausbach war nicht nur innovativ, sondern seit jeher sehr musikalisch. 22 Jahre bekleidete er das Amt des Musikobmannes der Bauernkapelle Eberschwang, zwei Jahre leitete er die Kapelle sogar als Kapellmeister. Nach wie vor – er ist mittlerweile der Älteste – spielt er mit Begeisterung Tenorhorn.

Er erinnert sich noch gut, wie die Kapelle unter schwierigen politischen Bedingungen auf die Beine gestellt wurde. 1942, also mitten im Krieg, wurde die Bauernkapelle gegründet.

Vater und Sohn auf dem Getreideableger; daneben zwei Frauen beim Mandl machen.

Eder, der wegen seiner Krankheit nicht an die Front musste, war damals Musiker in der Ortsmusik. Da alle seine Musikerkollegen eingerückt waren und er nicht untätig sein wollte, fing er einige Buben zusammen und brachte ihnen das Spielen eines Blasmusikinstrumentes bei. Die Instrumente und Noten stammten von der Ortsmusik, die ja damals nicht spielfähig war. Der erste offizielle Auftritt der Bauernkapelle war bei einem bunten Silvesterabend von 1942 auf 1943. „Wir liehen uns von der Ridia, einem Kostümverleih, eine Tracht aus. So kamen wir halbwegs fesch daher", sagt der Bauer.

Der Versuch, die Buben zur Ortsmusikkapelle zu bringen, scheiterte. So wurden die Buben vom Ortsgruppenleiter vorgeladen und einzeln gefragt, ob sie wirklich nicht der Ortsmusik beitreten wollten. Es blieb beim Nein. Daraufhin mussten natürlich die Instrumente und Noten zurückgegeben werden. „Jetzt standen wir da", erzählt er. Doch er spürte in Salzburg einige neue und ein paar gebrauchte Blasinstrumente auf, und handelte auch den für die heutige Zeit ungewöhnlichen Preis aus. „Wir fuhren nämlich, als Ausflügler getarnt, jeder mit einem Rucksack voll mit Lebensmitteln nach Salzburg. In Salzburg angekommen marschierten wir schnurstracks zum Musikhaus. Dort stand ein nagelneuer Bass in der Auslage, den wir Buben kurz bestaunten. „Der Bass gehörte schon uns!" sagte Eder mit funkelnden Augen. „Kaum bei der Tür drinnen, wurden wir vom Geschäftsinhaber ins hinterste Stüberl geführt – aus lauter Angst, dass er beim Handeln mit Lebensmitteln erwischt würde. Dort packten wir unsere Rucksäcke aus – das war der Preis für die Instrumente. Ein wenig Bargeld, das ohnehin wenig wert war, war auch dabei. Daheim angekommen, spielten wir natürlich noch viel eifriger miteinander." Um 1943 gab es organisierte Unterhaltungsabende, wo die gerade gegründete Jugendkapelle häufig spielen musste.

Die Bauernkapelle in der ersten Tracht, die geliehen war.

Stolz auf den ersten Bulldog

Der Name Eitzing leitet sich von einem Geschlecht namens „Itzo" ab. Auf dem Platz, wo jetzt der Hof von Josef Schrattenecker steht, hatte das Geschlecht um 1500 ein stattliches Schloss.

Der Fuhrwerksdienst war eine ganz wichtige Nachbarschaftshilfe. Da beim Hofbauer immer sehr gute Rösser da waren, half der Vater den Nachbarn beim Mähen oder beim Ziehen des Dampfers. Der Vater war als ein Kenner der Pferde bekannt. Er fuhr oft ins Salzburgische, um Fohlen zu kaufen. Daheim zog er sie heran und verkaufte sie zum Teil weiter.

Er stand auch der so genannten Pferdeversicherung als Obmann vor. Das Versicherungsgebiet erstreckte sich vom Oberen Innviertel bis zum Sauwald. Dabei wurden die zu versichernden Pferde aufgetrieben und der Wert von Pferdekennern, wie dem Hofbauern, eingeschätzt. Das Pferd war ein kostbares und unentbehrliches Gut auf einem Hof. Fiel ein Pferd plötzlich aus, entstand meist großer wirtschaftlicher Schaden. Dann sprang die Pferdeversicherung ein.

Der Hofbauer kaufte 1940 um 6.300 Reichsmark den ersten Lanz Bulldog in der Gemeinde. Er verkaufte im Gegenzug zwei vierjährige Rösser, was im Erlös den halben Traktor ausmachte. Sogleich wurden drei Gummiwägen, ein Zweischarpflug und eine Egge dazugekauft. Auch mit diesen Gespannen wurde viel in der Nachbarschaft geholfen. „Jeder konnte den Lanz nicht starten", erzählt Schrattenecker. War der Motor kalt, musste man entweder mit Benzin nachhelfen oder den Glühkopf mit einer Glühlampe aufheizen. Dann wurde das Lenkrad als Kurbel zum Starten benutzt. Der Lanz hatte die Eigenheit, dass er nicht immer gleich in die richtige Richtung drehte, was für so manche Überraschung sorgte.

1947 reiste Schrattenecker mit dem Fahrrad zu einem Bekannten des Vaters zum landwirtschaftlichen Praktikum. Dort angekommen ging er in die Stube, wo die Dienstboten beim Mittagessen saßen. „Keiner sagte etwas zu mir und ich hatte ein ganz ungutes Gefühl. Endlich machte der Große Knecht den Mund auf und sagte: ‚Bist da Praktikant?' Ich sagte verdutzt ‚Ja'! Von da an war das Eis gebrochen und ich lernte viel. Nur die ‚Stöcklmilli' war nie das meine."

Der alte Bulldog wird für den Festzug der Landjugend geschmückt.

Meine Arbeiten als Bub

Franz Mittendorfer, geboren 1935, vulgo Zauner, hat 1961 den Betrieb seines Adoptivvaters mit seiner Frau Pauline übernommen. Es war ein Betrieb mit ca. 22 Hektar Nutzfläche und gemischtem Viehbestand.

Als Bub erlernte der Zauner vom damaligen Onkel alle Arbeitsabläufe von Grund auf. Während des Schulalters musste er Kühe hüten. Dabei ging es oft recht ruhig zu. War es sehr fad, zündete sich der Hiatabua ein kleines Feuer am Waldrand an. Geriet das Feuer etwas zu groß, schimpfte der Onkel, berichtet Mittendorfer. Dann wurde eine Kastanie ausgehölt und auf einer Seite ein Röhrchen hineingesteckt. Anschließend stopfte er Kräuter oder sonstiges Laub in die Kastanie. Nun kam der spannende Augenblick: Es wurde die provisorische Pfeife am Feuer angezündet und geraucht – das war schon eine willkommene Abwechslung zum eher eintönigen Hiataalltag. Waren Kleehiefeln in der Nähe, musste der Hiatabua schon sehr aufpassen, dass ihm die Kühe nicht durchgingen und die Hiefeln abräumten. Die Kühe stocherten mit ihren Hörnern mit Vorliebe in das schmackhafte Futter.

Das Jausentragen während der Erntezeit war ebenfalls eine Arbeit des Buben. „Ich habe einen Jausenzega von der Tante in die Hand gedrückt bekommen, wo Brot, Fleisch, Rettich und Ribiselmarmelade eingepackt waren, dazu noch zwei steinerne Krüge. Einer war mit Most und einer mit Ribiselwasser gefüllt. Im Krug mit dem Ribiselwasser steckte ein Holzkochlöffel zum Aufrühren der Marmelade. Der Letzte, der aus dem Ribiselkrug trank, musste schon die Zähne zusammenbeißen, um nicht

Zusammenhalten war gefragt. Im Bild das Aufstellen des Stalles beim Zauner.

den ganzen Ribiselsatz im Mund zu haben", schildert er. Die Jause wurde um neun vormittags und um drei Uhr nachmittags eingenommen. Zwischendurch durfte jeder von den beiden Krügen trinken, die vom Buben an einem schattigen Platz gelagert wurden.

Als Mittendorfer mit vierzehn Jahren aus der Schule kam, musste er bei der Getreideernte aufklauben. Für einen Mäher war jeweils ein Aufklauber zuständig.

Das Getreide wurde von der Mahd aufgenommen und mit der Stoppel gegen den Bauch oder der Brust ausgerichtet, bis die Garbe einen Durchmesser von ungefähr 20 Zentimeter hatte. Dann wurde die Garbe mit Getreidehalmen zusammengebunden und abgelegt.

Danach wurde aufgemandt. Die kleine Dirn und der Bub hatten die ersten beiden Garben gehalten, diese Tätigkeit nannte man Mandlhabn. Dann stellten Dienstboten je links und rechts zwei Garben dazu, damit das Mandl von alleine stand. Danach ging der Onkel her, zog aus jedem Mandl ein paar Getreidehalme heraus, bildete daraus ein doppeltes Band und schnürte die sechs Garben zu einem Mandl zusammen.

Nachdem die Mandln einige Tage auf dem Feld standen, wurden sie in den Stadl gefahren. Der Zaunerbub führte die Pferde, die am Wagen eingespannt waren. Schrie der Rossnecht „Habn'", nahm der Bub die Zügel und ging mit den Pferden ein Stück weiter, bis der Rossknecht „Oha" schrie. Der Rossknecht lud die Mandln mit einer Holzgabel auf den Wagen. Diesen Vorgang nannte man Afschlagn. Die Große Dirn hatte auf dem Wagen alle Hände voll zu tun, die Mandln zu fasstn, sie zu schlichten. War ein Fachtl fertig, wurde die Fuhre mit dem Wiesbaum niedergebunden. Vorne war ein Windenholz, wo man mit Holzlöffeln das Seil spannen konnte. Am Ende des Wagens schlug der Rossknecht das Seil zweimal über den Wiesbaum und zurrte das Seil fest. Vorher schrie er der Fasstnerin noch das Wort Ahabn zu, damit sie nicht mit dem Wiesbaum verletzt wurde. Ab dem Jahr 1941 hängte man beim Zauner auf dem Feldrand das Fachtl von den Pferden auf einen „elfer Deutz" um. Der hatte damals leider nur Eisenräder und fuhr um die zehn Stundenkilometer.

Jedes Jahr mussten beim Zauner anderthalb Hektar Erdäpfel gesetzt werden. Zuerst wurde zweimal mit der Reissegge der Acker fein gemacht. Anschließend wurden die Rillen, in denen die Erdäpfel gelegt wurden, angemerkt. Das geschah mit einem Balken, an dem drei Holzschaufeln befestigt waren.

Der Zauner musste diese Rillen möglichst gerade ziehen, damit sich die Einleger leichter taten. Der Legeabstand betrug eine Schuhlänge. Der Bub füllte während des Einlegens die leeren Zega mit Saaterdäpfeln. Nach dem Einlegen wurde mit einem Einscharpflug jedes Rainl, das war eine Reihe, einmal von links und einmal von rechts eingeackert. Danach, so Gott wollte, entwickelten sich die Erdäpfel bis zur Ernte prächtig.

Die Pferde retteten ihm das Leben

„Hätte ich nicht immer so eine gute Hand für die Ross gehabt, würde ich heute gar nicht mehr leben",erzählt der alte Sepp Lindinger aus Geinberg. Der heute 86 Jahre alte Bauer arbeitete schon im Alter von zwölf Jahren als Baumann am Hof des Vaters.

Da beim Mosauer zwölf Geschwister lebten, brauchte man schon sehr früh keine Dienstboten mehr. Die Arbeit mit den Rossen freute den Sepp schon immer.

Dies änderte sich auch nicht als 1952 der erste Traktor auf den Hof kam. Er machte sich auch als sehr guter Fuhrwerker verdient. Vor dem Krieg ging er mit seinen beiden „Braunen" ins „Geinberger Holz", um für die

Holzbaufirma Wiesner aus Altheim Langholz zu reißen. Gemeinsam mit dem Baumann vom Wiesner, dem Lois Linecker, fuhrwerkte der alte Mosauer bis zum Kriegsbeginn im Wald. „Der Lois konnte gut mit den Rossen umgehen; von dem hab' ich mir einiges abgeschaut", sagt er.

Im Jahre 1939 musste der Sepp zur 100. Division bei der 6. Armee der Wehrmacht einrücken. Als Geschützfahrer kam er mit seinem schweren Sechserzug bis nach Stalingrad. Als bester Fahrer seiner Abteilung bekam er im November 1942, kurz vor der Einkesselung durch die Russen, das „EK 2" verliehen. Gleichzeitig mit der Ehrung wurde ihm auch ein Hei-

Feier 600 Jahre Geinberg: Wagen mit der Landjugend.

179

maturlaub genehmigt. „Mit einer der letzten JU 52 bin ich dann ausgeflogen worden", erinnert er sich noch ganz genau. „Meine Kameraden habe ich danach nie wieder gesehen. Ohne die Auszeichnung für die Rossarbeit, wäre ich damals mit größter Wahrscheinlichkeit auch gefallen", sinniert der Sepp.

Nach dem Krieg verbrachte er aber doch noch einige Jahre in russischer Kriegsgefangenschaft hinter dem Ural. Nach seiner Heimkehr wurde wieder eingespannt, um für andere Bauern ins Holz zu gehen. „Das Züchten war nie meine Sache; da haben mir die Ross mit der großen Wampen immer Leid getan", sagt der Sepp.

Auf die Rossmärkte in Altheim und Obernberg ging er aber regelmäßig.

Einmal ist er sogar an einem Osterdiesnstag zu Fuß nach Ried zum Rossmarkt gegangen. Schöne Rösser hatte der Mosauer immer gehabt und so brachte er auch viele Preise heim. „Der Altheimer Rossmarkt in der Hinterau war immer besonders schön. Aber seit Anfang der Siebzigerjahre gibts da keinen mehr," erzählt der Mosauer. Der Sepp wurde immer gebraucht, wenn es irgendwo zum Einspannen war. 1982 hat er seinen letzten Noriker schweren Herzens hergegeben.

Seiner zweiten alten Leidenschaft, dem Stockschießen, geht er aber immer noch nach. Die Landwirtschaft hat sein Sohn übernommen, der auch wieder gerne ins Holz geht. Dort wird aber heute moderne Krantechnik verwendet.

Josef Lindinger, Mosauer, beim Eggen.

Kuchlbank und Schüsselkorb

Den Tischler hat man auch früher oft bei den Bauern gebraucht. Der alte Herbert Daxberger, der Tischler in Dorf aus der Gemeinde Gurten weiß noch genau, wie noch sein Vater Peter Daxberger auf die Stör zu den Bauern gegangen ist. Da wurde mit einem von Pferden gezogen Leiterwagen die Hobelbank auf den Hof gebracht. Gearbeitet wurde im Sommer in der Maschintenne und in der kalten Jahreszeit in der Stube. Angefertigt hat man damals ganze Schlafzimmereinrichtungen, Kuchlbänke und Stubentische mit Eckbank bis hin zu Türstöcken mit Blatt und zweiteilige Kastenfenster. Die Bauern zahlten dem Tischler auch einen Teil in Form

Der Vater von Herbert Daxberger mit einem Enkel.

von Getreide und Fleisch. Erst ab den Dreißigerjahren arbeitete der alte Daxberger Tischler nur noch in seiner Werkstatt in Dorf. Das Fichten-, Birnen-, Eichen- und Kirschbaumholz brachten die Bauern zu Pfosten geschnitten zum Tischler. „Einmal da ließ sich der Spirlbauer z`Wagnerberg sogar eine nussbaumerne Einrichtung machen; das war was Besonderes", erinnert sich der achzigjährige Tischler. Der Strom und mit ihm die modernen Arbeitsgeräte kamen in Dorf erst 1925 bis 1930. „Die Bauern in der Umgebung bekamen den Strom schon vor uns, daher hatte mein Vater die Kreissäge drüben beim Ellinger im Stadl stehen. Wenn der Zuschnitt anstand, luden wir die Pfosten auf unseren Radlbock und fuhren hinüber; ich musste immer vorne mit einem Strick ziehen", erzählt der alte Herbert. Auch zwei Kühe, Hühner und eine Sau waren beim Tischler gleich neben der alten Werkstatt. Die Tischlerleute hatten bei sieben Bauern der Umgebung so genannte „Verlassäcker",wo sie Rüben und Erdäpfel setzten. „Für jeden Acker mussten wir einen halben Tag beim Bauern bei der Arbeit helfen", erinnert sich der alte Tischler. „Auch Ährenklauben gingen wir früher oft; vor allem der Ellinger ließ uns immer noch vor dem Nachrechen schon das Getriede einsammeln", weiß er noch ganz genau. Die Handwerker und Häuselleute waren damals sehr auf die Bauern angewiesen. Später erst gab der Tischler die Viehhaltung auf.

181

Wie wurde eine Sau gestochen?

„Das Schulgehen war früher lustig, auch wenn man bis zur Schule Stunden brauchte. Aus Kager und Umgebung sind ungefähr fünfzehn Schulkinder gemeinsam gegangen. Die Emprechtinger gingen einen anderen Weg, bis auf eine kurze Stelle; dort kam es regelmäßig zu Raufereien zwischen uns", erzählt Johann Kettl. Die erste Klasse, in der der Unterricht erst so um die Mittagszeit begann, dauerte drei Jahre. Die zweite Klasse vier Jahre.

Die Lehrerin, genannt die „Frein", hieß Rosa Zeller. Sie war brav, weil sie die Schüler in der Mittagspause das Radio hören ließ, was damals ganz etwas Neues war. „Der alte Sattlermeister konnte das neue Medium nicht begreifen. Er glaubte, es sei im Radio ein Schallplattenspieler eingebaut", erzählt Kettl lachend.

Kettl war schon immer gern beim Sauabstechen dabei. Jeder der vier Buben vom Irgelbauer in Flotzer passte darauf, die Sau zu stechen, doch der Johann stellte sich am geschicktesten an. Früher, zwischen 1920 und 1930, war das Betäuben der Sau noch nicht üblich. Die Große Dirn band einen Strick um ein Hinterbein der Sau und führte sie zur Stalltür. Dort packten zwei kräftige Männer die Sau bei den Ohren und zerrten sie auf den umgelegten Sautrog. Dann wurde der Sau ein Strick um das Maul gebunden und der Kopf seitlich nach unten gezogen. Nun stach der Vater die Sau und ließ sie gut ausbluten. Anschließend wurde sie mit Saupech eingerieben und im Trog „gebachelt". Nachher putzte man die Haut der Sau mit einem scharfen Messer sauber ab. Die Sau wurde hochgezogen und die Innereien ausgenommen, geteilt und in den Keller zum Abhängen gebracht

Da Kettl sehr geschickt beim Sauabstechen war, machte er sich daraus einen kleinen Nebenerwerb. Später wurde die Sau mit einem Schussapparat betäubt, bevor sie gestochen wurde.

Die Schwester von Johann Kettl beim Schweinehüten.

182

Mit Fleisch immer gut versorgt

Viele Schweine und Kälber aus der Gegend von Geinberg bis Reichersberg hat der alte Auer z'Kirchdorf aufgekauft. Der Großvater des Auer Lois war Metzger beim Grafen bis der zugesperrt hat. Da auch seine Großmutter gelernte Metzgerin war, lag damals nichts näher, als dass die beiden einen eigenen Stechviehhandel aufzogen. Die Schlachthälften lagen danach bis sechs Wochen lang im Eiskeller beim Weinhäupl. Beliefert hat der alte Auer die Wirte, aber auch Großhändler in Wien. Die Schlachthälften verlud man am Bahnhof in Moosham. Kühlwagen gab es damals aber noch keine.

Im Sommer wurde viel Eis zur Fleischladung gegeben und im Winter froren die Hälften sowieso stocksteif. „Bei der Firmung 1934 hat der Großvater gleich sechs Kälber zum Wirt nach Kirchdorf hineingebracht", erinnert sich der Lois noch gut. Mit dem Fahrrad fuhr der alte Auer vor dem Krieg zu den Bauern, um Vieh einzukaufen. Abgeholt wurden die Schweine und Kälber mit dem Sauwagen, auf dem bis zu zwölf Stück Platz hatten. „Grob waren die Metzger nie und schlecht sprach auch keiner vom Vieh. Das war so eine Art Ehrenkodex bei allen", erzählt der Lois. Bis zu 48 Schweine schlachtete man damals beim Auer. Auch einige Hilfsmetzger waren immer mit im Schlachthaus. Krassierte wieder einmal eine Tierseuche, musste am Hof geschlachtet werden. Nur die alten Zuchtsauen wurden abgedeckt. Aus deren Haut hat man Holzschuhoberteile gemacht. Hie und da ist auch ein Tier verendet. Daraufhin verständigte man den Schinder z`Obernberg, um den Kadaver abholen zu lassen.

„Die Schinder Juli war auch immer dabei, und einen stumpfen Besen warfen wir ihr immer nach, damit sie uns wieder lange erspart bliebe",erzählt der Lois. Die Metzgerei hat nach dem Großvater niemand mehr auf dem Auersacherl betrieben.

Die Familie Auer vor dem Anwesen in Kirchdorf. Hinter dem Stadl war die Schlachterei.

Der Hof als Flüchtlingslager

Die Kriegsjahre von 1939 bis 1945 waren die härtesten für die Bauern. Gut an diese Zeit erinnern kann sich noch die alte Koblederin z'Rödham in der Gemeinde Kirchheim. „Die Männer waren fort, die Ross wurden immer wieder weggeholt und der Markt brach zusammen", sagt sie. Maria Fischer übernahm das Kobledergut erst 1960, da ihr Bruder früh verstarb und auch ihre Schwester wegheiratete. Am Hof waren damals keine Dienstboten mehr. Drei ledige Onkel sorgten dafür, dass die Arbeit verrichtet wurde. „In den ersten Kriegsjahren hat uns der Bürgermeister das Haus mit Schlesiern und Banatern angefüllt. Wer ein großes Haus hatte, dem wurden mehr Flüchtlinge zugeteilt. Bis zu 20 Leute waren wir damals im Haus", berichtet sie. „Die Onkel waren den Nazis nicht besonders gut gesinnt und taten dies auch ab und zu im Wirtshaus kund.

Maria mit den Flüchtlingen am Bauernhof.

Wahrscheinlich haben wir auch deswegen besonders viele von den Heimatlosen bekommen", vermutet die Maria. Vier Familien lebten zu dieser Zeit zusätzlich im Bauernhaus. Die Betten und zum Teil auch die Öfen hatten die Bauern selber zur Verfügung zu stellen. Die Schlesierfamilien kochten mit der Bäuerin in der Küche. Die Banater verpflegten und kochten sich selber. Die Sudetendeutschen kamen mit dem Pferdefuhrwerk. Die Rösser stellten sie im Stadl unter. Das Familienoberhaupt war ein starker Mann und holte sich ganze Kleehiefler von den Feldern, um die Tiere füttern zu können. Das Holz der Hiefler verheizte man auch gleich. Damit sie zu Fleisch kamen, ging er auch manchmal zum Wildern in den Grafenwald von Riegerting. Der Jäger tolerierte es, weil sie ja sowieso „Arme Hund" seien und nichts hätten. Sie halfen auch manchmal am Hof mit, um sich Brot und andere Lebensmittel zu verdienen. „Bis Ried hinein kamen die Alten, um zu betteln und zu hamstern", weiß die Maria noch gut. Gleich nach dem Krieg gingen diese Leute in ein Flüchtlingslager nach Kirchheim, von wo aus sie dann weiter zogen.

Die Schlesier siedelten sich in Deutschland an. Die Sudetendeutschen wanderten 1946 nach Amerika aus. Diese Familien, die einige Jahre in Kirchheim verbrachten gingen hier auch zur Schule und in die Kirche. „Gehört hab' ich später nie mehr etwas von ihnen", fügt die Koblederin noch hinzu.

Die Feuerwehr half sofort

In der Gegend um den Hochschachen zwischen Lambrechten, Eggerding und Mayrhof gibt es sehr steile Felder und Wiesen. Die Bearbeitung war hier nicht immer einfach. An den Schacherhängen von Lambrechten liegt auch der Hof des Bauern z'Neundling, wo die Altbäuerin Theresia Doblhammer lebt. Sie wurde 1922 in Andorf beim Steffelbauern in Hutstock geboren.

Beim Bauer in Neundling wurde immer Rinderzucht betrieben. Man hatte immer acht Kühe und vier Pferde für's Einspannen. Die Technik hielt in den späten Fünfzigerjahren mit dem Ankauf des ersten Traktors Einzug am Hof. Mit der „Maschin" wurde freilich schon vor dem Krieg gedroschen.

Theresia Doblhammer hatte in ihrem Leben einige schwere Schicksalsschläge hinzunehmen. 1961 musste sie sich einer Gallenoperation unterziehen. Im Juni 1962 folgte jedoch die schwerste Prüfung für die Bäuerin.

Ihr Mann wollte am Abend auf einer abschüssigen Wiese noch Heu mähen. Der hochgebaute, schmale Traktor kam dabei auf der bereits taunassen Wiese ins Rutschen. „Ich stand direkt daneben und konnte nichts tun", erinnert sich die Altbäuerin noch genau. Der Traktor kippte auf und stürzte um. „Mein Mann, der Hans, versuchte noch abzuspringen. Er blieb aber am Lenkrad hängen", erzählt sie weiter. Als die schwere Zugmaschine erst zwei Stunden später gehoben werden konnte, war der damals erst 47 Jahre alte Hans Doblhammer bereits verstorben. „Jetzt stand ich alleine da und der Bub war erst 17 Jahre alt", fuhr sie fort.

Die Kameraden der Feuerwehr Lambrechten, bei der Hans Doblhammer lange Kommandant war, halfen der Bäuerin spontan bei der Heuernte und Feldarbeit. Als Aushilfe kam der Aichberger Hans vom Huderer in Gansing auf den Hof.

Große Anteilnahme gab es beim Begräbnis des Feuerwehrkommandanten Hans Doblhammer, der bei einem Traktorunfall ums Leben gekommen war.

Äpfel und Most zum Hoangarten

Ein Leben in Wanderschaft hatte die Pfarrersköchin von Lohnsburg, Elisabeth Krautgartner. Sie wurde 1924 bei einem so genannten Häusl in Kemating geboren. Zwei Kühe fütterte ihr Vater, der sich als Maurer sein Brot verdiente. Gleich nach der Volksschule musste Elisabeth zu den Bauern und ihr eigenes Auskommen verdienen. So stand sie zuerst als die Kleine Magd beim Senzenberger z'Kaising ein. Ab Lichtmess 1944 half sie nach dem Tod des Onkels auf dessen Hof in Helmerding aus.

Nach einer weiteren Station beim Schneiderbauern und später beim Hofbauer z'Magetsham stand sie 1948 beim Thalbauer z'Kemating als Große Magd ein. Drei Mägde waren am Hof; außer ihr gab es noch eine Kleine Magd und ein Kucherl. „Die alte Thalbäuerin war eine gute Frau", erzählt die Elisabeth. Es war nicht immer selbstverständlich, dass die Dienstboten großzügige Zukehrung bekamen. Diese Zukehrung durch den

Typische Handbewegung beim Getreideschneiden.

Bauern bestand meist aus zwei Hemden, zwei Fetzen für die Arbeit, ein Paar Schuhe und ein Paar Pantoffel. Diese Kleidung gab es immer zu Maria Lichtmess. Für Socken, Unterwäsche und Tücher musste man selber sorgen. Manchmal gab es auch einen Anzug oder ein Feiertagsgewand vom Bauern. „In die Stadt, nach Ried, sind wir nicht oft gekommen", erinnert sie sich. Im Sommer wurde mit dem Fahrrad gefahren und in der kalten Jahreszeit gingen die Dienstboten zu Fuß an den Bauernfeiertagen zu den Geschäften nach Ried. „Weg konnten wir erst nach der Stallarbeit zu der wir auch abends wieder da sein mussten", erklärt sie. Viel Zeit blieb dazwischen nicht. Am Abend traf man sich auch so alle zwei Wochen zu einem so genannten Hoangarten in der Stube eines Bauern. Die Mägde aus der Umgebung saßen dabei zum Stricken, Häkeln und Nähen zusammen, um zu tratschen. Manchmal amüsierten sie sich auch mit Spielen, und die Knechte schauten auch oft herein. Äpfel, Most und manchmal auch frisches Brot bekamen sie vom Bauern.

Zehn Jahre blieb Elisabeth beim Thalbauern. Ihre letzte Stelle bei den Bauern trat sie 1958 beim Hauslbauer z'Schauberg an. Später war sie noch Putzerin im Rieder Krankenhaus, wo sie auch sehr gerne arbeitete. Mitte der Siebzigerjahre übernahm Elisabeth den Pfarrhaushalt in Lohnsburg. Zum Heiraten ist sie nie gekommen, aber einsam war sie trotzdem nie in ihrem Leben des Dienens und Helfens.

Mit dem Fahrrad zu den Bauern

Einer, der schon in viele Bauerhöfe des Innviertels hineingesehen hat, ist Josef Redhammer aus Mehrnbach. Eigentlich stammt er aus Gurten ab.

Er hat 1954 beim Landesverband für Milchleistungskontrolle als so genannter „Probemelker" seine Arbeit begonnen.

Sein erster Kontrollrayon erstreckte sich über sieben Gemeinden des oberen Bezirkes Braunau. Von Schwand bis Palting hinauf fuhr der Sepp mit seinem Radl. Aufgepackt war er mit der Holzkiste für die Waage und den Probefläschchen; auch die Aktentasche mit den Büchern war immer dabei. Wenn im Winter die Schneeverwehungen zu hoch wurden, schulterte er sein Radl . „Heim gekommen bin ich jede Woche nur einmal. Meinen Freundeskreis hatte ich sowieso im Kontrollgäu", erzählt er. Geschlafen hat der Sepp damals immer bei den Bauern. Auch die Kost bekam er dort, so stand es in der Kontrollvereinbarung.

Meist bezog er bei einem bestimmten Hof im Rayon eine fixe Kammer, wo er seine Wäsche, die Proben und Bücher deponierte. Die Kontrolldichte war damals in der Gegend um Mattighofen noch sehr gering. Auch die Kuhzahlen schwankten nur zwischen vier bis zwölf je Hof. Die Milchleistungen reichten bei den Stalldurchschnitten von 1500 Liter bei den schlechteren Bauern und bis 5000 Liter bei den Spitzenbetrieben der damaligen Zeit. Vor allem Fleckvieh und Pinzgauerkühe standen in den Ställen. Gemolken wurde bis in die Sechzigerjahre hinein noch meist mit der Hand. „Bei den guten Betrieben hat die Bäuerin, aber auch der Bauer bei der Melkarbeit mitgeholfen. Denen war der Überblick über das Vieh immer schon wichtig", erklärt der Sepp. Später übernahm er einen neuen Rayon um Altheim. Dort war die Kontrolldichte sehr groß und der Sepp musste keine so weiten Wegstrecken zwischen den Höfen fahren.

„Gute Züchter gab es in der Gegend. Einer davon war der Hofinger z'Hofing, wo damals noch fünf Leute die Melkarbeit erledigten. Der Bauer selber war natürlich auch mit im Stall," erzählt er.

Heute gibt es in diesen Gemeinden kaum mehr Milchviehbetriebe. Erst 1966 übernahm der Sepp den Rayon in Mehrnbach, wo er bis zu seiner Pensionierung auch blieb.

Der Probemelker hatte auch genaue Futterrationsberechnungen zu erstellen. Der Heustock wurde gemessen, die Tagesration ausgewogen und auch die Reste wieder zurückgewogen.

Mehr oder weniger große Ungenauigkeiten musste man damals schon in Kauf nehmen. Jene Bauern, die damals die Fütterung schon im Griff hatten, waren den anderen schon leistungsmäßig weit überlegen.

Auch auf die Verschwiegenheit des Probemelkers musste man sich verlassen können. Er hatte einen Einblick in viele Höfe wie kein anderer, deswegen sollte er nach Möglichkeit kein „Ratschhaus" sein.

Zwischen Amboss und Esse

Eine Gemeinde mit vielen Rössern, das ist und war Mettmach schon immer. „Früher gab es hier in der Gemeinde sieben Schmieden", erzählt der alte Schweiklschmid z'Weiffendorf, Franz Schweikl. Übernommen hat er die Schmiedewerkstatt von seinem Onkel. In den Kriegsjahren lernte er das harte Handwerk und später, im Jahre 1955, absolvierte er sogar den Meisterkurs beim Beschlagmeister im Hengstendepot in Stadl-Paurer. 30 bis 40 Pferde gehörten zu seinem Rayon.

Auch die Arbeitsochsen wurden damals beschlagen. Sie bekamen zwei Eisenplatten auf die Klauen, die der Schmied selber anfertigte. Mit den kleinen „Nullernägeln" schlug er die Platten auf. Die Hufeisenrohlinge kamen vom Racher in Ried, genauso

Vorm Schweiklschmied in den Dreißigerjahren. Im Bild der Schmied mit Pferd, links zwei Onkel, von denen Franz die Schmiede übernahm.

wie die Hufnägel. „Drei Stunden dauerte der Hufbeschlag für ein Paar Ross",erinnert sich der Franz noch genau. „Aber nicht immer ging das klaglos vorbei. Die Aufhober mussten oft schon ganz schön was einstecken. Da konnte es schon passieren, dass dem Bauern der ganze Fuß aufgerissen wurde", erzählt er. Die Sägemeisterrösser, die viel auf der Straße unterwegs waren, mussten regelmäßig alle acht Wochen beschlagen werden. Der „Stoinhans" war der Nachbar des Schweiklschmied und Milchfuhrwerker für die Molkerei in Waldzell. „Wenn der im Winter zum Rahmführen heraus musste, war er oft schon um halb vier Uhr Früh bei mir zum Wassern", erzählt der alte Schmied. Dabei wurden die Hufeisen abgenommen, die Stollenkanten nachgeschärft und wieder in die alten Löcher eingeschlagen. „Ohne gute Wassen hätte es die Ross immer gschmissen", fügt er noch hinzu. Auch eine kleine Landwirtschaft betrieb man beim Schweiklschmid immer nebenher.

Fünf Kühe und ein Ross standen im Stall. In der Schmiede werkten der Franz und sein Onkel immer zu zweit. Einer schnitt die Hufe aus und der andere schmiedete die Eisen an Esse und Amboss. Vom Leiterwagen über Holzeggen bis zu Schloapfen hat der Schmied seinen Beschlag dazu gemacht. „Wir schweißten noch wenig, nur die Biegemaschine wurde verwendet. Auch kannten wir keine Flex und den Eisenbohrer kurbelten wir händisch".

Ohne Vereine kein Dorfleben

Als Mitterknecht fing Hans Schachinger auf dem elterlichen Hof, dem Holzwimmergut in Mörschwang, sein Arbeitsleben in den Dreißigerjahren an. 1941 heiratete er zum Nachbarn auf das Bauerngut z'Mörschwang. Aus den Kriegswirren, wo er nur ganz knapp der Hölle von Stalingrad entging, kam Hans 1945 heim. Der Hof mit seinen 70 Joch Grund und den 30 Stück Vieh bedeutete für ihn lange, harte Arbeitstage.

Dennoch war der Hans von Kindesjahren an ein begeisterter Musiker. Schon mit vierzehn Jahren schlug er die kleine Trommel bei der örtlichen Blasmusik. Gegründet wurde der Musikverein Mörschwang 1921 vom damaligen Pfarrer und späteren Kapellmeister Franz Peterlechner. „Vier Mann waren der Grundstock, aber bald waren es acht und dann gegen fünfzehn", erinnert er sich. Pfarrer Peterlechner hat die jungen Musiker beim Erlernen der Instrumente gedrillt.Die Musiker Laufbahn des Bauern Hans ging vom Flügelhorn über die Trompete und nach dem Krieg spielte er lange das Bassflügelhorn. „Eigentlich war ich der Mann, der überall einspringen musste. So bließ ich auch oft den Bass", weiß er noch genau. Als Hans Schachinger 1951 zum Kapellmeister „genötigt" wurde, half ihm bei der Führung der Musik Lehrer Riegler sehr. Bis 1995 war der Hans aktiv bei der Blasmusik. Bei allen Vereinen war er begehrt. Schon 1930 besuchte er die Feuerwehrschule in Linz. Außerdem war er noch in der Zwischenkriegszeit Mitglied bei der Heimwehr. Von der Ortsgruppe Mörschwang ist er heute der Einzige, der noch am Leben ist. Hans machte sich verdient als Obmann der Druschgemeinschaft, beim Heimkehrerbund, beim Bauern- und Seniorenbund und beim Sportverein. Sechs Jahre war der alte Bauer auch Bürgermeister.

Der Musikverein Mörschwang mit Gründer Pfarrer Peterlechner, eine Aufnahme aus dem Jahre 1928. Im Bild rechts sitzend Johann Schachinger mit dem Flügelhorn.

Die Welt war immer klein

Die Arbeit bestimmte schon immer den Lebensrhythmus. Vor allem die Viehhaltung verlangte von den Bauern eine Anwesenheit auf dem Hof, die man sich heute so nicht mehr vorstellen kann. „Das Wort Urlaub kannten wir früher überhaupt nicht", erinnert sich die alte Brunnbäuerin z`Stötting aus der Gemeinde Mühlheim. Martina Stranzinger stammt aus Niederach, ebenfalls in der Gemeinde Mühlheim. Sehr früh lernte sie schon die harte Bauernarbeit kennen. „Staub mussten wir damals viel schlucken", sagt sie. Fünfzehn Jahre ging sie in

Das Fahrrad war für die Jugend das einzige Fortbewegungsmittel über weitere Strecken.

ihrer Jugend mit dem Drescher. „In der ersten Zeit hatte ich abends oft das Staubfieber, aber wir waren nicht so zimperlich. Die einzige Abwechslung bot da manches Mal das Landlertanzen mit der Zech". Fort kam sie damals nur zu Fuß. Jedes Monat ging sie ein- bis zweimal in das nahe Altheim oder nach Mühlheim zum Krämer. Die Brunnbäuerin hatte das Glück, dass sie ein Fahrrad zur Firmung geschenkt bekam. „Mit zwölf Jahren fuhr ich mit dem Radl schon öfter nach Altheim hinauf. Im Winter aber waren die Straßen schlecht geräumt, daher blieb wieder nur Gehen übrig", erklärt sie. Ihr Mann Michael kam vom Krieg nicht mehr heim. Den kleinen Hof führte sie gemeinsam mit ihrem Schwiegervater weiter. Mit den Pferden ist sie nie selber gefahren. Ihr fehlte die „Hand " zu den Tieren. Später fuhr die Brunnbäuerin alle heiligen Zeiten mit der Eisenbahn in die 20 Kilometer entfernte Bezirkshauptstadt Ried. Die Haltestelle „Mühlheim" liegt nur unweit ihres Hofes. Die längste Reise, die sie jemals gemacht hat, ging in die Schweiz, wo sie einen Verwandtschaftsbesuch machte. Das Meer hat die alte Brunnbäuerin noch nie gesehen. „Die jungen Leute von heute wissen gar nicht, wie gut sie es haben",fügt sie hinzu. Die Welt wurde mit dem modernen Verkehr immer erreichbarer. Aber damals wusste man auch nicht, was man in der großen weiten Welt draußen vielleicht versäumen würde.

Das Obst war stets kostbar

Jeder Bauer im Innviertel war stolz auf seinen Obstgarten, so auch Josef Flotzinger, Ponstingl in Ponneredt. War das Obst reif, wurde das Tafelobst mit äußerster Vorsicht händisch gepflückt und in Obststeigen geschlichtet.

Der Ponstingl erinnert sich, wie sein Adoptivvater ihn schimpfte, als er einen Apfel beim Brocken fallen ließ.

Der Adoptivvater von Josef Flotzinger beim Futterfahren mit seinen zwei Schimmeln, die zuvor Zirkusrösser waren.

Der Wert des Obstes war groß und die Einnahmen aus dem Obstverkauf brauchte jeder Bauer als außerordentliches Zubrot notwendig.

Umso mehr ärgerte sich der Vater, als ein Obsthändler die Äpfel nicht in Steigen übernahm, sondern sie einfach in Jutesäcke leerte. Die Arbeiter schleiften die Säcke über die Stiegen, sodass der Saft herausrann.

Normalerweise brachte man das Obst auf einem Wagen zum Bahnhof. Dort wurden die Steigen von Frauen aus der Umgebung ausgeleert und die Apfel und Birnen ausgeklaubt. Jeder Apfel, der ein „Mal" hatte, wurde dem Bauern nicht abgenommen und zurückgeworfen. Im Jahre 1947 erwarb der Ponstingl einen „26er" Steyrer, der wegen seiner eigentümlichen Form „Kurzschnauzer" genannt wurde. Dieser kostete 27.000 S. Genausoviel kostete eine Seitenausgangoperation, die der Adoptivvater als Folge seines Aufenthaltes im Gefangenenlager Garsten brauchte. Das Gesundheitswesen und die finanzielle Absicherung waren damals noch sehr schlecht.

Interessant ist, dass im Jahre 1933 die Sau pro Kilo Lebendgewicht einen Schilling und das Kilo Stier nur 84 Groschen kosteten.

Flotzinger war seit seinem Bubenalter immer gerne in der Natur unterwegs und beobachtete sie. Aus diesem Grunde machte er 1953 die Jagdprüfung. „Die Jägerei war ein Ausgleich und eine Erholung von der schweren Bauernarbeit."

Die letzte Ortsbäuerin des Marktes

„Eine richtige Bauerngemeinde war Obernberg ja sowieso nie", erzählt die Tischlerin z'Nonsbach, Marianne Strobl. Gleich nach dem Krieg standen allerdings noch etwa 160 Kühe in den Ställen der Obernberger Bauern. Der alte Markt hatte nie viel Umland. Die Gemeinden St. Georgen, Mörschwang und Kirchdorf zwickten die Obernberger ein. Für große Äcker und Wiesen blieb da zwischen den vielen Häusern des schönen Marktes kein Platz mehr. „Bei uns waren es immer nur kleine Sacherl mit zwei bis drei Kühen. Die meisten Bauern hielten sich bis zum Ende der Sechzigerjahre Kühe", erinnert sich die Marianne. Acht bis zehn Sacherl werkten damals noch fest mit den Ochsen oder gar einem Ross",

Der erste Traktor auf dem kleinen Tischlerhof in Obernberg wurde festlich bekränzt.

ergänzt sie. 1964 kam der erste Traktor, ein Steyr 28. Er kostete genau 66.000 S und konnte mit zwei Getreideernten fast abbezahlt werden.

„Die Rosl hatte bis zu dieser Zeit die Milch vom Wagner, Jeblinger, Pichler, Lechner und auch von uns z'samgführt. Vom Markt kamen sieben bis neun ständige Milchkundschaften, die am Samstag beim Bezahlen oft auch gleich Eier mitnahmen", erzählt Marianne Strobl. Nach ihrer Heirat bewirtschafteten die Strobels auch noch die Lohmühle in St. Georgen mit. Für Josef Strobl war der Nebenerwerb unumgänglich um die fünfköpfige Familie versorgen zu können. Auch die Melkmaschine kam Ende der Achzigerjahre sehr spät zum Tischler. „Schon damals wussten wir nicht, ob es mit den Kühen überhaupt weitergehen würde", erzählt sie. „Von unseren Kindern konnte niemand verlangen einzusteigen".

Heute sind in Obernberg nur noch zwei rinderhaltende Bauern über. Auch beim Tischler werden die Kühe immer noch gemolken. Die Marianne Strobl war auch von 1986 an noch Ortsbäuerin von Obernberg. Schon damals war ohne die Beteiligung der Frauenbewegung kaum mehr eine Veranstaltung gastzimmerfüllend. 1988 wurde dann die Ortsbauernschaft Obernberg mit der Nachbargemeinde Mörschwang zusammengelegt. Auch Josef Strobl war der letzte Ortsbauernobmann von Obernberg.

Mit den Pferden zum Wochenmarkt

Die Baumschulwirtschaft hat im Unteren Innviertel eine lange Tradition. So auch beim Bangerl in Aigen, Gemeinde Ort. „Früher hatten wir nur Forstpflanzen, da gab es für den Garten noch nicht viel", erinnert sich die heute 81 Jahre alte Maria Gurtner. Seit 150 Jahren werden beim Bangerl schon junge Bäume gezogen. Der Haupterwerb waren die fünf Kühe, die von den neun Joch Wiesen und Äcker gefüttert wurden. Nach dem Krieg, aus dem ihr Mann nicht mehr heim kam, bewirtschaftete man auch Rodungsflächen beim Dobler und beim Langerbauern. Diese so genannten Halb- oder Drittelbaumgärten wurden mit zwei oder drei Hilfskräften bearbeitet. Jeden zweiten bzw. dritten Baum durfte der Grundbesitzer behalten oder verkaufen, wobei er auch selber beim „Baumgraben" und Abfahren helfen musste.
Mit schweren Baumeisen hoben die Baumschüler die jungen Laubbäume aus dem schweren Lehmboden der Baumgärten. Die Fichtenbüschel, Eschlinge, Erlen und Ahorn und später auch Obstbaumhochstämme verkaufte man am Dienstag in Ried und am Samstag auf dem Welser Wochenmarkt. Dies war aber nur im Herbst und vor allem im Frühjahr möglich. Um sechs Uhr Früh ging es mit beladenem Leiterwagen los nach Ried", erzählt Maria Gurtner. Mit dem Lastwagen vom Reisegger fuhren die Bangerlleute nach Wels zum Markt. In den Dreißigerjahren ist auch noch viel Ware mit der Bahn verschickt worden. Die härteste Zeit war gleich nach dem Krieg. „Ohne Mannerleut' geht nix mehr in der Baumschule und am Hof", erklärt sie. Aber Dank ihrer fleißigen Verwandtschaft ging es beim Bangerl dann doch wieder weiter.
Im Jahr 1979 übergab Maria Gurtner den Hof ihrem Sohn Felix. Kühe gibt es heute keine mehr beim Bangerl, dafür wurde die Fläche auf 16 Hektar aufgestockt. Heute gibt es elf ständige Mitarbeiter.

**„Früher hatten wir nur Forstpflanzen, da gab es für den Garten noch nicht viele Pflanzen":
Die Familie Gurtner, Bangerl in Aigen, mit Helfern.**

193

Die erste pneumatische Mühle

Der Hausname des Betriebes von Johann und Ernestine Moser lautet nicht von ungefähr „Fronmühle". Der Name leitet sich vom Wort „Frondienst" ab. Der Betrieb gehörte noch um 1750 zum Bistum Passau und musste bis zur Bauernbefreiung eben den Fron an das Bistum abgeben.

Der Betrieb bestand bis 1955 aus drei Betriebszweigen: der Mühle, dem Sägewerk und der Landwirtschaft. Johann Moser erlernte von 1941 bis 1944 das Müllerhandwerk beim Hochegger in Aurolzmünster. Bald nach dem Beginn der Lehrzeit musste der Obermüller vom Hochegger einrücken. Da Moser sehr geschickt war, wurde er eine Woche vor Weihnachten bereits zur Nachtschicht, jeweils von sechs Uhr abends bis sechs Uhr Früh, eingeteilt. „Das war schon eine schwere Zeit, da ich sechs Wochen lang jeden Tag mit dem Fahrrad zwischen Pattigham und Aurolzmünster pendeln musste. Bei Tag half ich dem Vater in unserer Mühle", berichtet Moser.

Er war ein Spezialist auf seinem Gebiet. Immer hielt er Ausschau nach neuen Verfahren und Maschinen. So baute er als Erster im Innviertel eine pneumatische Mühle. Mit der Aufstockung des Mühlengebäudes erhöhte sich die Leistung und die Qualität wesentlich. Angetrieben wurde die Mühle von zwei oberschlächtigen Wasserrädern. Um die Drehzahl einigermaßen gut regulieren zu können, baute der Fronmühlner 1947 eine neue Wehr. Dazu wurden acht Wagons mit Granitsteinen aus Schärding mit der Bahn zum Bahnhof Oberbrunn transportiert. Die letzten vier Kilometer mussten die schweren Steine mit Pferd und Wagen zur Fronmühle gebracht werden – viele Nachbarn halfen dabei.

Zehn Jahre lang lief das Geschäft mit der Mühle gut, bis nach dem Krieg die Bauern nicht mehr zum Getreidemahlen kamen und die industriellen

Der Vater mit Kindern und den Dienstboten vor dem Bauernhaus.

Mühlen immer mehr Marktanteile wegnahmen.

Die Qualität des Mehls hing natürlich stark von der Weizensorte ab. Am Beginn konnte sich der Fronmühlner noch leicht mit guten Qualitäten aus der Umgebung eindecken, doch mit der Einführung von kurzstrohigen und ertragreicheren Sorten sank die Backqualität immer mehr. So sah sich Moser sogar gezwungen, so genannten Manitoba-Weizen aus Amerika einzukaufen und zu vermahlen, um einigermaßen konkurrenzfähig zu bleiben.

Die beiden Wasserräder trieben auch ein Sägegatter an. Das Vollgatter hatte einen Durchgang von 55 Zentimeter und das „Venezianische Gatter" konnte Stämme bis zu 1,5 Meter Durchmesser bewältigen. Liefen die Wasserräder zu schnell, konnte man den Wasserzulauf schlagartig auf den so genannten Freischuss umleiten. Dabei floss das Wasser zwischen beiden Wasserrädern hindurch, ohne Arbeit zu verrichten.

1952 heirateten Moser und seine Frau Ernestine. Sie war nicht aus bäuerlichem Hause, sondern hatte einen kaufmännischen Beruf in der Molkerei erlernt. „Wo kunnt denn de mit zwao Saueimer geh"´, spotteten einige Leute und trauten mir den Beruf einer Bäuerin nicht zu", erzählt Frau Moser. Damals war es nicht ganz standesgemäß, dass ein Bauernsohn eine „Andere" heiratete.

Nachdem Moser sehr viel Arbeitszeit in der Mühle und im Sägewerk investierte, wuchs Ernestine sehr rasch in die neue Aufgabe als Bäuerin hinein. Bald wurde das Vieh aufgestockt und 1956 dem Braunviehzuchtverband beigetreten. Die züchterische Arbeit gelang mit der Einkreuzung von Brown Swiss recht gut, sodass der landwirtschaftliche Zweig am Betrieb Fronmühle immer mehr an Bedeutung gewann. Letztendlich wurde die Müllerei zu Gunsten der Milchviehhaltung aufgegeben.

Im Vordergrund wartet eine Menge Holz, geschnitten zu werden. im Hintergrund das aufgestockte Mühlengebäude.

Das Holzsteckerl im Bratl

Beim Josef Fischer, Auer in Peterskirchen, war es um sechs Uhr zum Frühstück. Es gab eine große Schüssel Rahmsuppe, die mitten auf den Stubentisch gestellt wurde. Zum Einbrocken gabs 'Kucherl oder die Kleine Dirn hatte Brotschnitterl hergerichtet. Jeder hatte seinen angestammten Platz am Tisch. Bei großen Bauern, wo sehr viele Dienstboten am Hof waren, aßen die Bauersleute auf einem kleineren Tisch daneben. Der Stubentisch hatte auf jeden Fall eine Tischlade, worin das Brot zwischen den Mahlzeiten gelagert wurde. Das Esszeug konnte in einer separaten Esszeuglade, die unter der Tischplatte angebracht war, aufbewahrt werden. Für die Sauberkeit des Esszeugs war jeder selber verantwortlich. „Oft wurde dabei das Tischtuch zu Hilfe

Beim Schotterwaschen mit Sautrog und Spitzschaufeln.

genommen", erzählt Maria Fischer. Nach dem Sauabstechen gab es Schnitzel. Da es keine Gefriermöglichkeit gab, wurde das Fleisch in Fleischkübeln haltbar gemacht. Ein Kübel war für das Beinfleisch, der zweite Kübel für das Bratlfleisch. Waren Handwerker am Hof, gab es zu Mittag außer freitags immer Fleisch. Entweder gabs Bratl, Gselchtes, Gsottenes oder Gulasch.

Beim Bratl steckte die Bäuerin in das Fleischstück, das dem Großen Knecht zustand, ein kleines Holzsteckerl. Die Reihenfolge, nachdem sich die Dienstboten nacheinander die Fleischstücke aus der Rein nahmen, war damit immer gleich. Aß einer schon zu Mittag das ganze Stück Fleisch, hatte er zur Jause nichts mehr. Bevor man mit dem Messer in den Brotlaib schnitt, wischte man es auf der Brotoberseite ab, weil es vom Fleisch noch schmierig war. Als Zuspeise gab es zu Mittag gern Sauerkraut und Erdäpfel, Kraut- oder Erdäpfelsalat.

An den Freitagen gab es fleischfreie Speisen, wie Hasnöhrl, Krapfen oder Röhnudeln.

Zur „Neinijausn" gab es nur dann Fleisch, wenn man sich vom Mittagessen welches aufgespart hatte. Sonst waren Butter und je nach Jahreszeit Radi oder Krautsalat auf dem Tisch. Zum Trinken stand immer der Mostkrug bereit.

Wurst gab es ganz wenig. Höchstens die „Mettnwurst" oder zu Fronleichnam bekam man eine Knackwurst zu Gesicht.

Braunviehzüchter aus Tradition

„Ross und Troad", so beschrieb schon der Heimatdichter Franz Stelzhamer das Innviertel.

Aber vor allem auch Rinder spielen in diesem Landesteil eine große Rolle. Ebenfalls, wie Stelzhamer, ist Sepp Rohringer in Pramet zu Hause. Der Sebald Sepp aus Gutensham heiratete von der Nachbargemeinde Pattigham 1951 nach Pramet herüber. Seine landwirtschaftliche Gesellenprüfung legte er noch bei der Reichsnährstandsverwaltung ab. Sein Schwiegervater, der alte Sebald, war einer der Ersten, die einen Traktor ankauften. Bereits im Jahre 1939 ersetzte der 22 PS starke Kramer größtenteils die Pferde bei der Arbeit. Auch die Melkmaschine kam schon in dieser Zeit in seinen Stall.

Schon seit der Jahrhundertwende züchtete man beim Sebald das Braunvieh. Die Gegend südlich von Ried ist die eigentliche Wiege des Oberösterreichischen Braunviehzuchtverbandes. In den Kriegsjahren wurde die Züchtervereinigung liquidiert. Erst in den Fünfzigerjahren traten viele Züchter wieder neu beim Verband ein. Aber auch die damals krassierende Rindertuberkulose bewog viele Bauern nach der Herdenbereinigung auf das Fleckvieh umzusteigen.

Die Nähe des Zuchtverbandes und der Versteigerung in Ried war da auch oft mit ein Entscheidungsgrund. „Wir hatten Gott sei Dank damals keinen Krankheitsfall am Hof und konnten so die gesamte Herde erhalten", erinnert sich der Sebald Sepp.

Lange Zeit war er auch engagierter Stierhalter. Teilweise kamen die Stiere damals auch aus der Schweiz. In den Sechzigerjahren richteten die Züchter auch einen Körplatz in Pramet ein, wo regelmäßig Zuchtschauen stattfanden. Dieser Platz wurde später von den Pferdezüchtern für die Abhaltung von Jählingsschauen übernommen.

„Der Weg zur Versteigerung nach Wels ist weit und damals war er sehr aufwendig zu bewältigen."

Zuchtstiere wurden auch aus Vorarlberg hereingebracht.

197

Geburt der Maschinenringidee

Karl Öttl, der „Moa z'Fraham", Gemeinde Reichersberg, ist ein Mann, der immer auch für andere da war. Seine Frau und er übernahmen den Moahof in Fraham nach der Hochzeit 1958. Bis Ende der Fünfzigerjahre waren auch noch Dienstboten am Hof. Die Arbeit auf dem Hof war viel, aber trotzdem boten die Moaleute den „Häuselleuten" ihre Hilfe an.

In Reichersberg befindet sich auch das weithin bekannte Chorherrenstift, das einen großen Stiftsmoahof dabei hatte. „Bis zu 60 Kühe, sechs Paar Ochsen und viele Rösser hatte das Stift", erinnert sich Karl Öttl. „Fast das ganze Dorf war bei den Chorherren im Dienst".

Diese „Häuselleut'" bekamen vom Stift als Entlohnung neben dem Geld auch noch so genannte Verlassacker, die sie selber bewirtschaften durften. Diese Äcker und Wiesen waren oft kleinere unförmige Flecken am Rande der großen Stiftswiesen und -äcker. Außerdem wurde den Häuselleuten ein Auholzdeputat zuerkannt. Das waren so ungefähr zehn Raummeter Scheiter. Da aber diese Stiftsgehilfen, die so genannten Moahofgeher, selber keine Rossfuhrwerke besaßen, halfen ihnen die umliegenden Bauern mit einem Gespann oder Fuhrwerker aus. „Es gibt in Reichersberg kaum einen Acker auf dem ich nicht schon gefuhrwerkt habe", weiß Karl Öttl. „Vom Widführen von der Au herauf über das Mistführen mit der Loapfn bis hin zum Eggen und Heueinfahren haben wir auf den Grenzparzellen der klei-nen Nebenerwerbsbauern alles erledigt. Man hat kaum nein gesagt, wenn einer fragen gekommen ist", betont er.

„Bezahlt haben sie uns das Trinkgeld, aber hie und da hab ich auch nur für ein Vergeltsgott gefuhrwerkt".Nach dem Krieg fuhren wir bis 1948 mit den „Rotttalern", einem mittelschweren Pferdetyp, der im Innviertel viel gehalten wurde. Dann kam der erste 26er Steyrtraktor mit dem auch viel auf fremden Wiesen und Feldern gearbeitet wurde."

Aus dieser Nachbarschaftshilfe wurde erst viel später der Maschinenring geboren.

Der Moa z'Fraham war von 1967 bis 1984 auch als Bürgermeister von Reichersberg immer für die Anliegen der anderen offen.

Karl Öttl, Moar 'z Fraham, mit seinen „Gehilfen".

198

Viehmarkt war wichtig für alle

Die Stadt Ried und die Bauern aus der Gegend waren immer schon eng miteinander verbunden. Dies gilt vor allem für die Rinderzüchter und Viehhändler. Darüber, wie sich diese Beziehung der Bauern zu ihrem Ried entwickelte, weiß Herbert Eder sehr viel zu erzählen. Eigentlich stammt er aus Niederösterreich. Erst durch die Wirren der Nachkriegszeit wurde er nach Ried verschlagen. Seine Verwandtschaft väterlicher Seits hatte im Innviertel gelebt. Auch mit dem Bauernstand war er eigentlich von klein auf sehr verbunden. Half er doch oft am Hof seiner Cousine, deren Mann im Krieg fiel, immer wieder bei allen Arbeiten aus. Erst duch den persönlichen Kontakt mit dem damaligen Zuchtleiter des FIH, Dr. Anton Pohl, bekam Herbert Eder erst die Möglichkeit, sich beruflich für die Rinderbauern des Inn- und Hausruckviertels einzusetzen. 1949 begann er als so genannter Probemelker beim Milchleistungskontrollverband. Im Zuge seiner beruflichen Laufbahn kam er in fast alle Kuhställe der Züchter westlich des Hausrucks.

Der Name Eder Herbert ist auch von den vielen Viehmärkten in Ried nicht mehr wegzudenken. In den ersten Nachkriegsjahren waren es hauptsächlich Stiermärkte, die am FIH-Gelände am Volksfestplatz abgehalten wurden. „Bis zu 300 Stiere haben wir damals pro Tag versteigert. Es waren kaum Kalbinnen und Kühe dabei. Die haben die Bauern ja selber zum Aufbau ihrer Herde gebraucht. Die Viehbestände je Betrieb wuchsen ja sehr stark in dieser Zeit", erzählt der alte Leistungsinspektor. Die Tiere wurden in kleinen Baracken versteigert. Die Stiere hat man mit Bahn und LKW herangeschafft.

Die Bauern aus den umliegenden Gemeinden trieben ihr Vieh zu Fuß nach Ried. Der Stiermarkt wurde damals am Donnerstag abgehalten, wobei am Mittwoch bereits die Körung stattfand. Viele Bauern, die ein

Zusammen mit Dr. Pohl besuchte Leistungsinspektor Herbert Eder die guten Zuchtbetriebe, wie den Oberaigner in St. Marienkirchen (Bild).

Stück am Markt hatten, übernachteten dann auch gleich in Ried. Sie schliefen in den Bauernwirtshäusern der Stadt oder bei Verwandten in der näheren Umgebung. Diese Wirthäuser, die es leider heute in Ried nicht mehr gibt, waren wichtige Zentren für Meinungsaustausch und Diskurs. Einmal pro Monat hatte man dort die Möglichkeit Neues zu erfahren und bis in die Nacht zu feilschen, streiten oder zu prahlen.

Auch für die Rieder Geschäftsleute war der Markttag ein großer Umsatzbringer. Da bis in die Sechzigerjahre hauptsächlich das Vieh bar bezahlt wurde, hatten viele Bauern an diesem Tag den Geldbeutel gefüllt. Der Umsatz machte an diesem Tag so viel aus wie an einem guten Vorweihnachtseinkaufstag, behauptete so mancher Rieder Kaufmann. Von Stoffen für die Bäuerinnen und Mägde bis hin zu Eisenwaren und Sämereien für die Wirtschaft wurde alles gekauft. „Heute fahren auch die Bauern immer und jederzeit in die Stadt, denn die Mobilität ist kein Problem mehr," bemerkt Eder.

Das damalige Körschema und auch die Zuchtwertschätzung wurde weitestgehend vom Reichsnährstand übernommen und erst nach und nach verbessert. Kurios für die damaligen Versteigerungen waren auch die so genannten Stopppreise. Dies war ein festgelegter Höchstpreis, der manchmal von mehreren Stierhaltungsgenossenschaften erreicht wurde, über den aber nicht mehr weitergesteigert werden durfte. Der Stierzuschlag wurde dann meist durch Zuteilung vom Verbandsausschuss oder durch „Hölzchenziehen" vollzogen. Diese Vorgangsweise war den Züchtern nicht sehr recht, da eine Manipulation nicht auszuschließen war. Erst im Laufe der Fünfzigerjahre kamen immer mehr Kalbinnen am Viehmarkt zur Versteigerung. „In den Jahren 1946 und 1947 wurde auf Grund der starken Sommertrockenheit sehr viel Vieh bei den Versteigerungen abverkauft", erinnert sich Eder noch gut. „Vor allem die Niederösterreicher, die ja von den russischen Besatzern stark ausgeblutet wurden, deckten sich damals in Ried mit Vieh ein", ergänzt er noch. Große Viehhandelsfirmen brachten in den Fünfzigerjahren auch viele italienische Vieheinkäufer nach Ried. Die Firmen Micoli, Onorato und Tessolin sind auch heute bei den Bauern noch Begriffe. Erst mit dem EU-Beitritt Österreichs 1995 verschwanden auch die Italiener wieder aus der Rieder Versteigerungshalle.

Als Leistungsinspektor arbeiten in fünf Bezirken etwa 120 Probemelker unter Eders Führung. „In meinen Anfangsjahren musste ich auch tagelang mit Dr. Pohl zu den guten Züchtern fahren, um interessantes Tiermaterial zu zeigen," erzählt er. „Auf kleinen Sammelauftrieben haben wir Stiernachkommenschaften und Kuhfamilien inspiziert. Dr. Pohl war zwar oft sehr ruppig zu den Bauern aber als Fachmann hoch angesehen", berichtet Herbert Eder. Im Jahr 1985 ging der Leistungsinspektor in den Ruhestand. Mit der neuen Computertechnik hatte er nur mehr am Rande zu tun.

Früher war der Bauer noch Bauer

Die Gegend von Waldzell über Pramet bis hinüber nach Eberschwang ist traditionell, im fleckviehbeherrschenden Innviertel, ein altes Braunviehzuchtgebiet. Genau so ist es auch beim Harrer z'Ebersau in der Gemeinde Schildorn. „Früher haben wir sogar von Vorarlberg die Zuchtstiere herausgeholt", erzählt der Altbauer Johann Rachbauer. Hans wurde 1919 gleich in der Nachbarschaft geboren und kam 1935 als Baumann auf den Harrerhof. Der 35 Joch große Betrieb gehörte damals der kinderlosen Tante seiner späteren Frau Maria.

„Bis in die Fünfziger da war der Bauer noch Bauer, aber heute da ist der Bauer nur noch der Knecht", erklärt der alte Harrer. Der Bauer selber ging früher nie mit dem Drescher; auch in den Stall zur „Wegarbeit" ist damals der Bauer selten gegangen. Abends hat sich der Bauer gewaschen und ging ins Wirtshaus. Die Bäuerin hingegen war viel mehr in alle Arbeitsabläufe des Betriebes integriert. Die Kinder wurden zumeist von den Großeltern großgezogen. Bis 1965 hat man beim Harrer noch mit der Maschin' gedroschen. Der Dampfer war bei ihm, und der Druschwagen war beim Riepelbauer eingestellt. Meist hat man zweimal gedroschen. „Wenn es regnete stellten wir ein Riemendach vom Stadel bis zum Dampfer, der im Hof stand, auf. Ansonsten wäre der nasse Flachriemen immer abgelaufen", erzählt der Hans. Der Dampfer sollte weit genug weg vom strohgedeckten Stadl stehen. Der Funkenflug verursachte so manchen Großbrand. Nach dem zweiten Mal Dreschen gab es dann bei jedem Bauern in der Stubn' den so genannten Maschintanz. Dazu ließen sich die Knechte und Mägde die frischgebackenen Bauernkrapfen mit Kaffee schmecken. „Bis Mitternacht tanzten wir oft, und nächsten Tag stand man aber nach er Wegarbeit schon wieder um sechs Uhr beim nächsten Bauern im Maschintenn", erinnert sich der alte Harrer noch genau.

Maschindreschen um 1937 in Schildorn.

S' Broudbacha guat g'macht

„I´ bi´ scho´ a bisserl stolz g´wen, wann ma a guat´s Broudbacha ham", sagt Maria Schrattenecker, Hansbäuerin in Weindorf.

Begonnen hat das Bacha mit der richtigen Mischung des Mehls. Am Vortag wurde ein Teil Roggenmehl und zwei Teile Weizenmehl mit Germ und Sauerteig vermischt. Dieses Gemisch nannte man „Ura". Nach dem Rasten wurde bereits um vier Uhr Früh des nächsten Tages der Teig fest durchgeknetet. Während der Wegarbeit konnte der Teig wieder rasten. Dann drehte man den Deckel der Mehltruhe um, streute Mehl darauf und stoch den Teig Stück für Stück ab, knetete ihn fest durch und legte ihn in Strohschüsseln, die mit Stofftüchern ausgelegt waren, ab. Die Strohschüsseln stellte man auf Bänke, die an einem warmen Ort standen.

Familie Schrattenecker mitten in ihrem Hof.

Nun musste der Backofen angeheizt werden. Bereits die Holzart der Scheiter und die Qualität des Scheiterstoßes war für das Gelingen mit entscheidend. Beim Hansbauer musste die Kleine Dirn 16 Scheiter im Backofenraum fein säuberlich aufschlichten. Zur Ausrüstung des Backofens gehörte ein Blecheimer mit Wasser, ein „Bawisch" und eine Backschüssel. Das Tannenreisig für den Bawisch wurde bereits im Herbst zuvor abgeschnitten.

Nachdem der Scheiterstoß „eingefallen" war, hat man mit dem Bawisch die Glut gleichmäßig im Backofen verteilt, was man „pfiaten" nannte. Im vorderen Teil des Ofens wurden die Zelten gebacken – ein Leckerbissen für alle. Dann entfernte man die Glut aus dem Ofen, stürzte den Teig aus den Strohschüsseln auf die Backschüssel und schoss den Teig ein. Achtzehn Laibe hatten beim Hansbauerofen Platz. Bereits nach einer Viertelstunde hatten die Laibe die passende goldbraune Farbe, doch sie brauchten noch weitere zwei Stunden, bis sie durchgebacken waren. War zuviel Hitze im Ofen, wurde der Bawisch in das Wasser des Blecheimers getaucht und die Hitze abgedämpft.

Das „Einschießen" der Laibe musste sehr schnell gehen, um nicht unnötig Hitze zu verlieren. Meistens halfen die Bäuerin und die weiblichen Dienstboten zusammen.

War das Brot fertig gebacken, nahm man die Brotschüssel und holte die Laibe heraus.

Karges Leben der Kleinhäusler

Stammte man früher aus einer Kleinhäuslerfamilie, in der viele Kinder da waren, musste man oft schon als Kind hart arbeiten. Genau so erging es auch der Katharina Wintersteiger vom „Mausbauern" in der Gemeinde St. Georgen bei Obernberg. Vom Laber in Geinberg stammt sie ab. Der Vater war Maurer und ihre Mutter kümmerte sich um die drei Joch Grund und die drei Kühe zu Hause. Im Alter von acht Jahren half die Kath der Mutter schon beim „Fassen" auf dem Heuwagen. Ihr erstes Geld vediente sie sich mit zehn Jahren beim Schweinehüten in den Schulferien. Nach der Schulzeit ging ihre Wanderschaft durch viele Bauernhöfe der Umgebung los. Angefangen hatte sie beim Glechner in Neuhaus als Kleine Dirn. Mit fünfzehn Jahren stand die Kath beim Pfarrhof in Geinberg ein. Damals

Katharina Wintersteiger bei der Arbeit in ihrem Sacherl.

hatte noch fast jeder Pfarrer seine eigene Landwirtschaft. „Gut ist es mir beim Geistlichen Herrn nicht ergangen", erinnert sie sich. „Um sieben Uhr Früh musste ich schon mit dem Baumann hinaus ins Weissauerholz zur Mergelgrube fahren. Dort war das händische Auflegen eine Mordsschinderei." Als sie drei Jahre später zum Hansbauer kam, stand sie dort schon als Große Dirn ein. Später lernte sie beim Öttl, wo sie auch zwei Jahre Große Dirn war, ihren Mann Josef kennen, der dort als Baumann im Dienst stand. Wenn man verheiratet war, und beim selben Bauer diente, war das nicht so einfach. Darum wechselte die Kath an Maria Lichtmess 1937 zum Irg in Nonsbach. Das war auch ihre letzte richtige Anstellung. Drei Jahre später gingen sie in ihr gemeinsames kleines Haus in Oberaichet. Ein halbes Joch Wiese war rundherum, sodass sie nur ein bis zwei Kühe füttern konnten. Beim Öttl, wo der Sepp nach dem Krieg wieder einstand, hatten die beiden auch einen kleinen Lassacker. „Der Sepp, der schwer verwundet aus dem Krieg heimkam, wollte gleich wieder zum Öttl. Für ihn war dort sein Zuhause. Er gehörte dort zum Haus", erzählt die heute 89-jährige. Sie half später noch beim Rachbauer und bei manch anderem Bauern aus. Eine eigene Rente hat sie nie bekommen. Erst nach dem Tode ihres Mannes bezog sie eine kleine Witwenpension. „Gearbeitet hab`ich schon viel in meinem Leben", sagt die alte Kath.

Bei den Zechen wurde auch gerauft

Max Lemberger war lange Zeit Mitglied bei der „Groß-St.-Marienkirchner" Zeche. Die Gemeinde hatte bis zum Zweiten Weltkrieg drei Zechengemeinschaften: Groß St. Marienkirchen, die etwas kritischen Bögl und Trauner gründeten die Wallner(Waldner)-Zeche und die Pilgershamer Zeche.

War man 18 Jahre alt, so erlernte man den Landlertanz. Die Tanzabende fanden in einer Bauernstube statt und begannen im Herbst. Die Eicht, das ist die Reihenfolge der Tanzfiguren, wurde auf einen Zettel aufgeschrieben und der Lehrling musste sie auswendig lernen. Die Eicht war bei jeder Zeche unterschiedlich. Der Tanzlehrling musste hinter einem guten Tänzer durch Zählen bis acht die Schritte einüben. Konnte er das, durfte er mit einer guten Tänzerin weiterüben. Auf die Armführung wurde besonders

geachtet. Die Hausruckviertler haben beim Dreimaleindrahn mit den Armen mords herumgefuchtelt. Das war für die Innviertler ein Graus. Wenn dann die Schritte und die Eicht halbwegs saßen, durfte der Lehrling bei kleinen Veranstaltungen mittanzen. Bis er bei Hochzeiten oder größeren Veranstaltungen mittanzen durfte, vergingen noch etwa zwei Jahre. Die Burschen waren also 20 Jahre alt, bis sie „richtige" Zechkameraden waren. Wichtig beim Landlertanz war auch der Ansinger. Das ist der Zechkamerad, der beim Tanzen die G'stanzl singt. Der Ansinger bei der St. Marienkirchner Zeche, Karl Pölz, wurde mit Unterstimme und Bass von den übrigen Tänzern begleitet. Nach Ende des G'stanzls kam der Almerer, eine Art Jodler, der von den Zechmenschan gesungen wurde. Wenn Tanz und Gesang gelangen, standen bald Zu-

Die Zeche von Groß-St.-Marienkirchen mit ihren 28 Kameraden im Jahre 1935.

schauer und Zuhörer auf dem Landlerboden.

Die Schwestern der Zechkameraden und die festen Freundinnen bildeten die Gruppe der Zechenmenscha. So gab es auch für die Mädchen eine Gemeinschaft. Sie mussten bei der Eicht der eigenen Zeche alle zum Tanz geholt werden. Der Zechmeister, ein erfahrener und angesehener Zechkamerad, teilte die jungen Kameraden ein, mit ihnen zu tanzen. Wenn ein fremder Tänzer es wagte, beim Tanz der Zeche mitzutanzen oder gar durch den Tanzplatz zu gehen, gab es bald eine Rauferei.

Jede Zeche bekam vom Tanzmeister einen Tisch zugewiesen. Um eine Tänzerin von einer anderen Zeche zum Tanz aufzufordern, gab es feste Bräuche. Man ging zum Zechentisch der fremden Zeche, an dem alle Burschen und Mädel zusammen-saßen und fragte: „Erlaubt´s ma a Tanzerin?" Wenn keine Spannungen zwischen den beiden Zechen bestan-den, wurde vom Zechenmeister mit „Ja" gantwortet. Dann wurde der Literkrug Bier gereicht und erst nach dem Trunk – es war oft ein kräftiger Zug – forderte man das ausgewählte Zechenmensch zum Tanz auf. Nach dem Tanz wurde mit dem Mädchen vielleicht noch etwas geplaudert, bevor man sie an den Tisch zurück-brachte.

Die Zechkameradschaft zahlte bei Veranstaltungen einen gewissen Betrag zusammen, das in einen umge-drehten Hut auf den Tisch gelegt wurde. Von dem Geld kaufte man nur Bier in Literkrügen. Wenn die Kellnerin mit dem Bier kam, bezahl-te ein anwesender Zechkamerad von diesem Geld. „Ich hatte oft erst ein-mal getrunken, war die Kasse schon wieder leer. Dann hieß es wieder z´sammzahln.", erzählt Lemberger.

Die Musiker waren meist zwei Geiger und ein Bassgeiger für den Landler. Für den Triowalzer, der nach dem Landler folgte, sattelten sie aber oft auf Flügel-horn, Trompete und Basstrompete um. Bezahlt wurde die Musik beim Landler, beim „Hoib a", also nach der ersten Hälfte des Tanzes. Dabei ging ein Musikant mit dem Hut den Tanzkreis durch und jeder Tänzer musste den gewünschten Betrag ein-werfen.

Die Reihung der Eichten auf den Landlerböden war überliefert. Die Groß-St. Marienkirchner hatten in allen angrenzenden Gemeinden die erste Eicht nach der Gemeindezeche. Die Einteilung der Reihung der Zechen auf den Landlerboden mach-te der Tanzmeister. Der hatte große Verantwortung, denn er musste die nächste Zeche schon aufrufen, wenn die vorherige noch auf dem Tanz-boden war und durfte in der Reihung keinen Fehler machen.

Lemberger war lange Zeit Tanzmeister und er war immer froh, wenn die Veranstaltung gut über die Land-lerbühne ging. Trotzdem war es, wie er heute noch sagt, „eine sehr schöne Zeit."

Mit der Heirat schied das Zech-mitglied aus der Zechkameradschaft aus. Als Abschiedsgeschenk zahlte man den Zechkameraden einen Eimer Bier.

Die Finanzer schauten ganz genau

Der Schnaps und seine Herstellung spielt in unserer Gegend eine sehr große Rolle. So auch beim Schachinger z'Koblstadt in der Gemeinde St. Martin. Der Altbauer Ludwig Ecker hatte bis zum Ende der Sechzigerjahre ungefähr 200 Obstbäume um den Hof stehen. Das so genannte „Maria-Theresianische Brennrecht", das auf dem Schachingergut ist, nützte er damals gut aus. Drei Hektoliter Weingeist durfte er damit jedes Jahr destillieren. Freilich musste er auch Steuer dafür entrichten. Gelernt hat der 1922 geborene Schachinger Wig das Brennen vom Vater, der noch eine Mostschänke betrieb. Eingemaischt wurden Zwetschken, Langstängelbirnen und Äpfel. Aber auch Most, und bis 1950 hat er noch Korn gebrannt. Der Brennkessel stand in der Saukuchl und war fest eingemauert. „Später habe ich auch in der Gemeinschaft beim Wasserbadkessel mitgetan", erklärt er, „aber der ist mir immer zu schnell ausgekühlt, darum habe ich 1986 wieder einen eingemauert." Die Kontroll-beamten vom Finanzamt, die so genannten Finanzer waren immer sehr streng. Einmal hatte es auch den Wig erwischt. Es war ein Missverständnis. Brennschluss war auf der Anmeldung mit 15 Uhr angegeben; er hat aber irrtümlich 5 Uhr gelesen. Prompt standen um 16 Uhr die Finanzer in der Saukuchl. „Ich hatte noch einigen Lutter herumstehen", sagt er. Der Kessel stand unter Feuer und der Feinbrand floss gerade gut. Die Finanzer versiegelten und beschlagnahmten den Kessel, den Schnaps und den Lutter. „Ich musste nach der Gerichtsverhandlung im Keisgericht Ried alles teuer zurückkaufen und dazu noch 10.000 Schilling Strafe bezahlen", schimpft er noch. Zugetragen hatte sich das vor 30 Jahren. Heute brennt man auf dem Schachingerhof nicht mehr viel. Eine Auswahl guter Liköre richten der Ludwig und seine Frau aber immer noch gerne her. Der Sohn hat die Landwirtschaft aufgegeben und der Obstgarten wird auch immer kleiner.

Ludwig Ecker aus St. Martin bei der Obsternte im Jahre 1960. Im Bild auch der erste Traktor des Bauern.

Buchhaltung ist wichtig

„In den vergangenen 40 bis 50 Jahren hat sich mehr in der Landwirtschaft verändert, als in den 500 Jahren zuvor", so beginnt Johann Karrer, Schachl in Bruckleiten, seine Erzählung.

Ob er Bauer werden würde, diese Frage stellte sich ihm gar nicht. Er hat vor dem Krieg auf dem Hof fest mitarbeiten müssen, wurde eingezogen und kam mit 26 Jahren vom Krieg heim. Mit diesem Alter wäre es nicht möglich gewesen, noch einen außerlandwirtschaftlichen Beruf zu erlernen.

Heute noch erhält sich der Altbauer mit Fußmärschen und Rad fahren gesund, denn: „Die Gesundheit ist das Wichtigste!"

Nach dem Krieg kamen viele Zins- und Bettelleute bei den Bauern vorbei. Es gab Tage, an denen dreißig bis vierzig Bettler kamen. „Die Hälfte der Lebensmittel wurde da beim Fenster hinausgegeben, um den armen Leuten ein bisschen zu helfen."

Schon 1955 begann der Schachlbauer mit der freiwilligen Buchführung für seinen Betrieb.

Er hatte großes Interesse, die wirtschaftliche Situation des Betriebes zu dokumentieren, auch wenn damals das Einkommen sehr spärlich ausfiel. Wichtig war ihm auch der Vergleich zwischen ähnlich geführten Betrieben der Region. Die Landesbuchführungsgesellschaft lieferte dazu die Auswertungen.

Wie gravierend sich die wirtschaftlichen Verhältnisse verändert haben, macht folgender Vergleich deutlich. Der Vater musste vor dem Ersten Weltkrieg ein Jahr lang arbeiten, um sich ein Fahrrad leisten zu können. 1935 verdiente man pro Monat ungefähr 30 Schilling, ein Fahrrad kostete 100 Schilling; also rund dreieinhalb Monate Arbeit für ein Fahrrad. Heute kostet ein Fahrrad so rund 5.000 Schilling wofür rund eine Woche Arbeit notwendig ist.

Stolz sind die Bauern auf gute züchterische Leistungen.

Viele Erinnerungen an die alte Zeit

Josef Hinterholzer, Riepl z'Walchshausen, wurde 1920 geboren. Mit sechs Jahren ging er in die Schule nach Tumeltsham. Der Oberlehrer Binder betreute in einer Klasse 114 Schülerinnen und Schüler. Trotzdem war es im Unterricht „mausalstad".

Nach der Schule blieb der Riepl daheim auf dem Hof. In der Landwirtschaft wurden Leute gebraucht und die wenigsten bekamen in der Stadt eine Arbeit. Bewirtschaftet wurden 24 Hektar. Der Viehbestand betrug neun bis zehn Kühe, Jungvieh, drei bis vier Rösser, zwei Zuchtsauen und 15 bis 20 Mastsäue. Auf den Äckern baute er Korn, Weizen, Gerste und Hafer in der Rotation an. Daneben hatte er um die zwei Joch Erdäpfel für die Schweine und ein Joch Rüben für die Kühe. Die Erdäpfel wurden nach der Ernte gedämpft und in einem betonierten, eckigen Erdäpfelsilo konserviert. Dabei musste immer eine Dirn oder ein Knecht mit den Gummistiefeln im Silo treten.

1931 gab es einen heftigen Sturm. Die Kirchentürme von Ried, Hohenzell, Kirchheim und Tumeltsham wurden schwer beschädigt. In einem Schulheft schrieb Hinterholzer in gestochener Schrift die wichtigsten technischen Daten des neuen Turmgestühls auf: Die Höhe der vergoldeten Kuppel war 16,5 Meter, der Durchmesser betrug 5,5 Meter und das Kreuz hatte eine Höhe von 1,6 Meter.

In der Schule suchte der Oberlehrer Binder diejenigen heraus, die ein Musikgehör hatten und im Ort blieben. Der Riepl z'Walchshausen war auch dabei. Er lernte die Geige, musste jedoch – bei einer Kriegsverletzung wurde das Ellenbogengelenk seines linken Armes steif – auf Horn umlernen. Sechzig Jahre lang diente er als „Musinarrischer" der Musikkapelle Tumeltsham. Für ihn war das Musizieren, die gelebte Gemeinschaft im Verein, aber auch das Freibier bei Festen eine willkommene Abwechslung zum arbeitsreichen Alltag.

Der Riepl, ein begeisterter Musiker, erlernte erst die Geige, mußte aber infolge einer Kriegsverletzung auf Horn umlernen.

Eine gewaltige Umwälzung

Franz Rauscher, Zauner z'Kirchberg, wurde 1909 geboren. Man sieht ihm sein Alter in keiner Weise an. Er wirkt wesentlich jünger und noch sehr gesund. Wir waren beim Gespräch auf seinem ehemaligen Hof, wo er jeden Tag verschiedene Arbeiten verrichtet, die ihm noch immer eine große Freude bereiten.

Er hatte vierzehn Geschwister und seine Mutter machte viel mit. Er besuchte von 1916 bis 1921 die Volksschule in Utzenaich und tat sich leicht beim Lernen.

Er kann sich noch gut an den Tag erinnern, an dem sein Vater die Einberufung zum Ersten Weltkrieg mit der Post zugestellt bekam. Es war für die Familie Zauner ein schwerer und trauriger Tag. Es ging alles sehr schnell. Seiner Meinung nach wurde der Krieg völlig überstürzt und unverantwortlich begonnen. Die Generäle, erzählt Zauner, heizten mit dem Motto: „Denen da unten werden wir es schon zeigen und in drei Wochen sind wir wieder da!", die Stimmung unter den Soldaten an. Bei der Abreise mit dem Zug Richtung Slowenien drängten sich die Soldaten des Rainer Regiments geradezu in den Wagon. Der Verlauf des Krieges ist heute jedem bekannt.

Von 1921 bis 1927 besuchte Franz Rauscher die Bürgerschule in Ried. Er lernte dort sehr viel, zu seinen besonderen Vorlieben zählte das Zeichnen und das Stenografieren. „Ich habe bis heute das Stenografieren leider völlig vergessen", erzählt er.

Nach der Schule wollte er einen Beruf ausüben, doch die Not der Zeit war zu groß. Er blieb bei seiner Mutter auf dem Hof als Baumann. Die Rösser liebte er und es tat ihm das Herz weh, wenn die „Heimkehrer" – das sind Rösser aus dem Kriegsdienst – völlig abgemagert und voller Räude und Ungeziefer zum Hof zurückkamen. „Jeden Tag mussten wir die Rösser mit

Der Stolz der Bauern im Innviertel waren stets die Pferde.

209

Desinfektionslösung abwaschen, damit wir sie wieder sauber brachten." Der Betrieb hatte 46 Joch, davon vier Joch Wald. Gehalten wurden vier Zuchtsauen, deren Ferkel gemästet wurden, und neun bis zehn Milchkühe. Die Arbeit wurde ohne Dienstboten mit eigenen Familienarbeitskräften bewältigt.

Bis 1928 wurden die ganzen Flächen mit der Sense gemäht. 1928 kaufte Rauscher vom Dullinger in Ried eine gezogene Mähmaschine und einen Heubeitler. Das Heuen begann mit dem Mähen. Danach wurde mit dem Heubeitler breitgestreut und gegen Mittag umgekehrt. Am Abend heigte man mit dem Rechen auf und machte Schöberl.

Am nächsten Vormittag wurde händisch z'beitelt und nach ein bis zwei Stunden umgekehrt. Danach musste man das Heu auf Zeilen z'ammtuan und um ungefähr drei Uhr nachmittags, je nach Witterung, begann man mit dem Einfahren.

Das Rossgespann fuhr zwischen zwei Zeilen. Links und rechts luden zwei Männer mit der „Roigabel" das Heu auf den Leiterwagen. Zwei Frauen mussten fassen. War der Wagen voll, wurde das Heu mit dem Wiesbam niedergebunden.

Drei bis vier Fahd'l wurden aufgeladen, bevor man das erste Fahd'l im Stadl ablud. Das geschah wiederum händisch, wobei zusätzlich zwei Leute in der Öse das Heu auseinandertrugen.

Die Arbeit früher war ziemlich kräfteraubend, doch hatte man große Freude, wenn man das Futter gut heimbrachte. Oft geschah es aber, dass das Wetter nicht mitspielte und die Ernte erst nach vielen zusätzlichen Arbeitsgängen und in schlechter Qualität heimgebracht werden konnte. Um den Misthaufen aus dem Hof zu bringen, baute Rauscher eine Jauchegrube und darüber eine Miststätte hinter dem Stall.

Die Bauzeit erstreckte sich von 1948 bis 1950. Die Jauchegrube grub er händisch aus. „Dös war a Arbeit – Heit wa' dös fia an Bagger in zwoa a, drei Stund ummi – i hab zwoa Jahr braucht – a so a Umwälzung!" Der Schotter kam mit der Bahn von Mining nach Forchtenau. Dort musste der Zauner mit der Schaufel den Schotter auf einen Lastwagen umladen. Leider war es kein Kipper, sodass er daheim die Fuhre wieder händisch abladen musste. Dann wurde natürlich händisch gemischt und betoniert. Dass die Qualität der Arbeit nicht schlecht war, sieht man heute an den tadellosen Mauern.

Im Jahre 1953 baute er eine Wagenhütte. Das Holz schnitt er mit der „Wiagnsag" selber aus dem eigenen Wald, lud die Stämme händisch auf und brachte sie zur Säge. „Lauter reinkantiges Holz kam heraus." Noch heute steht die Hütte wie neu neben dem im 16. Jahrhundert erbauten Bauernhaus. Doch leider wird sie nicht mehr genutzt. Mit den neuen Maschinen kann man wegen zu geringer Höhe der Tore nicht mehr hinein und auf den Hüttenboden will auch niemand mehr viel Holz hinaufräumen. „Wänn i dös gwusst hätt', hätt' i's nimma baut – a so a Umwälzung; ob dös guat is?"

Auf die „Zech" war man stolz

Die Gastwirtschaft des Schmidwirt steht am hinteren Ende von Waldzell. Schon fast im Hausruckwald. Der alte Wirt, Hans Spieler, übernahm gemeinsam mit seiner Frau Katharina 1947 das Wirtshaus von seinem Vater. Gekauft hat es sein Großvater schon 1904. Entstanden ist das Wirtshaus aus einer alten Schmiede in der Ortschaft Schratteneck. Auch eine kleine Landwirtschaft mit acht Joch Tragbarem und doppelt soviel Wald waren immer beim Schmidwirt dabei. Sechs Kühe mit Nachzucht standen im Stall.

Die Gegend um Waldzell ist sehr waldreich, daher gingen die Bauern schon seit jeher mit dem Ross' zum Holzreißen in den Bundesforst oder in den Herrschaftswald im benachbarten Frankenburg. Die Bauern und Knechte fuhren Montagfrüh mit ihren schweren Norikern und dem Futtervorrat für die ganze Woche in den Wald. Auch Essensvorräte nahmen sie zu den Holzknechthütten von Winterleiten und Wölfl mit. Vor allem im Winter kamen sie dann erst wieder am Samstag heim auf ihre Höfe. Das Langholzreißen war ein Zubrot für die Waldzeller Bauern. „Gleich nach dem Krieg gab es fünf Zechen in Waldzell", erinnert sich der Hans noch gut. Eine Zeche ist ein loses Bündnis von jungen, unverheirateten Bauernburschen und Knechten. Auch Bauerstöchter und Mägde waren oft dabei.

Ab dem 18. Lebensjahr durfte man mit der Zech' gehen. „Bei uns hatte die

Die Gesellschaft „Groß Wallner" um 1938.

211

große Wallnerzech ihren Stammtisch, zudem sie jeden Sonntagabend zusammenkam", sagt der alte Schmidwirt. Ungefähr 40 Burschen waren bei den Groß Wallnern, die wegen ihrer etwas raueren Art bekannt waren. Die harte Holzarbeit prägte die Burschen. In Waldzell gab es damals auch eine Burschenschaft der Handwerksgesellen, die zum Unterschied zu den Zechen den Steirischen tanzten.

Bei den Zechen war der Innviertler Landler angesagt. Getanzt wurde vor allem am Tag vor Laurenzi zur Gerstbierfeier und am Faschingdienstag. In der Gemeinde waren da die Waldzeller Zech', die Große Wallnerzech', die Große Hofinger Zech', die Geier von der Sauerei und die Kleine Hofingerzech. Das Gäu der Großen Wallnerzech ging von Lerz, Nußbaum, Kohleck, Schratteneck, Würmling, Bach bis Hartlberg über die südlichen Ortschaften der Gemeinde. „Taugenichtse" und „Stankerer" konnte man bei der Zech' nicht brauchen. Angeschafft hat der Zechmeister, der eine Respektsperson und Vertrauensmann zugleich sein musste. Aber auch so manche Rauferei hatte er zu schlichten. Beim Maibaumstellen, das nicht jedes Jahr gemacht wurde, kam man zum Maitanz zusammen. Die Zech' war ein Männerverein, aber zum Tanzen brauchte man auch die Dirndln. Jede Zech' sang ihre eigenen Gstanzln zwischen denen beim Landler immer „gealmert" wurde. Auch die Tanzrichtung und -reihenfolge war bei jeder Zech' anders. Kam einer frisch dazu, ist ihm die Tänzerin zugeteilt worden. „Raufereien gab es hauptsächlich wegen der Weiberleut'", erklärt der Hans. Eine Tänzerin von einer anderen Zech' konnte man sich nur nehmen, wenn man mit dieser Zech' nicht zerstritten war.

Am Faschingdienstag kamen die Zechen auf Mittag beim Leitnerwirt in Waldzell zusammen. Oft tanzte man auf drei Tanzböden von zehn Uhr am Vormittag bis in die Nacht nur Landler. Kaum ein Freiwalzer wurde dazwischen eingeschoben. Wurde der Trubel am Nachmittag dann zu viel schickte der Leitnerwirt die Großwallner mit einem „Fünfmassigen" voller Bier mit dem Rossfuhrwerk hinauf zum Schmidwirt. Am „Spat" füllte der Schmidwirt den Krug ebenfalls wieder an und schickte die Zechkammeraden wieder zurück zum Leitner.

Schaute beim Landlertanz eine Zech' hin, mit der man zerstritten war, schrie der Zechmeister der Tänzer: „Ausse"! Verließen die „Schauer" dann nicht den Tanzsaal, kam es dann meist zu einer gröberen Rauferei. „Die Wallner haben sich nicht leicht etwas gefallen lassen und sauer waren sie auch gleich", schmunzelt der alte Wirt.

Heute gibt es in Waldzell nur noch zwei Zechen bei denen aber fast nur verheiratete Paare den Landler tanzen. „Raufen tut von denen auch keiner mehr", ergänzt der Hans.

Die Landjugend hat in den Siebzigerjahren die Zechen nach und nach ersetzt. Beim Schmidwirt betreibt man auch die Landwirtschaft nicht mehr und auch der Maibaum wird nicht mehr gestellt.

Als Fuhrwerker für die Molkerei

Als so genannte „Häuslleut" bewirtschafteten Josef und Karoline Frauscher die paar Joch Nutzgrund beim Bruckbauer z'Kölbl in der Gemeinde Weilbach. Im Jahre 1950 übernahm der Bruckbauer Sepp das Rahmfuhrwerkergewerbe von Ludwig Hargassner, der durch eine Lungenerkrankung bedingt in den Ruhestand trat. Sechs Jahre lang stand der Sepp nun um vier Uhr Früh im Pferdestall, um seinen schweren „Blassl" zu füttern. Um halb sechs wurde das Kumet angelegt und der leichte Gummiwagen angespannt. Sein Rayon reichte von Kirchberg, Tal, Weintal über Hinterweinberg bis Detzlhof und natürlich in die Ortschaft Weilbach selber. Dort wurden auch um acht Uhr Früh die Fünf- und Zehnliter Rahmkannen vom Lastwagen der Molkerei Geinberg übernommen. Bis 1961 wurde bei den 43 Weilbacher Lieferanten die Milch selber geschleudert und nur der Rahm abgeliefert. Im Winter wurde mit einem leichten Schlitten gefahren. „Da musste mein Brauner schon scharfe Wassen auf den Eisen haben". Die Schulkinder waren auch froh, wenn sie beim „Milifahrer" aufsitzen durften und so bequemer zur Schule kamen. Nach sechs Jahren hatte der Blassl aber dann ausgedient. Am Rieder Volksfest 1955 bestellte Sepp den ersten Traktor; einen 15er Steyr Hackfruchter. Der Schmied in Forchtenau baute ihm eine neue so genannte Karrette dazu. Das Dach baute sich der Bruckbauer selber aus Holz und einer Glasscheibe darauf. „Haupt-

sache, man war ein wenig vorm Wetter geschützt", sagt er dazu. Bis Anfang der Sechzigerjahre zahlte der Fuhrwerker das Milchgeld, das er monatlich einmal vom LKW-Fahrer ausgehändigt bekam, noch selber an die Bauern aus. „Ich hatte nie ein gutes Gefühl dabei, weil ich die Sackerl mit dem vielen Geld eine ganze Nacht zu Hause hatte", erinnert er sich noch gut. Später wurde dann über die Kasse überwiesen.

Erst ab 1961 lieferten die Bauern die ganze Milch ab, dadurch brauchte auch der Sepp einen größeren Anhänger. Der neue 28er Steyr tat sich auch leichter mit den 20 Liter Alukannen auf dem Wagen. Ab dieser Zeit wurden auch die kleinen Lieferanten ständig weniger. Der letzte Traktor, den er anschaffe, war ein 40er Steyr im Jahr 1970. Dieser steht heute noch beim Bruckbauer. Aufgegeben hat er die Fuhrwerkerei gleich nach seinem 65. Geburtstag.

Der Milchfuhrwerker Josef Frauscher im Jahre 1977.

213

Zuckerrübe oder Zichorie?

Weilbach gehört zu jenen Gemeinden, wo nicht automatisch der Älteste den Hof übernahm, sondern derjenige, der am meisten zum Hof gehalten hat und die „richtige" Frau heimbrachte. „Natürlich spielte auch die Sympathie der Eltern zum Sohn eine Rolle", erzählt Alois Gurtner, geboren 1919. 1946 hat der junge Peterbauer nach dem Tod seiner Mutter unerwartet den Hof übernommen. Der Betrieb hatte 22 Hektar Ackerfläche und sieben Hektar Wald. Er war „mit Leib und Seele Bauer". 1944 galt in Weilbach vom „Deutschen Reichsnährstand" die Verpflichtung, entweder Zichorie oder Zuckerrübe anzubauen. Der Peterbauer entschied sich für Zuckerrüben. Die Königin der Ackerkulturen lehrte im Verlauf von 40 Jahren Gurtner Alois eines: „Kein Jahr ist wie das andere!" Mit der Hand stupfte man den Samen. Nach dem Auflaufen wurde vereinzelt und geheierlt. Der Reihenabstand betrug 50 bis 55 Zentimeter, damit die Rösser leichter zwischen den Reihen durchgehen konnten. Bei der Ernte schepste man das Kraut mit einem Schepseisen ab. Die Blegan der Zuckerrübe silierte man gern, die Futterrübenblegan führte der Peterbauer auf die Wiesen als Dung. Mit einem Rübenrodepflug ackerte er die Zuckerrüben aus. Danach beitelte man die Rüben ab und machte kleine Haufen. Aufgeladen wurden sie händisch. Dabei putzte der Peterbauer mit einem Messer die Rüben sauber ab. Der Leiterwagen hatte die Stirnseiten als Schieber ausgelegt, was das Abladen

etwas erleichterte. Mussten die Rüben jedoch auf den Wagon verladen werden, war das eine schweißtreibende Arbeit, erinnert sich Gurtner. Auch ein kleines Fleckerl Körnerraps wurde damals bereits bestellt. Von Hand hackte man den Rapsacker, da es noch keine Unkrautbekämpfungsmittel gab. Die mineralische Düngung mit Kalkstickstoff und Kalk geschah von Hand aus. Gegen Rapsglanzkäfer und Erdäpfelkäfer spritzte man bereits mit chemischen Mitteln. Der Raps wurde abgemäht und auf eine „Blöha", ein drei mal vier Meter großes Hanftuch, gelegt und ausgebeitelt.

Der legendäre „Kurzschnauzer" des Peterbauern, den er sich selbst aus den Steyrerwerken abholte.

Eine Unkrautspritze stand 1943 für ganz Weilbach zur Verfügung. Sie wurde von einem Ross gezogen, und die Pumpe wurde von einem Sachs-Motor angetrieben. Besonders die Erdäpfelkäfer waren eine Plage und man erzählte sich, die Amerikaner hätten die Käfer aus dem Flugzeug auf die Felder heruntergeschmissen.

Die Stärke vom Peterbauer war die Stiermast. Bereits 1946 brachten die Banater den Mais ins Innviertel. Zuerst wurden um die zwanzig Zeilen gestupft und mit dem „Krautsabel" abgehackt. Anschließend zerkleinerte man den Mais mit der Futterschneidemaschine. Die Maissilagebereitung fing in kleinen Rundsilos mit einem Durchmesser von 2,25 Metern und einer Höhe von vier Metern an. Die Erfahrungen mit dem neuen Grundfutter waren überzeugend, sodass Gurtner den Silomaisanteil auf seinen Ackerflächen ausdehnte.

Die Arbeitskräfte waren schon in den Sechzigerjahren knapp. So war Gurt-ner einer derer, die sich 1965 einen Vortrag von Dr. Erich Geiersberger über die Maschinenringidee in St. Georgen anhörte. „Alle hamb's g'sagt, der spinnt ja!" Aus der Not wurde noch 1965 der „Erste Innviertler Maschinenring" von ihm mitgegründet. Anfangs oft von den Berufskollegen, vor allem den Nebenerwerbslandwirten, mit Skepsis betrachtet, setzte sich diese Idee im ganzen Innviertel bis heute durch.

Öffentlichkeitsarbeit schrieb Gurtner immer groß. Er wirkte in verschiedensten Institutionen mit, frei nach dem Motto: „Der Dank des Vaterlandes sei dir gewiss!" Er organisierte für die Bauern der Umgebung unzählige Exkursionen und Weiterbildungsveranstaltungen, was für ihn der Nährboden der Entwicklung seines landwirtschaftlichen Betriebes war. Der Dank der Öffentlichkeit für seine Verdienste gipfelte 1986, als ihm die „Goldene Verdienstmedaille der Republik Österreich" verliehen wurde.

Die Zechkameradschaft Detzlhof in Weilbach.

Die Stadt ist nicht weit entfernt

Der Hof des Reisinger z'Moaring, Franz Wörlinger liegt unweit der Ortschaft Wippenham. Nur zwei Hügelrücken trennen die kleine Gemeinde von der Stadt Ried. Ried ist das eigentliche Zentrum des Innviertels und war seit jeher ein Ort des Handels und ein Verkehrsknoten. Vor allem prägen die Bauern der Gegend den Charakter dieser Stadt bis heute. Der Fleckviehzuchtverband mit seinen monatlich abgehaltenen Viehmärkten, der Wochenmarkt, aber vor allem die Landwirtschaftsmesse veranlassen die Bauern immer wieder, sich in Ried zu treffen. Auch den alten Reisinger zog es manchmal in die Stadt hinein. Es wurde dabei mit dem leichten Einspännerwagerl gefahren. Eisenwaren und Werkzeuge besorgte man sich beim Racher.

„Besonders der Rossmarkt am Osterdienstag war für uns ein Pflichttermin",erzählt er. Früher gab es in Ried noch viel mehr Wirtshäuser als heute. So richtige alte „Wirtshäuser"

gibt es heute in der Stadt Ried kaum mehr. „Beim Sternerwirt war es oft zum Tanzen", erinnert sich der Franz noch gut. Heute sieht man vor allem Pizzarien, Pubs, Kaffeehäuser und Chinarestaurantes in der „Bauernmetropole". Bauern setzen sich in Ried kaum mehr wo zusammen. Einmal rafften sich die Wippenhamer sogar auf, um beim jährlich abgehaltenen Narrenumzug am Faschingdienstag mitzufahren. Organisator war der damalige Musikkapellmeister Mühllechner Hans. Am Faschingdienstag des Jahres 1938 zogen sie auf einem zweispännigen Planenwagen als Zigeuner verkleidet in die Stadt. Auch der Reisinger Franz war mit von der Partie.

Selbst ein Schübel Kinder musste mit, wie es sich für Zigeuner gehörte. Das Vereinsleben zählte viel beim Franz. Bei der Ortsmusik spielte er Jahrzehnte lang das Flügelhorn. Auch beim Kirchenchor half er an Heiligen Tagen mit seiner Violine gerne aus.

Die Wippenhamer Zigeuner, Maschgerer um 1938.

Erfüllung im Bauersein gefunden

Franz Huemer wurde 1916 in Dorf an der Pram geboren. Sein Vater wollte eigentlich nie Bauer werden.

Auf dem Roisenhof in Altschwendt waren vier Töchter und ein Sohn. Der Vater gab der ältesten Tochter, einer Tante vom Vater des Huemer, das Haus. Diese wiederum verkaufte 1921 den Roisenhof Huemer. 25,18 ha waren damals dabei, davon 5 ha Wald – also ein für die damalige Zeit großer Betrieb. Der Vater schrieb schon immer jede Einnahme und Ausgabe genau und mit gestochener Schrift auf. 1953 übernahmen Franz und Karoline den Hof vom Vater. „Man hat sich gefreut, wenn man Bauer geworden ist, und ich habe dabei Erfüllung gefunden", sagt Huemer.

1928 hat er das Flügelhorn erlernt. Er war ein so begeisterter Musiker, dass er 53 Jahre lang aktiver Musiker beim Musikverein Altschwendt war. Beim Brautblasn waren sie zu zweit. Die Braut wurde mit dem Brautführer von ihrem Elternhaus abgeholt. Dort wurde den Musikanten schon ein kleiner Umtrunk angeboten. „Die Mutter der Braut", sagt Huemer, „musste daheim bleiben und weinte meistens!" Die Mutter der Braut war früher in der Regel nicht bei der Hochzeitsfeier der Tochter dabei.

Karoline und Franz Huemer heirateten 1944 unter schwierigen Umständen. Der Bräutigam rückte 1939 ein. 1944, an einem Samstag, kam er vom Krieg heim, am Montag darauf war die Hochzeitsfeier, und am Dienstag musste er wieder einrücken und kam erst nach vier Jahren wieder. Insgesamt war der Roisenbauer neun Jahre im Krieg, was für die Frau daheim nicht immer leicht zu verkraften war. „Wir haben auf die Feldpost gewartet", sagt Karoline. Am 31. Mai 1946 kam die erste Karte von ihrem Mann, die Rückpost kam im Arbeitslager „Simlowa" am 19. Dezember 1946 an. Diese Karte habe ich hundertmal gelesen", sagt Huemer gerührt.

Franz Huemer spielt auf der Ziehharmonika seinen Kameraden vor dem Einrücken in der Kaserne Ried i. I. ein Ständchen.

Liachtmessn – ein wichtiger Tag

Auf dem Gsottbauerngut in Seifriedsedt hatten meistens drei Dienstboten Arbeit. Die Große Dirn, sie war hauptsächlich für die Stallarbeit zuständig, die Kleine Dirn die hatte im Haushalt zu helfen und der Großknecht, der die Feld- und Holzarbeit zu erledigen hatte. Brunhilde Feichtlbauer erzählt, dass es sich am Taufkirchner Kirtag entschied, ob die Dienstboten ein weiteres Jahr auf dem gleichen Hof beschäftigt wurden.

Wenn eine Dirn oder ein Knecht vom Bauern nicht gefragt wurde, mussten sie sich spätestens bis zum Lichtmesstag einen anderen Bauern suchen. War der Bauer mit den Dienstboten zufrieden, wurden sie gefragt, ob sie ein weiteres Jahr auf dem gleichen Hof arbeiten wollten. Beim Kirtag wurden auch die Verhandlungen über den Lohn und dem „Zuagheat", dem Zubehör, geführt. „Za unserer Zeit han's hoat uma 35 Schilling gwen und zehn Meter Leinen fia de größ' Dirn oda Schua fian Knecht." Sicher bekam aber jeder Dienstbote seinen Erdäpfelacker.

Hat sich der Bauer neue Dienstboten angestellt, so wurde am Liachtmesstag, dem 2. Februar, der Wechsel vollzogen. Der Bauer musste die neue Dirn vom Elternhaus mit dem Schlitten oder dem Wagen abholen. Die hatte meistens einen Kasten mit, in dem sie ihre persönlichen Sachen verstaute. „Beim Bauer angekommen, gab es das Beste zum Essen: Leberknödelsuppe, Schweinsbraten, Krapfen und Kaffee. Am Nachmittag wurde der Hof besichtigt und die Dirn in die Stallarbeit eingeführt. Die Liachtmesswocha war gleichzeitig auch die Spinnwocha. Gleichzeitig kamen in dieser kalten Zeit Schuster, Schneider und der Sattler auf die „Stör". Die ließen sich ebenfalls in der Bauernstube nieder, wo sie ihr Werkzeug ausbreiteten und ihre Arbeit verrichteten.

Die ganze Familie mit Dienstboten versammelt sich stolz vor dem Gsottbauerhaus.

Miteinander reden und handeln

„Miteinander reden und handeln", dies ist der Leitspruch der Bäuerinnenbewegung. Man muss erst nach Brunnenthal kommen, um eine Bäuerin kennen zu lernen, die sehr viel für die Verwirklichung dieses Mottos getan hat.

Maria Mayr, die Haberlin in Wallensham, wurde 1929 am Jagerbauerhof in Eisenbirn geboren und heiratete 1950 ihren Mann, Johann Mayr. Sie lernte ihre Schwiegereltern nie richtig kennen, da diese sehr früh verstarben. Maria ist ein gutes Beispiel dafür, dass man trotz großer Familie und viel Arbeit in der Landwirtschaft viel für seinen Berufsstand tun kann. „Die Bäuerin war ja immer nur Arbeitskraft und Mutter", erklärt die Haberlin. Auf Anraten des damaligen Nationalrates Karl Kinzl aus St. Florian wurde sie 1960 zur ersten Bezirksbäuerin in Schärding ernannt. Der Oberösterreichische Bauernbund rief damals die Bäuerinnenbewegung ins Leben. Die Bäue-

rinnen sollten sich in Ortsgruppen zusammentun. Sie organisierten gemeinsam mit der Bauernkammer Kochkurse, Fleischverarbeitungskurse, Schwimmkurse und auch Kurse zur Persönlichkeitsbildung und Rednerschulungen. Frauen sollten sich in der Gemeinde und Vereinen aktiv beteiligen. „Am Anfang haben uns die Mannerleut schon schief angeschaut und belächelt", sagt die Langzeitbezirksbäuerin. Erst 1973 wurden die Bäuerinnenvertreterinnen Mitglieder in den Ortsbauern- und Bezirksbauernkammerausschüssen mit vollem Stimmrecht.

Maria Mayr war 34 Jahre lang als Bezirksbäuerin aktiv. „Nicht weil ich ein Sesselkleber war, blieb ich solange im Amt. Es hat sich keine andere hervorgetan, die die Belastung übernehmen wollte", sagt sie. „Ohne den Rückhalt meiner Familie hätte ich es sowieso nicht machen können", fügt sie noch hinzu.

Maria Mayr, im Bild ganz rechts, bei einer Viertelversammlung der Bäuerinnen mit Landeshauptmann Dr. Josef Ratzenböck und seiner Gattin in Burgkirchen bei Braunau.

Fassholz bis Stuttgart verkauft

„Die Innviertler Eiche war überall wegen ihrer Ebenmäßigkeit gefragt", erzählt Paul Kalchgruber, Binder in Kalling in der Gemeinde Diersbach. Nach dem Krieg ist er noch mit seinem Vater zusammen auf die Stör zu den Bauern gegangen. Am Kirchplatz wurde damals die Arbeit ausgemacht. Die Dienste des Fasslbinders waren damals am Hof sehr gefragt. Nicht nur die Mostfässer mussten zugeschlagen und ausgebessert werden, sondern fast das ganze so genannte „Geschirr" war aus Holz. Dabei handelte es sich vor allem um Schaffeln, Zuber, Kindswandeln, Pottiche, Eimer und auch die „Vierlinge" als altes Getreidemaß. Dieses Geschirr war immer aus Fichtenholz. „Das ist halt schnell verfault", ergänzt der alte Binder. Erst als die erste Hobelmaschine in die Binderei kam, war es vorbei mit dem Störgehen. Jetzt mussten die Bauern das Zeug selber bringen; meist waren es sowieso nur Reparaturarbeiten.

Das Holz hat der Binder bei den Bauern der umliegenden Gemeinden gekauft. Dies war Vertrauenssache und musste genau passen. Es durfte nur wintergeschlagenes, langsam gewachsendes Eichen- und Fichtenholz sein. Man kannte damals schon die guten Standorte. Die Bloche wurden gleich auf 100 bis 110 Zentimeter abgelängt. „Wir haben das Holz nicht geschnitten; bei uns wurde es mit der Setzhacke gekloben", erklärt Paul Kalchgruber. Die Pfosten, die oft bis zu drei Meter lang waren, mussten dann drei Jahre in Form von Türmen getrocknet wer-

den. Gekauft hat der Binder z' Kalling meist gleich mehr Eichenholz als er gebrauchte. Er hatte nämlich gute Kundschaft für Bierfassholz bei den Fassfabriken in Deutschland und der Steiermark. „Das war ein besseres Geschäft als die Binderei", schmunzelt der Paul. Das Holz ging nach Stuttgart, Kitzingen, Regensburg und Graz.

Die Verladerei beim Bahnhof in Andorf war oft eine arge Schinderei. Später ab Mitte der Siebzigerjahre hat der Binder noch mit den neumodischen Plastikfässern gehandelt. Da zeichnete sich schon das nahe Ende der Fasslbinderei ab. Paul Kalchgruber war nach vier Generationen Binderhandwerkes der Letzte.

Die Binderei von Paul Kalchgruber in Diersbach

Eine Aufregung kommt selten alleine

Der Stüringerhof in Hinterndobl zählt zu den ältesten Erbhöfen in der Gemeinde Dorf an der Pram. Katharina Wilflingseder musste bereits am 27. August 1938 von ihrem Mann Abschied nehmen. Erst am 13. Dezember 1944 wurde er von der damaligen Wehrmacht als schwer Verwundeter entlassen.

Nur einmal hatte die Bäuerin die Möglichkeit, ihren Mann zu besuchen – in Schärding, so hieß es zumindest. Sie stellte sich, Sitzplätze gab es keine im überfüllten Wagon, hochschwanger in den Zug. Während der Fahrt lehnte sie sich ein bisschen an die Wand. Sie bemerkte dabei nicht, dass die Tür des Wagons schlecht geschlossen war. Die Tür ging versehentlich auf und Frau Wilflingseder drohte aus dem Zug zu fallen. Gott sei Dank war der Gemeindesekretär Kirchberger dabei, der die fallende Frau in letzter Sekunde mit beiden Händen in den Wagon zurückzerrte. „Mei Weibaleid – hiazt habm ma' a Glück g'habt!" sagte Kirchberger kreidebleich.

In Schärding angelangt kam der nächste Schock: Ihr Mann war gar nicht da! Er wurde nach Glasenbach ins Lager gebracht. Enttäuscht und noch etwas unsicher auf den Beinen fuhr sie wieder heim. Daheim schrie die große Dirn ihr schon von Weitem zu: „Mei´, guat dass´d da´ bist, wei a Kua zán Kälbern is!" Die Bäuerin antwortete: „Ja, heut´ hätt´s ma´s boid ta´n!" Die Stüringerbäuerin galt in Sachen Viehzucht als Spezialistin.

Die Zeit während des Krieges war hauptsächlich geprägt von der vielen schweren Arbeit, der Erziehung der Kinder und dem Treffen wichtiger Entscheidungen, die zum Führen eines Hofes wichtig waren.

Der Krieg war aus, als es auf einmal um drei Uhr morgens einen „Riesenbumsa" machte. „Iazt ha´ns da!" schrie sie entsetzt, als das ganze Schlafzimmer wackelte. Die Bäuerin glaubte, dass die Besatzungssoldaten eingetroffen waren und alles zu sprengen drohten. Doch als sich in der Früh herausstellte sprengten deutsche Soldaten auf der Flucht ihr eigenes Geschütz, weil sie mit dem Lastwagen in den Graben gefahren waren und nicht mehr heraus kamen.

Sechs Männer rumpelten um fünf Uhr morgens heftig an der Haustür. Sie duckte sich mit ihren Kindern und schlich voller Angst die Stiege hinauf zu den Flüchtlingen, um etwas Sicherheit zu gewinnen. Doch die Männer zerstörten fast die Haustür, als der Schwiegervater, bewaffnet mit einem Gewehr, und der große Knecht mit einem großen Stück Holz die Stiege hinunterschlichen und entschlossen waren, die Eindringlinge mit allen Mitteln zu vertreiben.

Die Bäuerin sammelte all ihren Mut, nahm ihre Kinder am Arm und ging ebenfalls hinunter. Noch bevor die Tür auseinanderbrach schrie sie: „G'schossn wird net und zuaghaut wird a net!" Sie zitterte am ganzen Körper als sie die Eindringlinge bat, zum Nachbarn zu gehen, da das Haus sowieso schon mit Menschen überfüllt war. Doch sie ließen sich nicht abwimmeln. So einigten sie sich – ohne Kampf, dass sie eine Nacht beim Stüringerhof schlafen durften. Nächsten Morgen kam ein Oberst und holte die „Ausreißer" zurück. Er fragte die Bäuerin nach ihrem Benehmen – sie antwortete, dass alles in Ordnung gewesen sei. Daraufhin gingen die Eindringlinge wieder.

Gerade diesen Schock überwunden, kam am nächsten Tag schon wieder einer: „Hiazt ham ma d'Nega a nu da!": schrie sie, als ein riesiger Panzer vor dem Stall zum Stehen kam und sechs Neger auf das Haus zugingen.

Es waren Amerikaner.

Sie waren freundlich und baten die Bäuerin, ob sie solange, bis der Panzer rapariert war, hier schlafen könnten. „Das Essen machten sie sich selber, das Trinken kam von uns. Am Abend, als ich gerade die Wolle zerzauste, setzte sich plötzlich ein junger „Ami" neben mich ans Sofa. Ich glaubte, mich trifft der Schlag, so nervös war ich".

Er sagte in gebrochenem Deutsch: „Eine Karte, eine Karte!" Sie gab ihm eine Landkarte und er zeigte ihr daraufhin von jedem Ami, wo sich seine Heimat befand.

Heuarbeit nach dem Kriege.

Federnschleißen und Stocksprengen

Matthias Dullinger, Kolneder aus Wernhartsgrub, Gemeinde Eggerding, wurde 1913 geboren. Er erlebte eine harte Kindheit, denn er verlor schon sehr früh seine Eltern. Doch am Kolnederhof ging es aber immer wieder weiter. Nach dem er erst nach sieben Jahren vom Krieg heim kam, übernahm er zusammen mit seiner Frau vom Stiefvater den Hof. „Ganz besonders gut kann ich mich noch an die Winterarbeit erinnern", schmunzelt die alte Kolnederin. Da saßen die Weiberleut oft tagelang in der Stube zusammen beim Federnschleißen. Dabei wurden die feinen Federn der selbsgeschlachteten Enten vom Kiel gezupft. „Dabei ist schon ab und zu eine eingeschlafen", erzählt sie. Dann ist der Federnputzer gekommen und hat im Kellerhaus die Daunen in einer Trommel gereinigt. Mit denen ist später das rosarote Bettzeug gefüllt worden. Männer waren bei dieser Arbeit nie dabei. „Ich war mit den Knechten auch oft beim Ausstocken der Obstbaum- und Holzbaumwurzeln", erklärt der Dullinger Matthias. Diese wurden später noch im Wald oder am Holzplatz hinter dem Stadl gesprengt. Das so genannte „Stockschiassn" war gar nicht ungefährlich. Das Wurzelholz war sehr begehrt, weil es steinhart war und im Ofen lange anhielt. Beim Sprengen wurde ein Loch in den Stock gebohrt und dieses ist mit Schwarzpulver gefüllt worden. Eine kurze Zündschnur wurde noch hineingesteckt. Beim Zünden suchte sich jeder einen sicheren Platz. „Einmal, da ist unser Hund am Stock hockengeblieben",lacht der Kolneder, „der wurde an die Scheiterwand geschleudert". Aber er kam ohne gröbere Verletzung davon. Der Rest des Stockzerkleinerns wurde mit den Eisenkeilen gemacht. Früher blieb kein Wurzelstock in der Erde.

Beim Kolneder in Eggerding sprengten die Männer die starken Wurzelstöcke.

223

Das Verladen bei der Fliederstatt

Engelhartszell ist mit rund 60 Prozent Waldanteil eine für das Donautal typische Gemeinde. Deshalb haben der Waldbau und die Waldarbeit eine große wirtschaftliche Bedeutung für die ansässigen Bauern.

Überwiegend bestehen die Wälder aus Fichte und Rotbuche, so auch der Wald von Josef Greiner, Sepp z'Roning. „Bei den Rotbuchen gibt es verschiedene Sorten – einige verzweigen sich schon im unteren Stammabschnitt sehr stark und sind somit nicht so wertvoll. Dann gibt es welche, die einen langen, unverzweigten Stamm bilden, solche Sorten haben wir Gott sei Dank in unserem Wald stehen", erzählt Greiner.

Josef Greiner beim Beladen der Ziehtragn mit Buchenscheitern.

Die Bäume wurden mit Hacke und Zugsäge geschlägert. Als Erstes hackte man den Schrot aus, der die Fällrichtung vorgab. Dann wurde zu zweit mit der Zugsäge der Stamm bis auf einen schmalen Steg durchgeschnitten. Die Zugsäge war des Holzknechts kostbarstes Gut. Jeder musste das Feilen der Säge mit großer Sorgfalt selber durchführen, weil eine scharfe Säge die Arbeit wesentlich leichter machte. Von Zeit zu Zeit kamen die Sagfeiler auf den Hof. Sie richteten den Schrank aus und machten ausgebrochene Zähne nach.

Das Scheiterholz war früher gleich viel wert wie das Blochholz. Es wurde direkt im Wald gekloben und händisch mit der Ziehtragn zum Hof oder zur Fliederstatt, die Verladestelle, befördert. Das war eine schwere und risikoreiche Arbeit. Die Größe der Fuhre wurde dem Gefälle des Geländes angepasst. Je steiler, desto weniger durfte man aufladen, sonst kippte man samt der Fuhre um.

„Dem Grafen, er ist Waldnachbar, arbeiteten die Holzknechte einmal zu langsam. Er schaute ihnen eine Zeit zu, doch als er es nicht mehr aushielt, belud er selber eine Ziehträgn und wollte sie selbst zur Fliederstatt fahren. Mangels Erfahrung lud er für den steilen und kurvigen Weg viel zu viel Holz auf und kam bereits in der zweiten Kurve zu Sturz. Der Graf war von einem Berg Scheiter begraben. Nur mühsam konnte er sich befreien. Er ging voller Scham ohne Worte heim. Seither hatten die Holzknechte Ruhe

224

vor ihm."

Das Holz, das über die Straße herunter transportiert wurde, musste mit Bock, Gestell und Rossgespann gefahren werden. Beim hinteren Gestell musste der „Starztreiber" die lange Fuhre lenken. War nun das Scheiterholz bei der Fliederstatt angelangt, wurde es auf die „Plette" verladen. Das Maß, in dem das Holz vermessen wurde, war das Klafter – ein Klafter sind 57,56 cm. Der Holzhändler zahlte dem Holzlieferanten den Preis sofort auf die Hand aus. Die Plettenfahrer waren alle aus der Region, was die wirtschaftliche Bedeutung der Donau unterstreicht.

Das Blochholz wurde zu einem Floß zusammengebaut. Bis zu acht Leute waren auf einem Floß, wenn die Reise nach Wien oder gar nach Budapest ging. Sie hatten die gesamte Verpflegung bereits auf dem Floß mit. Aufnahmebedingung für einen so genannten „Nauführer" war, dass er nicht schwimmen konnte. Damit wollte man erzwingen, dass er die Plette oder das Floß bis aufs Letzte gegen den Fluss verteidigte.

Brachten die Nauführer die Fracht gut ans Ziel, so stellte sich ihnen eine schwierige Aufgabe. Sie mussten schauen, wie sie wieder an den Ausgangsort, der Fliedertatt, zurückkamen. Teilweise legten sie den Weg zu Fuß zurück und waren somit oft eine lange Zeit von zu Hause fort.

Beim Sepp z'Roning wurden die Kalbinnen und Ochsen im Alter zwischen einem und zwei Jahren in den Wald getrieben, wo sie sich billig selber ernähren konnten. Als Begrenzung dienten Steinmauern, die meistens an der Grundgrenze errichtet wurden. Ging die Grundgrenze auf einen Spitz zusammen oder war das Gelände ungünstig, wich man auf günstigere Stellen aus.

Bei der Getreideernte musste die Fuhre in Falllinie beladen werden, sonst drohte das Fahder zu kippen.

Wenn die Hausglocke läutete

Die Hausglocke gab früher den Ton beim „Moar z'Kenading" an. Im Sommer läutete sie das erste Mal um vier Uhr Früh, im Winter um fünf Uhr Früh. Es wurde aufgestanden, anschließend vom Großen und Kleinen Knecht Grünfutter gemäht. Der Bauer und der Rossknecht kamen währenddessen mit dem Wagen. Es wurde aufgeladen und die Rinder gefüttert. Die große Dirn war die Melkerin. Nach dem Füttern wurden die Pferde vom Rossknecht eingespannt. Flott zogen die Rösser von Paul Pichler den Pflug, bekamen sie doch immer bestes Wasser und hochwertiges Futter.

Wenn um elf Uhr die Hausglocke zum Heimfahren läutete, wussten die Rösser ganz genau, was los war. Sie wurden unruhig und langsamer, als ob sie selbstständig, ohne Rossknecht, die Mittagspause begehen wollten. Da war es oft gar nicht leicht, die angefangene Furche fertig zu ackern! Die Pferde wurden anschließend getränkt und gefüttert. Dem Hafer wurde geschnittenes Weizenstroh beigemischt, was für die Pferde bekömmlicher war. Um zwölf Uhr läutete die Glocke zum Mittagessen und um sechs Uhr abends das letzte Mal zum Feierabend. Wenn die Dreschmaschine später kam als erwartet und das Getreide schon knapp wurde, griff der Moar selbst zum Flegel. Die Garben wurden aufgebreitet und es wurde einmal darübergedroschen, gewendet und wieder gedroschen. Anschließend kontrollierte der Vater, ob ja alles ausgedroschen war. Danach wurde das Stroh abgeklaubt und das Korn von der Spreu mit einer Putzmaschine getrennt.

Pichler lernte als Bursche mit dem Dreschflegel umzugehen. Anfangs kam er öfters aus dem Takt, oder er drehte den Flegel in die falsche Richtung. Dann passierte es, dass sich „Ochsenzaum", der Stiel- und Flegelverband, auflöste. „Da hat mich der Vater öfters kurz schimpfen müssen".

Jause bei der Heumahd.

Kein Sacherl ohne Zubrot

Die Gegend zwischen Inn und Donau ist geprägt von kleinstrukturierter Landwirtschaft. Die Gemeinde Esternberg ist ein steiniges Gebiet, indem sich die meisten Bauern eine Zusatztätigkeit suchen müssen um ihren Hof mit der Familie erhalten zu können. Auch der alte Söllner z'Jetzendorf, Anton Langbauer fand mit seinen vier Kühen und den sechs Joch Tragbarem kein Auslangen. Zumal er acht Kinder zu versorgen hatte. Schon sein Vater ging fallweise in den Wald um für andere Holz zu schlägern. Zum Holz hatten die Söllnerleute schon immer eine intensive Beziehung. Im Jahr 1949 löste der Söllner den Gewerbeschein für den Holzhandel, den er als Selbstständiger bis 1964 im gesamten Sauwaldgebiet nachging.

Anton Langbauer mit seiner Gattin und einem Besuch aus Amerika auf seinem Traktor.

„Drei selbstständige Holzhändler gab es damals allein in Esternberg", erzählt er. Der Schleifholzhandel war damals sehr wichtig. Beim Bahnhof in Schärding verluden die Bauern das Holz. Anfangs hat man das Schleifholz noch händisch in den Wagon geladen. Das Blochholz brachte man lang zur Straße. „Wenn die Bauern Geld brauchten, kamen sie am Wirtshaustisch zu mir, um ihr Holz feil zubieten," erinnert sich der Toni noch gut. „Angeschaut und gekauft wurde der stehende Bestand vom Stock weg. Wenn die Vorauszahlung höher sein sollte, ging das Holz billiger her", ergänzt er noch. Der alte Söllner war auch einer der ersten Esternberger, die ein eigenes Auto besaßen. Mit dem VW-Käfer kam er bis Neukirchen hinunter. Später arbeitete der Toni noch einige Jahre als Holzeinkäufer für die Firma Schwarzmüller in Freinberg. Vor allem vom Stiftswald in Schlägel kaufte er Holz, das damals noch viel mehr im Anhängerbau eingesetzt wurde.

„Acht Autos habe ich schon gehabt", fügt er noch hinzu. Die vielen Wegstrecken legte er aber nicht nur für seine Geschäfte zurück. Der Toni ist auch ein Mensch, der viel für andere unterwegs war. Von der Feuerwehr über den Gemeinderat bis zum Landwirtschaftskammerausschuss in Linz reichte sein Betätigungsfeld. Auch heute ist der 73 Jahre alte Söllner Toni noch gern unter den Leuten. Das Sacherl aber ist schon seit langem verpachtet.

Grenzgänger aus Passau

„Die Stadt war nahe und doch wieder oft ganz weit weg", erzählt der alte Hans Ratzinger aus Freinberg. 1915 wurde er geboren und übernahm nach dem Krieg gemeinsam mit seiner Frau Katharina das Grafengut in Anzberg. Nur vier Kilometer sind es vom Hof in die niederbayrische Stadt Passau. Kontakt hatte man zu den „Boarischen" seit jeher wenig; der Inn und die Donau trennten zu stark. „Auch reden tun die Drüberen ganz anders", sagt der Hans. Zusammengekommen sind die Freinberger Bauern aber mit den Bayern oft beim Schotterführen von

Die Familie mit dem Revierjäger vor dem Hof in Anzberg, um 1925

den Innbänken bei Bayrisch Haibach. Beim Flussbauamt Passau musste die Abbaubewilligung eingeholt werden. „Für den Stallbau 1955 haben wir den ganzen Schotter von der Innmündung heraufgefahren", erinnert sich der alte Graf noch gut. In den Zwanziger- und Dreißigerjahren wurden auch viele Meterscheiter und Widbündel hinüber verkauft. Damals kamen auch noch viele Passauer herüber, um bei den Bauern Butter, Eier, Obst und Erdäpfel zu holen. Mit kleinen Handleiterwagen zogen sie zu den Höfen. „Vorm Krieg wurde auch viel geschmuggelt", erzählt der Hans. Von Textilien, Eisenwaren bis zu Schreibmaschinen wurde alles was man am Körper tragen konnte herübergebracht. Vor allem Salz, das in Bayern wesentlich billiger war, wurde auf dem Leiterwagen, unter der Schotterfuhre versteckt, illegal nach Österreich gebracht. Ganze Lager für Schmugglerware hatte man in der Innstadt angelegt. Vor allem nachts, als die Grenzer nicht so oft Streife gingen, waren die Schmugglersteige stark frequentiert.

„Wir wussten genau schon wo und wann die Grenzer kamen", erklärt der Graf. Aber wenn man erwischt wurde, musste man schwer Strafte bezahlen. War man aber nicht flüssig, wurde auch sofort gepfändet. „Drum gab es bei mir, als ich dann Bauer war, keine Schmuggglerei mehr", fügt Hans hinzu. Nach dem Krieg ging es den Leuten bald besser und die Schmuggglerei hörte auf.

Zur Glockenweihe wurde eingespannt

Einen typischen Bauernhof in der Sauwaldgegend bewirtschafteten Johann und Maria Schopf aus Knechtelsdorf in der Gemeinde Kopfing. Übernommen haben die beiden den Rinderzuchtbetrieb im Jahre 1960 von seinem Vater. Die Hälfte ihrer Fläche war immer Wald und der andere Teile zur Hälfte Grünland und Äcker. Diese Aufteilung war in den Viehhaltungsbetrieben des Unteren Innviertels sehr üblich. Seit er sich erinnern kann, sagt der jetzt Siebzigjährige Schopf Hans, waren sie auch Stierhälter. Heute steht aber kein Zuchtstier mehr im Stall des FIH-Mitgliedsbetriebes. „Leid ist mir um den Sprungstier nicht!", erzählt er. „Es war nicht immer einfach mit dem Stier; es waren manchmal ganz schöne Schlawiner dabei". Stolz war man am Hof auch immer auf die leichten Rösser, die sich beim Einspannen schön musterten. Der Schopf war auch einer der ersten Bauern, die einen so genannten Gummiwagen hatten. Gebraucht wurde der zum Holztansport. Einspannen durfte der Hans auch deswegen bei der Glockenweihe 1953 in Kopfing.

Die zwei neuen Kirchenglocken wurden gespendet und in Passau gegossen. Die zweite Glocke durfte der Wallner aus Paulsdorf fahren. Aufgekranzt haben den Festwagen die Bäuerin und Frauen aus der Nachbarschaft. „Zwei schöne Gespanne waren das damals", erzählt der Hans. Für kirchliche Feste haben sich die Bauern immer besonders viel Mühe gegeben. In einem schönen Festzug fuhr man die Glocken durchs Dorf. Der Kopfinger Pfarrer Anton Matzinger segnete die Glocken, bevor sie händisch aufgezogen wurden. Diese Glocken hört man heute noch bis Knechtelsdorf herüberschallen. Bei einer späteren Glockenweihe 1974 fuhr der Hans dann schon mit dem zweiten Traktor, der 1960 gekauft wurde. Die Pferde ersetzte der 15er Steyr aber schon 1954.

Glockensegnung in Kopfing im Jahre 1953. Johann Schopf fuhr mit seinen beiden Pferden die Glocken im Festzug.

Wie Felder trockengelegt wurden

Das Gebiet zwischen Ried und dem Pramtal ist bekannt für seine schweren Lehmböden, dem so genannten „Peloam". Vor allem die Äcker in den Niederungen entlang der Bäche waren oft sehr staunass. Josef Rumpl, der Gruber z'Heiligenbaum in der Gemeinde Mayrhof wollte es Anfang der Fünfzigerjahre nicht mehr hinnehmen, dass seine Frucht ständig „absoff". Der heute 75 Jahre alte Bauer gründete 1952 auf Anraten der Landwirtschaftskammer gemeinsam mit acht anderen Bauern die Wassergenossenschaft Gerhagen-Heiligenbaum. „Das Ausschlauchen war keine schöne Arbeit, aber wenn man immer mit dem Bindemäher steckenbleibt, muss man halt was tun", erklärte der alte Gruber. Nachdem ein Ingeneur von der Bauernkammer in Linz Pläne zeichnete, wurde ausgesteckt. Gegraben wurde nur vom Herbst bis zur Saatbettbereitung im Frühjahr „Zwei von den fünfzehn Arbeitern hatten Kost und Unterkunft bei uns", erinnert sich Josef Rumpl. Von 1952 bis 1954 wurden beim Gruber z'Heiligenbaum 25 Joch drainagiert. Die Achter- und Zehnerrohre waren vom Andorfer Tonwerk und wurden mit dem LKW lose angeliefert.

„Wir haben sie dann mit dem Rossfuhrwerk auseinandergeführt und ausgelegt", erzählt der Gruber. Mit den so genannten Rehrlschaufeln verlegten die Arbeiter die Leitung; zuerst die Sauger, dann die Sammler. Eingezapft wurde in den Neundlinger Bach, den Messenbach und den Stadleder Bach. Fürs Zuräumen haben sich die findigen Bauern selber einen Pferdeholzpflug gebaut. „Die Ross sind drüber dem Graben gegangen", weiß er noch genau. „Mit dem Spaten war es eine arge Schinderei", fügt er noch hinzu.

Damals kam den Bauern das Drainagieren relativ günstig. Ungefähr 1000,- Schilling hatten die Landwirte für ein Joch zu bezahlen. Außerdem wurden eigene Fuhrwerksleistungen extra abgegolten. Den Rest der Kosten übernahm das Land.

Die Rohre liegen heute noch drinnen und halten die Felder des Gruber trocken. „Heute darf man ja nicht mehr schlauchen, weil der Naturschutz so streng ist", stellt Josef Rumpl fest.

Die Familie Rumpl mit Helfern.

Ein arbeitsreiches Leben

Viel hat Sepp Marschall aus Münzkirchen in seinem Leben schon gesehen und mitgemacht. Er wurde 1906 in einer kinderreichen Familie in Kiesling, Gemeinde Esternberg, geboren. Da nicht viel Geld vorhanden war, musste er schon bald als „Keiwibua" beim Hims in Aich sein eigenes Brot verdienen. 1922 fing Sepp Marschall dann eine Zimmererlehre in der Zimmerei Zauner, in Schardenberg an. Er arbeitete als Zimmermann 36 Jahre lang in der Gegend von Schärding bis Esternberg und entlang des Kösselbachtales für diese Zimmerei. Viele Baustellen gab es auch bei den Bauern. Wintergeschlagenes Holz wurde gebraucht. Der Zauner selber machte zuerst den Holzauszug und der Polier Kohlbauer Martin teilte die Arbeit ein. Fünfzehn bis zwanzig Zimmerer waren früher auf so einer Baustelle beschäftigt. Wenn man weiter weg war von daheim, haben die Zimmerleute beim Bauern genächtigt.

Eine Woche dauerte das Abbinden meist bei einem mittleren Fünfbundstadel. Die Tram wurden gehackt, händisch gebohrt und mit Holz genagelt. Erst in den Vierzigerjahren kamen die elektrischen Werkzeuge.

Einen halben Tag dauerte danach das so genannte Stellen, wobei hundert zusätzliche Leute aus der Umgebung gebraucht wurden. Erst in den Siebzigerjahren wurden die vielen Leute und Seilruten durch Kräne ersetzt. „Heute ist das Ganze ja keine Arbeit mehr", schmunzelt der Sepp. In den Dreißigerjahren lag der Zimmererlohn bei so sieben bis acht Schilling pro Tag. Nach dem Stellen wurde das Firstbier getrunken und gefeiert. Das nachfolgende Ausarbeiten war nach drei Tagen abgeschlossen. Dabei wurde verschalt, gelattet und eingedeckt. „Auf einer Brandsatt gab es keine Firstfeier". In solchen Fällen wurde auch durch die Selbsthilfevereinigung das Holz von den anderen Bauern gespendet.

Bei den Zimmerern wurde von sechs Uhr Früh bis sechs Uhr abends gearbeitet. Im Bild: Stadlabbinden beim Schmied in Schardenberg Anfang der Dreißigerjahre.

„Meine zweite Heimat"

„Eine schöne Kindheit und Jugend hatte ich nicht", erinnert sich Maria Handschuhmacher. Der Vater war als Handwerker oft unterwegs bei den Bauern auf der Stör. Die Mutter litt an einer schweren Krankheit und war im Krankenhaus Linz.

Maria kam im Jahre 1938 als Küchenmädchen zum Maier in Niederham. Dieser Hof zählte zu den größten der Umgebung und war sehr aufwändig und prächtig gebaut. Dort wurde die sehr fleißige und pflichtbewusste Maria gut aufgenommen. Ihr wurde vieles gelernt und gezeigt, was nicht unbedingt die Pflicht der Bäuerin gewesen wäre. Sie lernte bald zu melken, eine Mühle zu betreuen oder einen großen Backofen mit zwei Scheiterstößen zu heizen. Beim Moar hatten sie immer sehr gutes Brot. Von 75 Kilo Mehl wurde jede Woche Brot gebacken. „Um ein Uhr in der Früh mussten wir mit dem Zubereiten und Kneten des Teiges beginnen, sodass um sechs Uhr das frische Brot auf dem Tisch war", erinnert sich die Frau. Zum Zubehör des Backofens gehörte ein „Wischlrocka", der zum Reinigen des Backofens diente. Dieser Besen bestand aus einer langen Stange auf der Tannenreisig gebunden war. Weiters benötigte man zum Entfernen der Glut eine „Ofenglucka" – wiederum eine Stange, an deren Ende ein leicht abgekantetes Blech befestigt war.

Viele Bauern aus der Umgebung kamen, um ihr Getreide beim Moar mahlen zu lassen. Als einmal kein Mühlenknecht da war, betreute Maria Handschuhmacher als „Mädchen für alles" auch die Mühle.

Am Abend wurde gerne Karten oder „Mensch-ärgere-dich-nicht" gespielt. „Die Altbäuerin konnte sehr gut schwindeln und gewann fast immer. Die Knechte zogen uns, wenn´s passte, mit dem Teppich auf dem gewachselten Stubenboden. Der Bauer schimpfte daraufhin, doch die Bäuerin entgegnete ihm: Wer alt ist schimpft gern, und wer jung ist, der hört´s gern".

An jedem Samstagabend wurde Rosenkranz gebetet. Der Bauer und die Bäuerin setzten sich an den Tisch, die Dienstboten mussten knien. "Oft taten uns die Knie weh und wir versuchten, vom Sofa einen Polster herunterzuziehen und unterzulegen. Doch der Altbauer erwischte uns öfters dabei und räumte daher die Polster vor dem Beten schon weg".

Stolz steht die Große Dirn vor ihrer zweiten Heimat.

Butter und Speck für Motorspritze

Der Stöfflbauer in Hörezberg war immer schon ein treues Mitglied der Feuerwehr Rainbach. Bekanntlich sind ja die Bauern die verlässlichsten Helfer bei den Landfeuerwehren. Sie sind ständig einsatzbereit und sind das Zupacken gewohnt. Alois Froschauer wurde 1922 geboren und kam erst 1946 wieder vom Krieg heim. „Vor dem Krieg gab es fünf Löschzüge in der Gemeinde", erinnert sich der Lois. Die Handpumpen hat man damals noch mit den Pferden gefahren. Im Dritten Reich wurden die Löschzüge zusammengelegt, wurden aber danach wieder in die Feuerwehren Rainbach und Höcking geteilt. Ende der Vierzigerjahre beschloss man eine neue Motorspritze anzuschaffen.Geld war nicht viel da, und außerdem waren nur schlechte Luftschutzpumpen zu bekommen. „Wir haben halt Butter und Speck für die Arbeiter beim Rosenbauer gesammelt", erklärt der alte Stöfflbauer. „Ganz legal war das nicht, weil es ja ohne Lebensmittel-marken eigentlich Schwarzhandel war. Funktioniert hat die Spritze nur fallwiese." Nach einem Einsatz war die Reparatur bei der TS 8 schon vorprogrammiert.

Ab 1949 wurde der Traktor vom Auer z'Wienering vor den Feuerwehrwagen gespannt. Nur vier Jahre wurde der 26er Steyr dafür gebraucht, denn dann löste ihn das erste Feuerwehrauto ab. Im Vierundfünfzigerjahr wurden alle Einsatzkräfte der Schärdinger Gegend zum großen Hochwassereinsatz am Inn gerufen. „Zehn Tage waren wir beim Auspumpen der Bruchsohle zu zweit im Schichtbetrieb. Auch aus vielen Kellern haben wir den Schlamm geholt," erzählt der Lois. Als Dank wurde den freiwilligen Helfern die Hochwassermedaile verliehen

Später war er noch 20 Jahre im Kommando als „Hauptmannstellvertreter". „Ohne die jungen Bauern würde man heute hier am Lande kaum mehr ausrücken können", fügt der Lois hinzu.

Feuerwehr-hochzeit in den Fünf-zigerjahren bei einem Fass Bier für die Kameraden.

Die Pferde spielten wichtige Rolle

Die Landwirtschaft von Manhartsberger Albert war mit sechs Joch schon seit der Übernahme ein Nebenerwerbsbetrieb. Zum Erlös aus den vier bis sechs Kühen wurde durch Eier- und Geflügelverkauf im Auftrag eines größeren Betriebes zwölf Jahre lang Geld dazuverdient. So hatte Albert Manhartsberger schon 1958 einen gebrauchten VW-Bus, bei dem die Blinker noch von Hand aus betätigt wurden. Er fuhr damit pro Woche acht Gemeinden ab und verkaufte dabei rund 20.000 Eier. Als die Käfighaltung in den Großbetrieben Einzug hielt, war das Eierverkaufen nicht mehr rentabel. Er schaute sich daher bereits 1969 um eine Lizenz für ein Schulbusunternehmen um– das erste im Innviertel. Dieses Gewerbe übte er bis 1979 aus, musste es dann jedoch aus Gesundheitsgründen verkaufen.

Der Vater von Manhartsberger war Landwirt und Müller zugleich. Die Mühle hieß „Pramtaler Kunstmühle". Da neben den landwirtschaftlichen Arbeiten auch das Mehl auszufahren war, hielt der Vater schon immer sechs Pferde. Der Vater dachte stets sehr weit voraus. So baute er 1923 ein neues Mühlengebäude und eine neue Wehr. Die nächste Bauetappe, ein Geleise direkt zur Mühle zu legen, schaffte er aber nicht mehr. Dabei arbeiteten die „Mühlenzuarichta" volle drei Jahre, bis die neue Mühle innen völlig ausgebaut war. Zwei bis drei Müller waren angestellt und ab 1927 der „Naz" von Breitenried als Lastwagenchauffeur. Der Lastwagen hatte aber damals noch Vollgummireifen.

Die Liebe zu den Pferden entwickelte sich beim Manhartsberger schon im Kindesalter und hat sich bis heute erhalten. Selber züchtete er viele Jahre Traber und war 21 Jahre lang Obmann des Pferdesportvereins Riedau und Umgebung.

Die Mühlenzuarichta und die Familie vor der neuerrichteten Pramtaler Kunstmühle.

Hebamme für ganze Gemeinde

Aus Fürstenstein im Bayerischen Wald kommmt Katharina König aus Schardenberg. Sie wurde dort 1913 als eines von zehn Geschwistern geboren. Schon im Alter von zwölf Jahren kam sie in die Passauer Gegend in bäuerlichen Dienst. Später diente sie dann beim Kuchlrad in der Innleitn und in Rad. Hier lernte sie auch ihren ersten Mann kennen, dessen Großmutter Hebamme war. „Von ihr habe ich meine Arbeit geerbt", sagt sie. 1938 heiratete sie und erlangte so die österreichische Staatsbürgerschaft, ohne die sie keine Hebammenstelle besetzten hätte können. Der Krieg machte sie aber zur Witwe.

Ihr so genanntes „Gäu" ging von der Innstadt bis Vichtenstein hinunter. „In zehn Pfarren bin ich zu Taufen gefahren", erzählt sie. Eine Begebenheit blieb ihr immer in Erinnerung. Im April 1945 musste sie zu einer Entbindung in die Innstadt und erlebte dort ein Bombardement. Die ersten Jahre ging die Hebame immer zu Fuß. Erst später kaufte sie sich ein Moped für die langen Wegstrecken. Anfang der Sechzigerjahre machte sie den Führerschein und erwarb ein eigenes Auto. Nur einmal hatte sie ein Bauer mit dem Pferdefuhrwerk zur Entbindung abholen wollen. „Wir stürzten aber schon bald mitsamt dem Fuhrwerk in ein Weizenfeld. Ich war dann doch zu Fuß schneller bei der werdenden Mutter". Auch Drillinge hat Frau König einmal entbunden. Der Kindsvater war am Abend der Geburt als Musikant auf einem Tanzfest. Als er heimkam war er so über die Drillinge überrascht, dass er es kaum wahrhaben wollte. Zu allem Überfluss hatte die Familie bereits sieben Kinder. „Gestorben ist mir nur eine Frau im Kindbett, und die hatte einen Herzinfarkt",erzählt Katharina König stolz. „Ich habe genau 2178 Kindern auf die Welt geholfen, das ist eine ganze Gemeinde", ergänzt sie noch. Erst Anfang der Sechzigerjahre fuhren immer mehr Frauen ins Spital nach Schärding.

Hebammenkurs in den Jahren 1937 bis 1939. Im Bild rechts unten Katharina König aus Schardenberg. Sie hatte 2178 Kinder, eine ganze Gemeinde, zur Welt gebracht.

235

Glück im Unglück am Hof

Rosa Mair heiratete im Jahre 1954 auf den Betrieb ihres Mannes in Hacking. Schon am Tag nach der Hochzeit musste Gerste geerntet werden. Frau Mair, kaum vom Kirchgang zu Hause, arbeitete den ganzen Tag mit. Sie bewirtschafteten einen zehn Hektar großen Betrieb. Sechs bis acht Kühe, eine Muttersau und Geflügel wurden gehalten. Wie es früher üblich war, brauchte nichts an Futtermitteln zugekauft werden, da alles in einer Kreislaufwirtschaft verwertet wurde. Bis zum Jahr 1960 reichte das für eine fünfköpfige Familie zum Leben aus. Als das vierte und fünfte Kind kamen, ging ihr Mann zu einer Baufirma arbeiten. Die Stallarbeit wurde dann von der Bäuerin hauptsächlich alleine erledigt. Auch um die Finanzen kümmerte sie sich.

Als der älteste Bub in die Handelsschule nach Ried ging, musste sie drei Jahre lang um vier Uhr aufstehen, damit der Bub versorgt um 5.45 Uhr zum Bus nach Sigharting kam.

Als es am 7. August 1962 zum Maschindreschen war, fasste die hochschwangere Bäuerin das Getreide. Die Männer, die das Getreide auf den Wagen gabelten, meinten, sie solle doch während des Heimweges auf dem Wagen oben sitzen bleiben. Doch die Bäuerin traute sich nicht und sprang herunter. Sie ging dann querfeldein heim. Plötzlich rutschte sie aus und dabei gab es ihr einen Stich in den Unterleib – am Abend kam der jüngste Bub gesund zur Welt. Die Hebamme sagte damals zu ihr: „Da hast dir aber schon viel zugemutet, das hätte auch schlimm ausgehn kinna!"

Ähnlich viel Glück im Unglück hatte der zweitälteste Sohn, jetzt Hofnachfolger, als er mit seinem älteren Bruder auf dem Heuboden spielte. Er stürzte dabei drei Meter auf den Betonboden und blieb regungslos liegen. Die Mutter hob den Buben auf, lief damit auf die Wiese und holte den Mann und den Schwiegervater. Der Mann holte, so schnell er mit dem Fahrrad konnte, den Doktor zu Hilfe. Gott sei Dank! – der Bub kam nach zwei Stunden Bewusstlosigkeit wieder zu sich, ohne sich schwere Verletzungen zugezogen zu haben.

Neben der vielen Arbeit schaffte es Frau Mair bis heute, regelmäßig die Kirchenchorproben zu besuchen.

Vor der Technisierung waren Tiergespanne – bei den größeren Bauern mit Pferden, bei den kleineren mit Rindern – üblich.

Zimmerer aus Leidenschaft

Alois Dräxler, geboren 1926, arbeitete nach der Volksschule bis 1946 am elterlichen Hof als Großer Knecht mit. Anschließend ging er bei seinem Vater drei Jahre in die Lehre, um das Zimmereihandwerk zu erlernen.

Die Bauern der Umgebung meldeten ihre Bauvorhaben beim Zimmererpolier. Dieser fertigte einen Holzauszug an, nach dem der Bauer in der Saftruhe die benötigten Stämme schlägerte.

Im Frühjahr, sobald die G'frier heraußen war, begann man mit dem Holzhacken. Das Bloch wurde auf Zimmerböcke gehoben und angeklampft. Dann entfernte man mit dem Reifmesser die Rinde der Stammoberseite. Mit der Rödschnur wurde eine gerade Linie aufgeschlagen. Nach dieser Linie begann man das Fleisch zuerst mit der Bundhacke und dann mit der Breithacke bis zum Strich abzuhacken. Beim Hacken der Bloche halfen meist die Bauernbuam und Knechte mit. Da sie weniger Erfahrung hatten, ließen sie oft zu viel Fleisch am Bloch stehen. „Dann mussten wir manchmal den ganzen Tag mit der Breithacke nachputzen. Am Abend konnte man die Hand, die den Hackenstiel führte, gar nicht mehr öffnen. Ich zog mir mit der anderen Hand die Finger auseinander", erinnert sich Dräxler.

Nach ein paar Wochen, in der wärmeren Jahreszeit, wurde mit einer Zimmererpartie die Abbundarbeit begonnen. Für einen großen Stadl wurden drei Wochen zum Aufschlagen benötigt. Die Bänder wurden händisch angebohrt und beim Aufschlagen des Bauwerks mit Holznägeln aus Kirschbaumholz vernagelt. Beim Aufschlagen waren bis zu 80 Helfer aus der Nachbarschaft dabei. Das Firstzurückbringen war der festliche Abschluss des Aufschlagens. Dabei spielte eine kleine Tanzlmusi auf und es wurde getanzt, gegessen und getrunken, bis in die frühen Morgenstunden.

Vater und Sohn Dräxler bei der Reparatur der Engelszeller Klosterkirche im Jahre 1950.

237

Der Strom kam aus der Mühle

Die 80 Jahre alte Maria Glaser, die „Müllnerin z'Vuisassing", Gemeinde St. Florian am Inn, kann sich noch gut an frühere Zeiten erinnern.

Sie war das einzige Kind des alten Müllers Josef Anger. Die 1936 neu gebaute Mühle übernahm sie 1960 gemeinsam mit ihrem Mann Josef. „Damals hatten wir noch 120 Mahlbauern", erzählen die Müllnerleute. Mahlbauern waren Bauern aus den umliegenden Gemeinden, hinauf bis Eggerding, die Weizen und Roggen anlieferten und dafür wieder Mehl und Kleie eintauschten.

Bis 1964, als die Mühle stillgelegt wurde,wurden auch noch zusätzlich zwei Wagon Zukaufgetreide vermahlen. Angeliefert wurden diese Großladungen zum Bahnhof Allerding, wo sie der Müllner mit dem Pferdefuhrwerk und nach 1946 mit dem neuen „Opel Blitz" Benzin-LKW abholte.

Das gemahlene Mehl hatte man bei den umliegenden Bäckern verkauft. Drei Wasserräder, die unter dem 1300 Meter langen Mühlbach liefen, trieben bis 1909 die Mühle an. Danach wurde die erste Turbine eingebaut. Es war eine so genannte Francis-Schachtturbine. Seit 1921 konnte Josef Anger auch Strom mit einem Gleichstromgenerator erzeugen. Er versorgte die Ortschaften Allerding, Teufenbach, Samberg, Etlersdorf und den Granitsteinbruch mit Lichtstrom. Für die Erhaltung der Leitung hatten die Bauern selber zu sorgen. „Stromablesen ist der Vater meist selber gegangen", erinnert sich die alte Müllnerin. 1932 kam noch eine weitere neue Turbine dazu. Bis heute laufen beide Francisräder; eines am Generator und das andere für das Sägewerk, das immer nebenbei betrieben wurde. In der Säge lief bis 1909 ein ein- oder zweispänniger so genannter Venezianer. Mit dem neuen Vollgatter wurden in den besten Zeiten bis zu 2000 Festmeter Holz im Jahr geschnitten. Als Lohn- und Handelssäge bewirtschaftete Josef Glaser die Mühle bis zur Hofübergabe an den Sohn. „Die Zeit lief immer gegen uns", beklagt Glaser, der auch immer eine kleine Landwirtschaft mit Rinderzucht zusätzlich hatte.

Der alte Müller mit Tochter Maria.

Flickarbeit gab's immer im Hof

„Viel Arbeit gab es noch für mich gleich nach dem Krieg", schilderte der Franz Maierhofer, „Kerblzeiner" aus Dietrichshofen, Gemeinde Sankt Marienkirchen bei Schärding. Ich ging noch von Hof zu Hof bis in den vorderen Sauwald hinein. Einmal im Jahr hatte er die „Werkstatt"in der Stubm bei den Bauern eingerichtet. „Ausgemacht" hatte man die Arbeit am Sonntag am Kirchenplatz. Bei „seinen" Bauern hat der „Kerblzeiner Franz" dann „Zeger", „Scheikerb", „Schwingen" und „Buglkerb" wieder ausgebessert und geflickt. Nicht immer war etwas Neues zu machen. Zwei bis drei Tage war er auf einem Hof. Von

Der „Kerblzeiner" Franz Maierhofer aus Dietrichshofen bei der Arbeit seines aussterbenden Gewerbes.

sechs Uhr Früh bis sechs Uhr abends dauerte der Arbeitstag. Abwechslung gab es nur zur „Suppenzeit", dann zum Mittagessen um elf Uhr und zur Jausen um halb drei Uhr; wo es dann oft nur Brot und Kraut gab. „Heim gegangen bin ich dann jeden Tag und das dauerte oft eineinhalb Stunden.

Das Material hatten die Bauern zumeist selber. Dies waren vor allem die Haselstecken für die „Ringe" und die „Span", die meistens aus Esche oder „Elexen" waren. In Wasser eingelegt sind sie sehr biegsam und durften nicht fasern. Ist der „Kerblzeiner" aber einmal ein Jahr ausgeblieben so war oft nicht mehr viel zu richten. Da ist des ganze Zeug oft schon verschlissen gewesen. Denn das viele Tragen von Brennholz in den Schwingen, Steinen und Erdäpfel in den Zegern, Heu und Stroh in den „Scheikörben" setzte diesen sehr zu. Gelernt hat er sein Handwerk des Korbmachers bei seinem Großvater noch vor dem Krieg. 1946 legte der „Kerblzeiner" sogar seine Meisterprüfung ab. Seine alte Innungskarte trug er immer mit.

Erst Mitte der Fünfzigerjahre als die Eisenkörbe aufkamen, wurde das Geschäft immer weniger. Auch die Handarbeit kam ab und wurde von Maschinen übernommen. Ein paar Jahre später konnte der Franz nicht mehr von seiner Kerblzeinerei leben und suchte sich eine Arbeit bei der Innbauleitung. Nach Feierabend werkte er aber weiter in seinem alten Handwerk.

Ochsen für die Waldarbeit

Die Hälfte der Betriebsfläche ist beim Zauner z'Oberndorf in der Gemeinde St. Roman mit Wald bedeckt. Wer die Gegend kennt, der weiß, dass es im Sauwald kaum ebenen Holzgrund gibt. Der Zauner, Sepp Haderer, hat damals, als er noch ein Bub war, daheim schon hart zupacken müssen. Sieben Kühe und das Jungvieh nebst zwei schweren Pferden und zwei Ochsen standen in den Ställen des Zauner. „Wenn die Ross nichts mehr ausrichteten, dann haben wir die Ochsen eingespannt", erzählt der Sepp. Als junger Bursch hat er schon immer die Ochsen abgerichtet. Geschnitten wurden die jungen Stiere schon mit zwei bis drei Wochen. Das erledigte der so genannte „Kaiblschneider". Waren die Ochsen dann 15 bis 18 Monate alt, hatte der Zauner begonnen den „Ochsenzam" anzulegen und sie abzuweisen. Später kam dann der so genannte „Ochsenbüffel" zum Einsatz. „Zwei Gattungen gab es davon", erklärt er, „den weichen und den harten aus Holz, der mit Leder gepolstert war". Manche Ochsen ließen sich recht schnell abrichten, und andere waren nicht zu bändigen. Die Letzteren gingen dann aber auch schnell zum Metzger. Gut abgerichtete Ochsen mussten am so genannten „Warer" gehen. Das heißt, man konnte am langen Zügel neben oder hinter den Tieren hergehen. „Einmal hatte ich zwei Ochsen, bei denen konnte ich den Warer über meinen Rücken binden, denn die folgten auf's Wort", erinnert sich der Sepp. Als dies eines Tages der Viehhändler Milo z 'Brackenberg sah, kaufte er die beiden vom Fleck weg. Beim neuen Besitzer folgten die zwei Ochsen aber dann gar nicht mehr. „Vielleicht bekamen sie dort Schläge, denn Schlagen hilft beim Ochsen überhaupt nicht", fügt der Sepp hinzu.

Bei den nicht so gelehrigen Ochsen musste man aber den so genannten „Menn" gehen. Dabei war es notwendig vor den Tieren herzugehen, da sie sonst keinen Schritt taten.

Josef Haderer beim Pflügen mit seinen beiden Ochsen. 1949 kam der erste Traktor auf den Zaunerhof, womit auch die Tage der Ochsengespanne gezählt waren.

Technischer Fortschritt faszinierte

Nach dem Krieg waren auf dem Stockmayergut in Patrichsham 70 Joch zu bewirtschaften. Maria und Leopold Haslinger konnten oft nicht mehr die notwendige Anzahl von Dienstboten finden. So musste die Bäuerin schon bald als Melkerin in den Stall, was früher nicht so selbstverständlich war. Der Kinderwagen stand neben der Stalltür.

Die Stockmayerbäurin war sehr fortschrittlich. Sie machte als eine der ersten Frauen in der Gemeinde den Führerschein. Sie war damals die einzige Dame im Kurs. Leopold Haslinger stand seiner Frau in Sachen Fortschritt um nichts nach. Er erwarb im Jahre 1945 einen Xaver-Fendt-Holzvergasertraktor in einer nahegelegenen Wehrmachtswerkstätte. Mit diesem Gerät half er beim Maschindreschen aus. Dies war oft notwendig, da die Elektromotoren auf den Höfen oft zu schwach waren. Da das Verfahren der Getreideernte mit Bindermäher und die Dreschmaschine noch immer sehr arbeitsintensiv war, kaufte Haslinger 1959 den ersten selbstfahrenden Mähdrescher: einen Massey Ferguson. „Das war eine gute Maschine", sagt der Altbauer begeistert. Er half bei den Nachbarn aus und so begann der Maschinenringgedanke zu keimen. Gleich darauf taten sich oft bis zu zehn Bauern zusammen und kauften sich einen Mähdrescher.

Diese Form der Maschinengemeinschaft funktionierte jedoch nicht sehr gut. Es setzte sich schließlich der organisierte Lohndrusch durch. Bis heute ist auf dem Hof ein Lohndrescher im Einsatz.

1952 waren auf dem Stockmayergut fünfzehn gute Fleckviehkühe aufgestallt. Der Betrieb war von Anfang an Mitglied des Zuchtverbandes und galt als Pionier der Fleckviehzucht. „Wir hatten damals schon Kühe mit 30 Liter Milch stehen", erzählt Haslinger stolz.

Leopold Haslinger mit seinem Fendt Holzvergasertraktor und einem Bindermäher bei der Getreideernte.

Stolz auf den besten Most

Die Obstgärten ums Bauernhaus waren früher viel größer. Um die 80 Obstbäume standen um das „Koalgut" in Roßbach, Gemeinde Suben. Der Altbauer Anton Bruneder ist bis heute ein begeisterter Birnenmosttrinker geblieben.

Geboren wurde er 1916 als eines von vierzehn Kindern auf dem Rinderzuchtbetrieb in der „Kornkammer" des Bezirkes Schärding. Da der Vater früh starb, übernahm der Anton gemeinsam mit seiner Frau Maria, die aus Andorf stammt, 1951 von seiner Mutter das „Koalgut". Neun Fleckviehkühe und das Jungvieh reichten damals zum Leben. Ein besonderes Geschick hatten der Anton und die Maria immer beim Mostmachen gehabt. „Vor dem Krieg haben wir im Jahr oft 3500 Liter Most gebraucht. Das Bier war auch nicht teuer, aber wir hatten ja kein Geld", erinnert sich der Altbauer. Das Birnklauben mit den Eisenzegern war keine schöne Arbeit und außerdem gab es im Herbst genug andere Arbeit. Mit dem Radlbock transportierten sie die Birnen auf das so genannte „Bömi", eine Obstlagerbrücke über dem Presshaus. Äpfel wurden kaum gepresst. Nur ein paar Schusteräpfel kamen zum Most. Wegen des säuerlichen Geschmacks wurden hauptsächlich Builingbirn, Landbirn und Steirerbirn zu Most verarbeitet. Die Langstingelbirne war fürs Brennen bestimmt. Den besten Most machte aber die Gelbe Winterbirn. „Der Most aus dieser Birne war dann oft wie Sekt zu trinken",schwärmt der alte Koalbauer. Wenn das „Bömi" voll war, ging die Mahlarbeit mit zwei geriffel-

ten, gegenläufigen, runden Granitsteinen wieder los. Das war harte Handarbeit. Die Doppelspindelpresse aus Eiche, die damals fast auf jedem Hof zu finden war, wurde mit Holzeimern befüllt. Die Pressspindel musste mit Muskelkraft angezogen werden bis der letzte Tropfen im so genannten Pedechel, einem Holzschaffl war. Über eine Holzrinne rann der Presssaft in die Fässer im Keller. Die meisten waren Fünfeimerfässer oder auch kleinere. Ein „Eimer" sind 56 Liter Inhalt. Der Most wurde immer offen vergoren, ohne Gärspund und Zusätze. Um Weihnachten hat man den Winterbirnmost dann zapfen können. Die Landessäuere wurde nur mit dem Steinzeugmostkrug vom Keller geholt.

„Wenn der Most ungesund wäre, hätte ich nicht so alt werden können", lacht der alte Koalbauer.

Altbauer mit Frau und Schwester im Herrgottswinkl.

Kraftquelle durch den Göppel

Der Schmid Franz, Bruckbauer in Höbmannsdorf, kannte noch die Zeit vor der Dampfmaschine und den Elektromotor als Antriebsaggregat. Da diente der Göppel als Kraftquelle. Die Muskelkraft der Pferde wurde über eine Welle und einem einfachen Getriebe in mechanische Energie umgewandelt. Auf dem Getriebe befand sich eine Riemenscheibe, die über den Flachriemen etwa die Futterschneidemaschine antrieb.

Beim Bruckbauer wurde der Göppel 1928 in den neuen Stadl eingebaut. Der Bua oder ein Knecht führte die Pferde im Kreis, während der Bauer und ein anderer Knecht die Futterschneidemaschine bedienten.

1932 wurde der Kraftstrom installiert. Da der Strompreis zu dieser Zeit sehr hoch war, sparte man mit dem Verbrauch. Oft wurden in der oberen Diele des Wohnhauses zwei Zimmer mit einer „Flamme" beleuchtet, denn bezahlt wurde nach der Anzahl der Lichtbirnen. Die Glühbirnen hatten damals eine Leistung von 15 oder 25 Watt.

Im Winter, wenn der Boden gefroren war und Schnee lag, wurde die Retzgrube ausgefahren. Da übers Jahr der Mistsaft in die darunterliegende Erde sickerte, war sie ein wertvoller Dünger. Dort kratzte man den Schlitten ab. Da das Gelände rund um den Bruckbauer steil ist, musste man mit Sperrketten oder mit Aufstreuen von Mist den Schlitten bremsen. Die Retzgrube wurde anschließend wieder mit Mergel aufgefüllt. Es wurde dieses Material verwendet, weil es lockerer und so leichter zum Aufladen war. Der mit Mergel gefüllte Schlitten wurde vor die Retzgrube gezogen und mit einem langen Holzhebel umgekippt, sodass der Mergel, aber nicht der Schlitten in die Retzgrube fiel.

Noch bis 1950 wurde diese anstrengende Tätigkeit beim Bruckbauer verrichtet.

Nachdem die Traktoren kamen, ging auch das letzte Pferd des Bruckbauern.

Harte Arbeit an der Donauleiten

An der oberen Kante des steilen Abhanges hinunter vom Sauwald zur Donau steht der Hof des Matthisen. Von seinem Vater hat Matthias Höllinger die 36 Joch große Landwirtschaft übernommen. Sehr früh hatte der Hias schon zupacken müssen, weil sein Vater durch eine schwere Krankheit gezeichnet war. „Hier in der kargsten Gegend des Innviertels ist es nicht immer leicht als Bauer seinen Mann zu stehen", sagt der Hias. Pferde haben viele Bauern hier erst gekauft, als die anderen schon auf den Traktor umstellten. Vorher sind sie nur mit den Ochsen gefahren. Wenn der Dampfer von der Ortschaft Kasten heraufgezogen werden musste, war der Ochsensechserzug bis drei Stunden auf den zweieinhalb Kilometern unterwegs. Aus dem Laubwald in der Donauleitn hat man jedes Jahr die Einstreu für den Stall heimgefahren. Die Forstwege hinüber Richtung Haugstein hat man erst nach dem Krieg gebaut. Die Bauern leisteten dafür viele Robotstunden mit den bloßen Händen oder dem Fuhrwerk. Die Wiesen in der Leitn waren bis in die Fünfzigerjahre mit vielen Entwässerungsgräben durchzogen. Später schaufelte der Matthis erst die Drainagegräben für die Ziegelrohre. Die Waldwiesen waren nur einmähdig und sehr steinig. „Überall lagen die Findlinge herum, die wir zu Steinzäunen zusammentrugen".

In Wenzelberg haben die Vichtensteiner auch Gemeingrund bearbeitet. Auf diesen Flächen waren zwei bis drei Besitzer gleichzeitig. Diese Wiesen bestanden meist aus einem guten Fleck, wo meist eine Quelle aufging, und einem schlechten, trockenen Fleck. „Da war es jedes zweite Jahr zum umstehen", sagt der Hias. Das alte Holzhaus aus dem 17. Jahrhundert wurde 1951 abgetragen. In diesem Jahr stand auch der Neubau des Kuhstalles an.

Die typischen Granitmauern beschäftigten vier Steinhauer drei Wochen lang. Zum Ausmauern stand nur Sand und Kalk zur Verfügung. Die Steine wurden von den Wiesen und Steinzäunen geholt. „Die Arbeit war damals nichts wert. Die Steinhauer verdienten nur acht Schilling pro Stunde", erzählt der Matthis.

Heute werden viele Steilwiesen in der Donauleitn angepflanzt. Auch gibt es in dieser Gegend kaum mehr Vollerwerbsbauern.

Familie Höllinger mit Dienstboten, um 1930.

Der Fasslbinder auf der Stör

Wesenufer war früher ein gutgehender Markt. Da die Schlögener Schlinge nur bei Tag schiffbar war, legten viele Schiffe über Nacht an. Die Besatzung versorgte sich mit Lebensmitteln und kehrte auch gern in den Wirtshäusern des Ortes ein. So erzählte man sich in Wesenufer schon immer viel Neues von weiter her. Die Geselligkeit und Offenheit der Leute wurde regelmäßig durch Feste, Feiern und Umzüge dokumentiert.

Das Arbeitsfeld eines Binders war groß. Es mussten die Fässer ‚zuag'schlágn' werden, Holzgeschirr und Jauchefässer wurden gerichtet, Wasch- und Sautröge abgedichtet usw.

Die Lehre begann Alois Ellmer, Binder in Wesenufer, im Jahre 1942. Schon im Herbst ging er mit dem Meister auf die Stör zu den Bauern. Ab dem zweiten Lehrjahr wanderte der Binder allein. Um halb sechs Uhr wurde die Binderkrax'n umgehängt und es wurde abmarschiert. Das Frühstück aß man bereits beim Bauern. In der Stube wurden im Winter die kleineren Arbeiten erledigt. Hoazlbank und Hackstock sowie die Binderkrax'n stellte man in der Bauernstube auf. Dabei schaute die Kleine Dirn, dass der Binder ja keinen leeren Mostkrug neben sich stehen hatte. „Zu kleinen Streichen war man immer aufgelegt. So hat mir einmal die Kleine Dirn in den Krug Essig statt Most eingeschenkt oder ein anderes Mal Steine in die Binderkrax'n gelegt", erzählt der Binder lachend. Bei größeren Bauern hatte der Binder zwei bis drei Tage zu tun. Um sechs Uhr abends war Feierabend und der Binder ging zu Fuß oder fuhr mit dem Fahrrad zum Schlafen heim.

Nachdem Ellmer bei einigen verschiedenen Arbeitgebern seine Dienste tat, darunter eine Großbinderei in Vöcklabruck, fing er 1952 in Wesen-

Alois Ellmer mit Kollegen beim Fasslflicken in der Brauerei.

ufer bei der Brauerei Niklas, die zur Baumgartner Brauerei gehörte, an.

Eine besondere Arbeit in der Brauerei war das Pichen der Lager- und Transportfässer aus Holz. Die kleineren Transportfässer wurden mit einer Lampe ausgeleuchtet, um Risse oder Unreinheiten zu entdecken. Dann wurden sie zur Seite genommen und dem Binder zum „Pichen" übergeben. Dabei wurde zuerst das alte Pech im Fass mit einer Heißluftlanze heruntergeheizt und durchs Fasstürl entleert. Dann wurde 220 Grad heißes, geschmacksneutrales Pech eingesprüht und das Fass solange gedreht, bis sich das flüssige Pech gleichmäßig im Fassinneren verteilte. Das war für die Dichtheit und den Geschmack des Bieres sehr wichtig.

Die großen Lagerfässer wurden einmal im Jahr beim so genannten „Auskellern" zum Pichen aus dem

Stolz präsentieren die Binder in der Großbinderei ein soeben gefertigtes Zehntausendliterfass.

Keller heraufgeholt. „Die Lagerfässer mit 40 oder 60 Hektolitern Inhalt waren so schwer, dass man sie nur mit sechs bis acht Leuten drehen konnte", berichtet Ellmer.

Im Jahre 1954 gab es ein schweres Hochwasser im Donautal. In der Brauerei wurde versucht, die Keller vor allzugroßer Überflutung zu schützen. Vorsichtshalber wurden die Lagerfässer festgetaut und die Kellerabgänge mit Holzstoppeln verschlossen. Größere Eingänge wurden mit Sandsäcken verrichtet. Der Binder fuhr im Betriebsgelände der Brauerei mit der Zille, so hoch stand damals das Wasser. Mit den Wasserpumpen der Feuerwehr gelang es aber trotzdem, größeren Schaden in den Kellern zu vermeiden.

Im Winter wurde, zur Kühlung des kostbaren Bieres im Sommer, Eis gewonnen. Bäuerinnen und Dienstboten aus den umliegenden Höfen halfen als Tagelöhner mit. Das 15 bis 20 Zentimeter dicke Eis eines großen Teiches schnitt man mit einer Gratsäge in Blöcke und lud sie auf einen Fuhrschlitten. In der Brauerei wurde das Eis im Eiskeller sechs bis sieben Meter hoch gestapelt. Dann wurde das Eis mit Holzschlägeln zerschlagen und in einen Zuber gefüllt. Unten konnten die Bierfahrer das Eis ausfassen und samt dem Bier zu den Wirten fahren. Die Landwirtschaft bestand beim Binder, wie bei vielen anderen Nebenerwerbsbetrieben in der Umgebung, auch, aus zwei bis drei Kühen, Ziegen, Schweinen und Geflügel. Auf Lebensmittel vom eigenen Hof legte der Binder schon seit jeher großen Wert.

Der Speiseplan war streng geregelt

Früher brauchte man Kraft und Ausdauer um die körperlich sehr schwere Bauernarbeit tun zu können. Genau so war es auch beim Jodl z'Schafberg, Matthias Zauner aus Freinberg. Ein typischer Hof für die Gegend zwischen Sauwald und Innleitn ist das Jodlgut. 25 Joch Tragbares und ein bisserl Wald waren dabei. Das Tragbare war immer zur Hälfte in Wiesen und Äcker geteilt. Zehn bis zwölf Kühe, Jungvieh, zwei Rösser und vier Ochsen standen im Stall. Aber auch drei Sauen, 30 Hühner und einige Enten und Gänse für die Selbstversorgung fütterte man.

Vor der so genannten „Wegarbeit" im Stall hat man schon um halb sechs in der Früh die Suppe gegessen. Hergerichtet wurde sie aus saurer Milch mit einer Prise Salz und mehr oder weniger frischem Schwarzbrotprocken. „Meist war es ein steinhartes Brot, denn gebacken haben wir nur alle drei Wochen", erzählt der alte Jodl.

Weißbrot kannte man am Hof bis nach dem Krieg überhaupt nicht. Das Backhaus, das es damals auf jedem Hof gab, steht auch beim Jodl schon lange nicht mehr. Um eine große Schüssel sind die Bauersleute und das Gesinde gesessen. Die Reihenfolge beim Zulangen war streng eingeteilt.

Der Mitterknecht durfte anfangen und der Bua war der Letzte in der Reihe. So war es auch bei der Neunuhr-Jause, wo kalte Milch, Brot und Selchfleisch gegessen wurde. Zum Mittagessen war fast immer Fleisch von der Sau am Tisch und dazu gab's Knödel, Erdäpfel aber auch viel Soße.

Die Fleischration war genau zugeteilt. Der Mitterknecht bekam das größte und der Bua das kleinste Stück. Nur beim Essen an heiligen Tagen da durfte sich jeder selber sein Stück vom Braten schneiden, natürlich wieder in der richtigen Reihenfolge. Fünfmal im Jahr wurde beim Jodl eine Sau gestochen. „Viel Speck hatte so eine Sau

Gebackenes gab es selten.

früher, denn sie wurden oft bis 160 Kilo gefüttert", erinnert sich der Matthias. Nach dem Frischfleisch gab es das Eingesurte und danach erst dann nur noch das Geselchte. "Wenn das G'selchte dann auch schon überstandig war, hat oft eine alte Suppenhenn' dran glauben müssen", schmunzelt der Jodel. Einmal pro Woche war Mehlspeistag; das war meistens der Freitag. Sehr oft aß man dann Wuchteln oder Bauernkrapfen aus Germteig im Sauschmalz herausgebacken.

Most war das Standardgetränk zu Mittag. Nur zur Erntezeit holte der Bua meist zwei Krüge Bier vom Wirt z' Gattern. „Oftmals war es schon so warm, dass es nicht mehr geschmeckt hat", lacht Matthias. Most brauchte

man früher viel bei den Bauern. Beim Jodl lagerten meist 70 Eimer Most im Keller. Das waren ungefähr 3500 Liter. Um drei war wieder Jausenzeit und wieder gab's saure Milch, Brot und wer sich was gespart hat, Fleisch von Mittag. „Der Mitterknecht steckte sich oft einen Zahnstocher in sein Stück und die anderen wussten dann auch welches das ihre war", erklärt der Jodl. Nach der Stallarbeit aß man noch die Abendsuppe mit Kraut; danach wurde bald zu Bett gegangen. Wurst, Nudeln und Reis kamen erst in den Sechzigerjahren zu den Bauern.

Auch Butter wurde sparsam verwendet. Viel Schweinefett hat man gegessen und wenig Grünzeug. Ob das gesund war, fragte sich damals keiner.

Viel Bückarbeit gab es beim Kartoffelklauben.

Das Leben in der Hofmark

Maria Wimmer wuchs mitten in Zell an der Pram auf einem kleinen Sach´l auf. Schon als Kind bekam sie die Gespräche der Erwachsenen, die am Abend auf der Summabénk ratschten, mit. So wussten die Kinder bereits bald über wichtige Ereignisse des Ortes Bescheid. Sie ging bis zum 14. Lebensjahr in die Volksschule, die sich auf dem Platz des jetzigen Pfarrhofs befand. War Erntezeit bei den Bauern, kamen die Bauern zum Oberlehrer um den Sohn oder die Tochter auszubitten.

Die Zeiten waren schlecht und so schickten die Eltern ihre Kinder zu den Bauern ins Ährensammeln. Dabei wurde das abgeerntete Feld abgegangen, die restlichen Ähren aufgesammelt und zu Büscherln zusammengebunden. „Dreißig Büscherl haben wir pro Tag heimbringen müssen", sagt Frau Wimmer.

Jedes Haus der Hofmark hatte Vieh.: meist eine oder zwei Kühe oder Geißen. Die Flächen waren klein und reichten gerade für das Grundfutter. So hatte Frau Wimmer bei fünf bis sechs Bauern Acker. Darauf wurde Gemüse für das ganze Jahr angebaut. Die Samen zog man sich selber, da sie in den Samengeschäften viel zu teuer waren. Angebaut wurden Erdäpfel, Rüben, Kürbisse, Erdbinkel, Bohnen, Kraut, Winterradi und Fisolen.

Pro Acker mussten zwei Tage Robot bei dem jeweiligen Bauern geleistet werden. Brauchte man dann noch Brennholz oder Einstreu dazu, kamen weitere Tage dazu. Der Bauer verständigte meistens erst am Abend des Vortages. Meist war Erntezeit – entweder musste man bei der Heuernte oder beim Kartoffelklauben mithelfen.

Nach der Schule ging Maria zu verschiedenen Häusern der Hofmark als Dirn. Eine Unterteilung in Große und Kleine Dirn, so wie bei den Bauern, gab es nicht. Unter anderen war sie beim Kirchberger, der neben einem Sägewerk und einer Mühle auch eine kleine Landwirtschaft hatte. Sie musste das Vieh füttern, melken und im Haushalt mithelfen. Ein typisches Kleidungsstück der Dirn war das „Fiachta""(Fürtuch). Es war aus einem Baumwollstoff, der beim „Färber" mit einem Blaudruck versehen wurde.

Am Montag war Waschtag. Die gewaschene Wäsche wurde in Körben zum Mühlbach, einem Abzweiger der Pram, zum „Schwoaben", getragen. Im Winter nahm man in Waschkübeln oder Waschzubern noch heißes Wasser mit.

Maria Wimmer beim Fassen. Bei den Häuslleuten waren Kühe im Gespann üblich.

249

Bezirksbauernkammern

Braunau am Inn

BBK-Obmann: Schmitzberger Ferdinand, Burgstall 2, 4952 Weng
BBKO-Stellvertreter: Veitlbauer Johann, Weyer 7, 5120 Haigermoos

ORTSBAUERNOBMÄNNER

ALTHEIM: Wintersteiger Rudolf „Diermair", 4950 Gallenberg
ASPACH: Gurtner Alfons, Roith 6, 4933 Wildenau
AUERBACH: Giger Josef „Koch", 5230 Höring 12
BRAUNAU: Forster Wolfgang „Fischer", 5280 Braunau, Talstr. 46
BURGKIRCHEN: Führer Franz „Schöberlbauer", 5274 Geretsdorf 12
EGGELSBERG: Hitzginger Josef „Jans", 5142 Hitzging 4
FELDKIRCHEN: Bruckmoser Andreas „Stockinger", 5143 Willersdorf 1
FRANKING: Wimmer Gerhard „Josef", 5131 Neuhausen
GERETSBERG: Bandzauner Ferdinand „Brunner", 5132 Brunn 2
GILGENBERG: Dicker Josef, Mayrhof 6, 5133 Gilgenberg
HAIGERMOOS: Tischlinger Matthias „Kirschner", 5120 Hehermoos 2
HANDENBERG: Renzl Hermann „Gruber" 5144 Adenberg 40
HOCHBURG-ACH: Pommer Friedrich „Wächter", 5122 Dorfen 5
HÖHNHART: Moser Ferdinand „Seglauer", 5251 Diepoltsham 5
JEGING: Vitzthum Herbert „Brendlbauer", 5222 Abern 8
KIRCHBERG: Moser Josef „Perzenauer", 5232 Sauldorf 10
LENGAU: Muigg Martin „Achbauer", 5211 Teichstätt 40
LOCHEN: Bamberger Josef „Roider", 5221 Astätt 18
MARIA SCHMOLLN: Gamperer Franz „Pernecker", 5241 Perneck 1
MATTIGHOFEN: Gärtner Georg „Thalbauer", 5230 Wasseracker 20
MAUERKIRCHEN: Faschang Martin „Sparberger", 5270 Spitzenberg 10
MINING: Mertelseder Josef „Holzman", 4962 Amberg 8

MOOSBACH: Öller Michael „Maier", 5271 Bäckenberg 3
MOOSDORF: Schöfecker Josef „Müllner", 5141 Elling 7
MUNDERFING: Bachleitner Josef „Bartljack", 5222 Römerstraße 1
NEUKIRCHEN: Piehringer Hermann, Dietzing 5, 5145 Neukirchen
OSTERMIETHING: Maier Johann „Kotlechner", 5121 Alte Landstr. 20
PALTING: Maislinger Johann „Urz", 5163 Bergham 7
PERWANG: Kreuzeder Johann „Hiasenbauer", 5163 Oberröd 1
PFAFFSTÄTT: Kreil Franz „Lenzbauer", 5222 Pfaffstätt 79
PISCHELSDORF: Enthammer Siegfried, 5233 Irnstötten 3
POLLING: Putscher Rudolf „Hölzl", 4951 Imolkam 21
ROSSBACH: Weinberger Josef „Gasperl", 5273 Hub 6
SCHALCHEN: Höflmaier Josef „Baumgartner", 5230 Baumgarten 2
SCHWAND: Schmitzberger Josef „Bruckner", 5134 Bruck i. Holz 1
ST. GEORGEN: Perschl Friedrich „Aichern", 5144 St.Georgen 7
ST. JOHANN: Mühlbacher Georg „Bauer", 5242 Schauberg 4
ST. PANTALEON: Wimmer Johann „Staller", 5120 Steinwag 12
ST. PETER: Baischer Herbert „Hellstern", 4963 St. Peter 13
ST. RADEGUND: Sigl Simon „Stückelbrein", 5121 Hadermarkt 48
ST. VEIT: Stranzinger Franz „Herlbauer", 5273 Marlupp 3
TARSDORF: Helmberger Peter „Pirsinger", 5121 Ehersdorf 1
TREUBACH: Kasinger Engelbert „Roarl", 5272 Obertreubach 2
ÜBERACKERN: Huber Hermann „Huber", 5122 Überackern 8
UTTENDORF: Riefellner Stefan „Kagerer", 5261 Kager 1
WENG: Friedl Heinrich „Marx", 4952 Elling 3

LANDWIRTSCHAFTSKAMMERRÄTE

Albert Laimighofer, Henkham 3, 5132 Geretsberg

250

Carl Graf zu Castell-Castell, 5122 Ach 5
Ernestine Huber-Hochradl, Pfaffing 1, 5120
Haigermoos

ORTSBÄUERINNEN
ALTHEIM: Maria Friedl, Mauernberg 3,
4950 Altheim
ASPACH: Rosa Streif Baumgarten 4   5252
Aspach
AUERBACH: Gerlinde Gann
Oberkling 2 5222 Auerbach
BRAUNAU: Maria Schmidbauer Untere
Hofmark 29 5280 Braunau
BURGKIRCHEN: Hedwig Ortner Paßberg 2
5274 Burgkirchen
EGGELSBERG: Elisabeth Sigl
Haselreith 1, 5142 Eggelsberg
FELDKIRCHEN: Maria Bachleitner Altheim
1 5143 Feldkirchen
FRANKING: Maria Pfaffinger Buch 5 5131
Franking
GERETSBERG: Hilda-Maria Maislinger
Weißplatz1 5132 Geretsberg
GILGENBERG: Gabriele Sperl
Zeisberg 6 5133 Gilgenberg
HAIGERMOOS: Hildegard Veitlbauer Weyer
7 5120 Haigermoos
HANDENBERG: Maria Weilbuchner Edthof
3 5144 Handenberg
HOCHBURG-ACH: Hedwig Harner
Hochburg 10 5122 Hochburg-Ach
HÖHNHART: Edeltraud   Priewasser
Unteraichberg 2 5251 Höhnhart
KIRCHBERG: Theresia Stockinger Anglberg
2 5232 Kirchberg
LENGAU: Maria Muigg Teichstätt 40 5211
Lengau
LOCHEN: Maria Haberl Unterlochen 1
5221 Lochen
MARIA SCHMOLLN: Maria
Bauchinger Thannstraße 1 5241 Maria
Schmolln
WENG: Maria Friedl Elling 3 4952 Weng
MAUERKIRCHEN: Herta Bermannschlager
Unterbrunning 1 5270 Mauerkirchen
MINING: Theresia Frauscher
Kaltenau 1 4962 Mining
MOOSBACH: Irmgard Hofmann Reisach 1
5271 Moosbach
MOOSDORF: Anna-Barbara
Hochradl Stadl 11 5141 Moosdorf
MUNDERFING: Roswitha Maurer Kolming
15 5222 Munderfing
NEUKIRCHEN: Erika Spitaler
Stockhofen 1 5145 Neukirchen
OSTERMIETHING: Katharina Auer Felm 2

5121 Ostermiething
PALTING: Romana Filzmoser
Guggenberg 4 5163 Palting
PERWANG: Elfriede Haberl Kirchsteig 1 5163
Perwang
PFAFFSTÄTT: Dora Kreil Pfaffstätt 79 5222
Pfaffstätt
PISCHELSADORF: Elfriede Färberböck
Engelschärding 8 5233 Pischelsdorf
POLLING: Sieglinde Putscher
Imolkam 21 4951 Polling
SCHALCHEN: Heidemarie Dax
Unterlochen 3 5231 Schalchen
SCHWAND: Erna Stadler Reuhub 4 5134
Schwand
ST. GEORGEN: Margarete Haidinger
Anferding 4 5144 St. Georgen/F.
ST. JOHANN A. W.: Margarete Sperl
Schauberg 10 5242 St. Johann
ST. PANTALEON: Anneliese Rusch
Mühlbach 5 5120 St. Pantaleon
ST. PETER: Marianne Steidl Ofen 7 4963 St.
Peter/Hart
ST. RADEGUND: Gerlinde Sigl
Hadermarkt 30´ 5121 St. Radegund
ST. VEIT: Kreszenz Feichtinger
Pudexing 4 5273 St. Veit/I.
TARSDORF: Annemarie Sommerauer
Schmidham 10 5121 Tarsdorf
TREUBACH: Hermine Bruckbauer
Schalchen 14 5272 Treubach
UTTENDORF: Maria Forthuber Höfen 9 5261
Uttendorf

Ried i. I.

Bezirksbauernkammerobmann: Scherfler
Johann, Leopoldhofstadt 14, 4906
Eberschwang
Bezirksbäuerin: Gurtner Katharina,
Sindhöring 12, 4973 St. Martin

ORTSBAUERNOBMÄNNER
Andrichsfurt: Brandstetter Johann,
Walchhausen 15, 4754 Andrichsfurt
Antiesenhofen: Wagner Rudolf, Ungerding
4, 4980 Antiesenhofen
Aurolzmünster: Bachinger Karl, Seyring 4,
4971 Aurolzmünster
Eberschwang: Ketterer-Spindler Franz,
Aspach 3, 4906 Eberschwang
Eitzing: Freund Karl, Sausak 1, 4971 Eitzing
Geiersberg: Handlbauer Franz, Pramerdorf
8, 4922 Geiersberg
Geinberg: Wimmer Rudolf, Nonsbach 4,

4943 Geinberg
Gurten: Schmid Rudol, Reisedt 2, 4942 Gurten
Hohenzell: Hartl Alois, Oberham 3, 4921 Hohenzell
Kirchdorf: Schrems Raimund, Pirath 7, 4982 Kirchdorf
Kirchheim: Spieler Franz Alois, Ampfenham 7, 4932 Kirchheim
Lambrechten: Doblhamer Alois, Neundling 5, 4742 Lambrechten
Lohnsburg: Haginger Herbert, Gunzing 8, 4923 Lohnsburg
Mehrnbach: Oblinger Franz, Doppelhub 7, 4941 Mehrnbach
Mettmach: Katzlberger Johann, Großenreith 5, 4931 Mettmach
Mörschwang: Hubauer Fritz, Mühlberg 7, 4982 Mörschwang
Mühlheim: Pöttinger Josef, Mühlheim 53, 4961 Mühlheim
Neuhofen: Flotzinger Josef, Ponneredt 3, 4910 Neuhofen
Ort i. I.: Zahrer Rudolf, Aichberg 14, 4974 Ort i. I.
Pattigham: Pögl Jakob, Pattigham 18, 4910 Pattigham
Peterskirchen: Strasser Georg, Manhartsberg 1, 4743 Peterskirchen
Pramet: Hofinger Friedrich, Guggenberg 2, 4874 Pramet
Reichersberg: Zarbl Jakob, Münsteuer 11, 4980 Reichersberg
Schildorn: Burgstaller Johann, Schmiedsberg 4, 4874 Schildorn
Senftenbach: Fehkührer Josef, Dobl 6, 4973 Senftenbach
St. Georgen: Glechner Georg, Dietraching 3, 4982 St. Georgen
St. Marienkirchen: Ornetsmüller Gottfried, Hatting 2, 4922 St. Marienkirchen
St. Martin: Bäck Josef, Koblstadt 9, 4973 St. Martin
Taiskirchen: Leitner Josef, Jedretsberg 1, 4753 Taiskirchen
Tumeltsham: Meingassner Johann, Eschlried 1, 4743 Tumeltsham
Utzenaich: Ebetshuber Johann, Rabenfurt 3, 4972 Utzenaich
Waldzell: Zeilinger Johann, Hartlberg 8, 4924 Waldzell
Weilbach: Schachinger Gottfried, Klingersberg 6, 4984 Weilbach
Wippenham: Schardinger Gottfried, Wippenham 10, 4942 Wippenham

ORTSBÄUERINNEN:
Andrichsfurt: Brandstetter Irmgard, Walchhausen 15, 4754 Andrichsfurt
Antiesenhofen: Witzmann Annemarie, Ungerding 2, 4980 Antiesenhofen
Aurolzmünster: Reifetshammer Annemarie, Edenbach 5, 4971 Aurolzmünster
Eberschwang: Gittmaier Marianne, Pumberg 3, 4906 Eberschwang
Eitzing: Schachinger Theresia, Kirchberg 6, 4971 Eitzing
Geiersberg: Wiesinger Franziska, Oberrühring 2, 4922 Geiersberg
Geinberg: Gurtner Aloisia, Durchham 6, 4943 Geinberg
Gurten: Buttinger Josefa, Reisedt 4, 4942 Gurten
Hohenzell: Zweimüller Marianne, Hilprechting 2, 4921 Hohenzell
Kirchdorf: Rosner Maria, Graben 2, 4982 Kirchdorf
Kirchheim: Strasser Hildegard, Kirchheim 22, 4932 Kirchheim
Lambrechten: Wimmer Anna, Breiningsdorf 11, 4742 Lambrechten
Lohnsburg: Scherfler Maria, Felling 4, 4923 Lohnsburg
Mehrnbach: Buttinger Erna, Mehrnbach 11, 4941 Mehrnbach
Mettmach: Lettner Franziska, Oberdorf 19, 4931 Mettmach
Mörschwang: Schachinger Margarethe, Großmurham 3, 4982 Mörschwang
Mühlheim: Mairinger Maria, Gimpling 5, 4961 Mühlheim
Neuhofen: Zweimüller Maria, Grillnau 3, 4910 Neuhofen
Ort i. I.: Zahrer Christine, Aichberg 14, 4974 Ort i. I.
Pattigham: Moser Gabriele, Pattingham 37, 4910 Pattigham
Peterskirchen: Meingassner Maria, Untermauer 9, 4743 Peterskirchen
Pramet: Freudlinger Theresia, Rödt 4, 4874 Pramet
Reichersberg: Ibinger Christine, Fraham 5, 4980 Reichersberg
Schildorn: Feichtinger Viktoria, Litzlham 4, 4874 Schildorn
Reiter Grete, Ottenberg 5, 4874 Schildorn
Senftenbach: Ehkührer Elke, Ort 5, 4973 Senftenbach
St. Georgen: Jodlbauer Karoline, Dietraching 1, 4982 St. Georgen
St. Marienkirchen: Zweimüller Zäzilia, Obereselbach 9, 4922 St. Marienkirchen

St. Martin: Flotzinger Rosi, Koblstatt 9, 4973 St. Martin
Taiskirchen: Gaisböck Zäzilia, Jebing 1, 4753 Taiskirchen
Partinger Aloisia, Breitenried 69, 4753 Taiskirchen
Tumeltsham: Hinterholzer Sieglinde, Walchshausen 7, 4743 Tumeltsham
Utzenaich: Bachschweller Maria, Wilhelming 7, 4972 Utzenaich
Waldzell: Brenner Anna, Roderer 2, 4924 Waldzell
Weilbach: Moser Anna, Oberweintal 1, 4984 Weilbach
Wippenham: Mairleitner Maria, Mairing 2, 4942 Wippenham

LANDWIRTSCHAFTSKAMMERRÄTE
Kettl Karl, Ellerbach 10, 4772 Lambrechten
Ing. Reisecker Franz, Hub 3, 4982 St. Georgen

Schärding a. I.

BBK-Obmann: Selker Alois, Grub 5, 4771 Sigharting
BBK-Obmann-Stv.: Ortbauer Franz, Linden 7, 4783 Wernstein
LWK-Räte: Hofer Johann, Aichberg 3, 4085 Wesenufer (BB)
Großpötzl Johann, Grub 8, 4771 Sigharting (FB)
Hochegger Franz, Mühlwitraun 5, 4761 Enzenkirchen
Bezirksbäuerin: Razinger Anna, Anzberg 5, 4785 Haibach
Bezirksbäuerin-Stv: Haidinger Elfriede, Hörzberg 3, 4770 Andorf
Vertreter weiterer Fraktionen:
Ketter Karl, Samberg 1, 4780 St. Florian

ORTSBAUERNOBMÄNNER
Gerichtsbezirk Engelhartszell:
Engelhartszell: Leidinger Josef, Stadl 11, 4090 Engelhartszell
Esternberg: Fuchs Norbert, Unteresternberg 11, 4092 Esternberg
Kopfing: Schopf Johann, Knechtelsdorf 1, 4794 Kopfing
St. Ägidi: Auinger Rudolf, Dorf 3, 4725 St. Ägidi
St. Roman: Pilsl Franz, Kößldorf 4, 4793 St. Roman
Vichtenstein: Höllinger Roland, Vichtenstein 24, 4091 Vichtenstein

Waldkirchen: Mühlböck Johann, Mühlberg 5, 4085 Wesenufer

Gerichtsbezirk Raab:
Altschwendt: Ott Johann, Rödham 10, 4721 Altschwendt
Andorf: Windhager Johann, Kleinschörgern 3, 4770 Andorf
Diersbach: Schlöglmann Josef, Edenwiesen 6, 4775 Taufkirchen/Pr.
Dorf/Pram: Wilflingseder Herbert, Vorderndobl 1, 4751 Dorf/Pram
Enzenkirchen: Hamedinger Herbert, Ungernberg 10, 4761 Enzenkirchen
Raab: Voglmayer Johann, Bründl 7, 4760 Raab
Riedau: Aschauer Herbert, Bayr. Habach 2, 4752 Riedau
St. Willibald: Auzinger Manfred, St. Willibald 5, 4762 St. Willibald
Sigharting: Selker Alois, Grub 5, 4771 Sigharting
Zell/Pram: Baumgartner Franz, Wiesing 4, 4752 Riedau

Gerichtsbezirk Schärding:
Brunnenthal: Jell Josef, Reickersberg 7, 4780 Schärding
Eggerding: Bachmaier Josef, Eggerding 11, 4773 Eggerding
Freinberg: Schachner Franz, Lehen 5, 4785 Haibach
Mayrhof: Robert Haslinger, Mayrhof 17, 4773 Eggerding
Münzkirchen: Wallner Bernhard, Wilhelming 5, 4792 Münzkirchen
Rainbach: Haas Johann, Ortenholz 5, 4791 Rainbach
St. Florian: Ing. Dantler Josef, Rainding 5, 4780 Schärding
St. Marienkirchen: Kastinger Johann, Bodenhofen 6, 4980 Antiesenhofen
Schardenberg: Knonbauer Johann, Dierthalling 6, 4784 Schardenberg
Suben: Liebl Johannes, Roßbach 15, 4975 Suben
Taufkirchen/Pr.: Schmid Josef, Taufkirchen 17, 4775 Taufkirchen
Wernstein: Mayer Johann, Sachsenberg 1, 4783 Wernstein

BÄUERINNENBEIRÄTE
Vorsitzende: Razinger Anna, Anzberg 5, 4785 Haibach
Stellvertreterinnen: Haidinger Elfriede, Hörzberg 3, 4780 Andorf

Goldberger Maria, Wienering 8, 4791
Rainbach
Schasching Maria, Flenkenthal 7, 4090
Engelhartszell
Freih. Bauernv.: Manzeneder Gertraud,
Bodenhofen 9, 4980 Antiesenhofen
SPÖ-Bauern: Huber Maria, Ruprechtsberg 4,
4761 Enzenkirchen
A.Ö. Bauernverb.: Gruber Katharina, 4774
St. Marienkirchen 30

Seminarbäuerinnen:
Mayr Rosemarie, Pram 4, 4770 Andorf
Hell Gertraud, Silbering 2, 4092 Esternberg
Grübler Margit, Oberndorf 14, 4772
Lambrechten
Wührer Theresia, 4773 Eggerding 15
Goldberger Maria, Wienering 8, 4791
Rainbach
Schopf Rosa, Knechtelsdorf 1 4794 Kopfing

Gerichtsbezirk Engelhartszell:
Engelhartszell: Schöfberger Maria, Stadl 22,
4090 Engelhartszell
Esternberg: Hell Gertraud, Silbering 2, 4092
Esternberg
Kopfing: Schopf Rosa, Knechtelsdorf 1,
4794 Kopfing
St. Ägidi: Scheuringer Brigitte, Reiting 7,
4725 St. Ägidi
St. Roman: Mayr Gertrude, Kössldorf 9,
4793 St. Roman
Vichtenstein: Berndl Paula, Wenzelberg 8,
4091 Vichtenstein
Waldkirchen: Litzlbauer Johanna,
Mühlberg 6, 4085 Wesenufer

Gerichtsbezirk Raab:
Altschwendt: Hinterleitner Gertraud,
Urleinsberg 5, 4721 Altschwendt
Andorf: Haidinger Elfriede, Hörzberg 3,

4770 Andorf
Diersbach: Höfler Hilde, Herrnberg 1, 4775
Diersbach
Dorf/Pram: Wilflingseder Maria, Großreiting
14, 4751 Dorf/Pram
Enzenkirchen: Großpötzl Veronika,
Jagern 8, 4761 Enzenkirchen
Raab: Egger Margit, Oberspitzling 4, 4760
Raab
Riedau: Schroll Elfriede, Habach 3, 4752
Riedau
St. Willibald: Brunner Pauline, Geiselham 2,
4762 St. Willibald
Sigharting: Steininger Rosa, Hacking 8, 4771
Sigharting
Zell/Pram: Altmann Maria, Dorf 2, 4755
Zell/Pram

Gerichtsbezirk Schärding:
Brunnenthal: Bauer Gertrude, Hueb 8, 4780
Schärding
Eggerding: Hingsamer Elisabeth, Edenaichet
3, 4773 Eggerding
Freinberg: Razinger Anna, Anzberg 5, 4785
Haibach
Mayrhof: Einböck Theresia, Mayrhof 12,
4773 Eggerding
Münzkirchen-Rainbach: Eder Theresia, 4791
Rainbach 19
St. Florian/Inn: Probst Maria, Steinbach 4,
4780 St. Florian
St. Marienkirchen: Bachmayer Hermine,
Dietrichshofen 2, 4774 St. Marienk.
Schardenberg: Hell Roswitha, Lindenberg
10, 4784 Schardenberg
Suben/Inn: Reininger Elke, Roßbach 1, 4975
Suben
Taufkirchen/Pr.: Kumpfmüller Anna
Leoprechting 5, 4775 Taufkirchen
Wernstein: Diebetsberger Katharina, Öhret
2, 4783 Wernstein

RIEDER MESSE

Brucknerstraße
Postfach 182
A-4910 Ried i.I.
Tel.: 07752/84011-0
Fax: 07752/84044
e-mail:office@riedermesse.at

RIEDER MESSE

EURO-AGRAR - Internationale Fachmesse für Landtechnik
EURO-SAAT - Internatione Fachmesse für Saatgut
EURO-TIER - Internatione Fachmesse für Tierhaltung und –ernährung

4. - 9. September 2001